高齢犯罪者の
権利保障と社会復帰

安田恵美 著

法律文化社

はじめに

　Se soigner dans la dignité――尊厳のもと，治療を受けること。
　この文言は，フランスの受刑者を支援する複数のアソシアシオンが作成し，関係諸機関に配布しているパンフレット[1]の表紙に書かれたものである。ここでは，受刑者が一人の市民として扱われること，医療・福祉サービスにおける当該受刑者の主体性が強調されている。
　非高齢者と高齢者の違いを述べる際に，「vulnérabilité［傷つきやすさ］」という語が用いられることがある。人は高齢になるにつれて，体力が衰え，さらに病気のリスクが増加する。それゆえ，高齢者にはそれぞれのニーズに対応するための医療・福祉サービスや，就労の困難性に対応するための所得保障制度が用意されているのである。
　疾患，要介護・介助状態，健康に対する悩みのみならず，家族や知人とのつながりの希薄さ，悩みを相談する場所がないなどの複合的な問題を抱えているケースも少なくない。これらの「生きにくさ」は高齢者特有のものではないが，高齢者の場合，彼らの vulnérabilité，すなわち「医療・福祉」に関するニーズ多様性・大量性が，彼らの生活スタイルや居所を大きく左右している点で非高齢者とは異なる。それらの問題が複合的に絡み合い，社会に居場所を見失い，自分の存在を拒まない刑務所にはいるべく犯罪を行うことすらある。そのように，vulnérabilité が犯罪の背景にある点が，高齢犯罪者と非高齢犯罪者の大きな違いであるといえよう。
　この違いは，刑務所医療・福祉および仮釈放の運用に大きな影響をもたらしうるものである。しかしながら，それらに関する諸規定において，高齢者に関する特例は設けられていない。

i

「刑事収容施設及び被収容者等の処遇に関する法律［以下，処遇法，とする］」には，「高齢」受刑者に対して特別に医療・福祉サービスを保障する規定はない。高齢受刑者は，治療を必要とする場合には，他の受刑者と同様に「刑務所医療」の枠内で治療をうけ，介助が必要になった場合には刑務官や他の受刑者の介助をうけることになる。

一方，仮釈放の運用においても，医療刑務所に送致された受刑者は，仮釈放されにくいという面がある。受刑者の多くは「懲役刑」を宣告され，刑務所に拘禁されている。刑法12条は，懲役刑の内容について，移動の自由の剥奪と刑務作業への従事という2つを不利益としている。これら2つの不利益のうち後者は，仮釈放について定めた刑法28条の「改悛の情」の有無を判断する際に特に考慮されうる。それゆえ，当該受刑者の治療を目的としている医療刑務所に収容されている受刑者においては，真摯に刑に服さず「改悛の情」が乏しい，として運用上仮釈放が認められにくいのである[2]。

したがって，医療的ニーズを有する受刑者は，一般刑務所にとどまり不十分な治療しか受けられないが，仮釈放の可能性がある道と，比較的充実した治療を受けることができるが，仮釈放の可能性がほとんど残されていない道との究極の選択に直面している。前者の道を選択しても，後者の道を選択しても，高齢受刑者の社会参加 insertion sociale[3] はより困難であろう。前者の道を選択すれば，医療的ニーズが増加し，後者の道を選択すれば，より長い間社会から隔離されることとなる。この問題は，治療を受ける受刑者すべてに生じているものではあるが，医療的ニーズが他の受刑者よりも大量かつ多様な高齢受刑者においては，顕著にこの問題が生じているのである。

同様の医療・福祉ニーズを有する一般の高齢者と高齢受刑者への対応の違いの根底には，「医療・福祉」機関と刑務所のまなざしの違いがある。前者の諸機関は高齢者を「医療・福祉のサービスを必要としている人」として，刑務所は彼らを「刑の執行をすべき犯罪者」としてみている。すなわち，刑務所では，刑の執行の次に，自由刑の執行を滞りなく行うための医療・福祉ニーズへの対応が位置付けられているといえよう。そのまなざしに根付く高齢受刑者処遇によって，刑務所内で適切かつ十分な医療的・福祉的対応を受けることができず，死亡する者すらいる。あるいは，治療をうけるために刑務作業に就くこ

とができなかった高齢受刑者に対しては，早期釈放が認められにくいという弊害も生じているのである。

本書は日常的かつより専門的な医療的・福祉的対応を必要としている高齢受刑者がおかれている劣悪な拘禁環境を改善する必要性を確認したうえで（第Ⅰ部），フランスにおける議論から示唆を得つつ（第Ⅱ部），高齢受刑者に対する医療的・福祉的対応の確保，またそれを実現するための早期釈放制度のあり方について示したい（第Ⅲ部）。

この視点は決して目新しいものではない。しかしながら，高齢犯罪者処遇に限定して，彼らの特性に応じた処遇のあり方についてはいまだ十分な議論がなされておらず，かつ上記のような問題が生じている現状にかんがみれば，日本の刑務所内での高齢受刑者処遇を考えるにあたっては，まずはこの主張を改めて理論的に検討する必要があるのである。フランスにおける「尊厳」の尊重を柱とする議論を通して，高齢受刑者は自由刑が科された者である前にひとりの市民であること，そして当然に「Se soigner dans la dignité」が実現されなくてはならないことを示したい。

〔註〕
1) L'Association des Cites du Secours Cathorique, Aurore, Basiliade, La Croix-Rouge, les petits frères des Pauvres, Le Secours Catholique, Hébergement et accompagnement de personnes en aménagement de peine pour raisons médicales.
2) 緒方あゆみ「薬物犯罪者の処遇に関する一考察」明治学院大学法学研究86号（2009）235頁，町野朔，水留正流「医療刑務所の現状――北九州医療刑務所・岡崎医療刑務所」日本精神科病院協会雑誌22巻3号（2003）269頁。
3) 本書ではフランス語のinsertion sociale/réinsertion socialeを，「社会参加」と訳す。これらの文言はフランスにおいて被告人や受刑者等に対する刑罰の目的のひとつとして刑法典132-254条および2009年行刑法1条等の明文規定にも用いられている。具体的には，犯罪者や受刑者が社会復帰するために必要な生活基盤を社会に築くこと，を示している。なお，「社会参加」は犯罪者・受刑者処遇の局面のみならず，社会政策において広く用いられる概念である。

目　次

はじめに

第Ⅰ部　高齢者犯罪の現状と高齢受刑者が置かれている劣悪な拘禁環境

第1章　高齢者による犯罪と彼らに対する刑罰
　　　　――フランスの議論状況との比較から浮き彫りになる日本の問題点

1　高齢者犯罪の背景に関する諸調査 …………………………………… 2
2　近時の「高齢犯罪者」像 ………………………………………………… 5
3　日本における高齢犯罪者への対応に存する問題 …………………… 6

第Ⅱ部　「侵害最小基準」に基づくフランスにおける高齢犯罪者処遇

第2章　「高齢」であることに基づく刑罰減軽
　　　　――明文規定による刑罰減軽から裁判官の裁量による刑罰減軽へ

1　重大な犯罪を行った高齢者に対する1791年刑法典ないし1810年刑法典の特例 ………………………………………………………………… 10
2　高齢累犯者に対する特例――1885年の流刑に関する法律と1970年の刑事後見に関する法律 ………………………………………………… 14
3　高齢犯罪者への拘禁的措置回避に関する明文規定の根源にある見解 … 18
4　明文規定から裁判官の裁量による判断へ――1960年6月4日のオルドナンスによる1810年刑法典の特例の廃止と1980年の刑事後見の廃止，合意

の完全な定着………………………………………………………………… 24

第3章　高齢犯罪者に対する拘禁的措置を回避する運用の現状
1　閉鎖施設への拘禁の回避………………………………………………… 33
2　近時の高齢受刑者の増加………………………………………………… 38
3　性犯罪に対する有罪宣告を受けた高齢受刑者の増加と長期刑受刑者
　　の高齢化…………………………………………………………………… 41

第4章　医療的ニーズを有する高齢受刑者を対象とした早期釈放
1　高齢受刑者に対する医療・福祉的対応のあり方に関する議論の登場… 54
2　ヨーロッパ人権裁判所2001年6月7日決定による勧告……………… 67
3　治療を理由とする刑の執行停止措置の創設…………………………… 78

第5章　高齢受刑者に対する早期釈放制度の対象の拡大
1　MARIANIによる2度の議員立法草案………………………………… 103
2　高齢受刑者の処遇に関する国内人権諮問委員会による意見書……… 106
3　2009年11月24日の法律82条の制定…………………………………… 107
4　高齢受刑者に対する早期釈放制度の消極的運用……………………… 112

第6章　刑罰修正手続きと措置
1　刑罰修正措置……………………………………………………………… 119
2　刑罰修正の許可に向けた手続き………………………………………… 120
3　刑罰修正措置終了に向けた手続き……………………………………… 123
4　措置の内容………………………………………………………………… 124

第Ⅲ部　日本の問題状況と今後向かうべき方向性
――安全重視から支援重視の高齢受刑者処遇へ

第7章　高齢犯罪者に対する非拘禁的措置に関する過去の明文規定と
　　　　それに関する議論の欠如
1　高齢犯罪者に対する拘禁的措置と刑務所内処遇の現状……………… 132
2　自由刑執行段階における高齢受刑者への配慮………………………… 141

3　高齢受刑者に対する処遇上の配慮 ……………………………………… 143

第8章　現在の高齢犯罪者に対する非拘禁的措置の消極的運用
　　1　刑事司法にのせられる高齢者の増加 …………………………………… 153
　　2　統計からみる高齢犯罪者への厳しい対応 ……………………………… 158
　　3　深刻な社会的排除状態にある高齢犯罪者への厳しい対応に存する問
　　　　題点 ……………………………………………………………………… 162

第9章　刑事施設における高齢受刑者が抱える医療的・福祉的ニーズ
　　　　の軽視
　　1　高齢受刑者の医療的・福祉的ニーズの多様性と大量性 ……………… 169
　　2　高齢受刑者が有する医療的・福祉的ニーズへの不十分な対応 ……… 173
　　3　現在の高齢受刑者への対応の不十分性から生じている悲惨な現実 … 182

第10章　医療的・福祉的ニーズを有する高齢受刑者への早期釈放の
　　　　必要性と現行制度の消極的運用
　　1　高齢受刑者に対する早期釈放制度の積極的適用の必要性 …………… 188
　　2　仮釈放制度および刑の執行停止制度の消極的運用 …………………… 190
　　3　「懲らしめ」、「規律秩序」、そして「安全」の重視による高齢受刑者
　　　　の拘禁の継続 …………………………………………………………… 195

第11章　高齢受刑者の早期釈放の積極的運用を支える諸制度および
　　　　理念
　　1　人権規定から要請される高齢受刑者に対する早期釈放の積極的適用 … 199
　　2　高齢受刑者の早期釈放の積極的活用を支える諸資源 ………………… 208
　　3　今後の課題 ……………………………………………………………… 213

あとがき

第Ⅰ部　高齢者犯罪の現状と高齢受刑者が置かれている劣悪な拘禁環境

　　諸統計や諸調査から犯罪を行う高齢者が増加していることが，くわえて2003年に出版された山本譲司著『獄窓記』（新潮社，2008〔ポプラ社，2003〕）や2006年の下関駅舎放火事件を契機として高齢犯罪者・受刑者・出所者が深刻な社会的排除状態におかれていることが明らかになり，近時の刑事政策や社会政策全般において，とりわけ重要な論点の一つとされてきたといえよう。

　　ケトレー著『人間に就いて』以来，高齢者は主に体力・気力の衰えを理由として，とりわけ犯罪をすることが少ない，また犯罪をするとしても軽微な犯罪をするとされてきた。しかしながら，平成3年版犯罪白書では高齢犯罪者の増加傾向が指摘され，平成20年版犯罪白書では，「犯罪をする高齢者」の増加が指摘された。

　　量的動向が示される一方で，『獄窓記』や下関駅舎放火事件を契機として，生活困窮故に衣食住が確保され，自分を拒まない「刑務所」に入るために犯罪を繰り返す高齢者像が浮き彫りになった。その中で実施された諸調査によって示されたのは，「孤独で経済的に困窮している」高齢者像であった。そこで，まず，諸調査を手掛かりに，高齢犯罪者が置かれた社会的排除状態を示したい。

第1章

高齢者による犯罪と彼らに対する刑罰
―― フランスの議論状況との比較から浮き彫りになる日本の問題点

1 高齢者犯罪の背景に関する諸調査

　高齢者犯罪の背景に関する調査としては，廣橋秀山，濱井郁子，田島秀紀，松村猛，中勢直行「高齢受刑者に関する研究（その1）」(2000)，太田達也，金容世，矢野恵美，堀田晶子「高齢社会における高齢者犯罪の実態と要因に関する研究」(2006)，法務総合研究所「高齢出所受刑者および高齢仮出所者の実態と意識」(2007)，平成20年版犯罪白書における特別調査，警察庁・警察政策研究センター，太田達也「高齢犯罪者の特性と犯罪要因に関する調査」(2013)がある。

　これらの諸調査を見る上で，留意すべきは，それぞれ調査対象が異なる，という点，調査項目があらかじめ設定されており，犯罪に至るまでの詳細なプロセス等は明らかにすることが困難な性質の調査である点である。

　まず警察段階の高齢被疑者に関する調査として，太田達也ほかによる「高齢社会における高齢者犯罪の実態と要因に関する研究」および，「高齢犯罪者の特性と犯罪要因に関する調査」がある。これらによれば，高齢犯罪者において最も特徴的な犯罪類型である窃盗については，圧倒的に高齢になってから犯罪を行い始める，遅発突発型が多い［53.0％］。一方，その他の財産犯である強盗と詐欺については早発累犯型［強盗が46.6％，詐欺が41.8％］が多い点が特徴的である。太田の分析によれば，強盗や詐欺の多くは経済的困窮が原因であることが多く，窃盗や占有離脱物横領は経済的困窮よりは利欲目的である者が多い。

　ついで，裁判段階における高齢有罪宣告者に関する調査として，2008年に公表された平成20年版犯罪白書における特別調査［以下，平成20年調査とする］を

みる。平成20年調査は東京検察庁および東京区検察庁に，平成19年1月1日から同年12月31日までに受理された受理時65歳以上の者で第一審において有罪の判決または略式命令がなされ，資料の収集が可能であった368名に対して実態調査を行った。

　同調査では，調査対象者において軽微な財産犯の多数回累犯者が多い点が強調され，この点については，太田調査と類似の視点から分析が行われている。すなわち，同調査では，高齢犯罪者による窃盗については，若いころより犯罪を繰り返している者が最も多く，窃盗のうち35.3％を占めている。これは，傷害・暴行およびその他の犯罪類型においては，それぞれ高齢初犯型（傷害・暴行60.0％，その他46.9％）が多い点にかんがみれば，窃盗において特別にみられる特徴である。窃盗においては高齢初犯23％，若年時1犯後中断17.3％と続き，高齢再犯者は4.3％にすぎない。

　また，人脈に関する項目として，親族やそれ以外の者との関係に関する項目と帰住先に関する項目について，同居者別構成比をみると，高齢初発から受刑歴ありへと単身者の比率が上昇している。すなわち，高齢初発23.1％，前歴あり57.7％，前科あり60.9％，受刑歴あり77.9％である。この点について，そもそも，再犯者においては配偶者がいる者の割合が高齢初発よりも少ない。すなわち，高齢初発においては75.0％に配偶者がいるのに対して，前歴あり41.5％，前科あり35.9％，受刑歴あり23.3％となっている。また，同居しているしていないにかかわらず，親族と音信があるかどうかについてみると，音信ありと回答した者が，高齢初発89.9％，前歴あり64.4％，前科あり58.1％，受刑歴あり37.3％である。すなわち，刑事司法により長期間置かれることにより，親族とのつながりが希薄になっていく傾向を見出すことができる。

　類似の傾向は親族のみならず，親族以外との交流の有無についても見出すことができる。親族以外との交流ありと回答した者が，高齢初発95.8％であるのに対して，再犯者は著しく減少し，前歴あり57.7％，前科あり65.5％，受刑歴あり53.8％である。ここで，太田達也が指摘するところの高齢犯罪者における「社会的孤立」を見出すことができる。

　矯正段階については，まず1999年に，矯正協会付属中央研究所により実施された，「高齢受刑者に関する研究」がある。この調査は刑務所における高齢受

刑者への処遇上の問題点,「高齢受刑者の外面的・内面的特性」を明らかにすることを目的として,刑務所職員と受刑者に対して調査票に記載する方式で実施された。

この調査により,入所度数が増えるにつれて,刑務所入所前の生活困窮状態が深刻化し,社会的排除が進んだ状態にあることが示された。彼らにおいては,出所後の生活に対しても「あて」がなく,生活支援がなされない限り,問題状況は改善されない。10度以上の高齢受刑者の犯罪原因において「生活が苦しかった」と回答する者が41％いたことにかんがみれば,出所後の生活困窮状態が解決されないことにより,彼らの社会参加が妨げられるのみならず,再び犯罪を行うほかなくなるおそれすらあるのである。

また,男子においては,さらに入所度数が増すにつれて,受入れ可が減少し［初入者48.8％,2～5入者39.9％,6～9入者28.1％,10回入以上の者は16.3％］,受入れ不可の割合が増加している［初入者21.7％,2～5入者32.2％,6～9入者35.0％,10回入以上の者は44.3％］。これらから,入所度数が多いほど社会的に孤立していく傾向を指摘することができる。

最後に法務総合研究所による高齢受刑者と高齢保護観察対象者に対する調査結果を参照する。ここでは,2007年に公表された法務総合研究所による「研究部報告37　高齢犯罪者の実態と意識に関する研究」［以下,研究部報告とする］と平成20年調査の2つをみる。これらは調査手法がほぼ同じであり,かつ調査項目も共通していることから,合わせて検討する。

財力については,初入者よりも再入者の方がより深刻な困窮状態にあるといえる。すなわち,高齢再入者においては,就労が困難であり無職の者が少なくない。「仕事をしたかったが見つからず無職状態にある」［初入者13.1％,再入者31.8％］,「病気で仕事ができない」［初入者6.6％,再入者14.4％］の割合が高い。この調査結果から,拘禁によって再就職が困難となる点および,再入者においては公的年金を受給している者が少ないことから,出所後の所得の確保も困難なものとなる可能性が高いという特徴を指摘することができる。さらに,再入者においては仕事ができないほどに医療的ニーズが重大な者も少なからずいる点にも留意する必要があろう。

ただし,この調査結果は高齢仮釈放者に対する調査から得られたものであ

る。すなわち，彼らに対しては補導援護による生活支援が確保されているのである。一方で，満期釈放者においては入所前よりも出所後の方が経済状況の悪化した者の割合がより多いと思われる。

　また，高齢受刑者の人脈について，引取人に関する項目をみると，満期釈放者においては親族15.7％，なし73.5％，更生保護施設3.2％である。すなわち，満期釈放においては，引取手が「なし」である者が最も多い。これは高齢受刑者における「社会的孤立」を裏付けるものである。その一方で，親族とつながりがある者においては仮釈放が認められる。すなわち，仮釈放者において引取人が親族60.8％，なし8.0％，更生保護施設25.1％である。引取人のあてがない場合，出所後の居住先について自力でみつける，更生緊急保護，福祉機関に相談するといったように本人の努力が必要となる。なお，この調査が実施された後の2009年には満期釈放者に対する環境調整をも業務とする地域生活定着支援事業が開始した。同事業により状況は改善していると思われる。

2　近時の「高齢犯罪者」像

　以上の諸調査から浮き彫りになるのは，社会的に孤立し，生活に困窮した高齢者像である。しかし，実際の高齢犯罪者が抱えている問題はより複合的なものであると考えられる。一般社団法人よりそいネットおおさか「更生保護施設および更生保護施設入所者・退所者の実態に関する調査[2]」では，大阪府，北海道，宮城県，福島県，埼玉県，東京都，愛知県，福岡県，沖縄県の各県において出所者の社会復帰に向けた支援を行っている諸機関へのヒアリングをもとに，それらが行っている具体的な取組について紹介している。それによれば，諸機関では，高齢出所者に対する生活支援として，帰住先の調整にくわえて，住民票の手続き，社会保障関係の手続き，医療機関，福祉機関との連携等の多様な支援を行っている。これらの取組から，高齢犯罪者が抱える問題が複合的なものであり，実際には「経済的に困窮し，衣食住に困らない刑務所に入るべくして犯罪を行った」という公式では説明しきれないといえよう。

　そのような背景から，軽微な犯罪をしたケースであっても，累犯の場合には刑務所拘禁を回避することは困難である[3]。なぜならば，累犯者の場合には，刑法25条によって，また常習累犯窃盗の場合にはその法定刑ゆえに，一度起訴さ

れ，有罪であることが確認されれば執行猶予を付すことができないからである。くわえて，近時では「入口支援」の試みによって少しずつ実務に変化が見いだされるものの，なお，「帰住先がないこと」，「頼る人がいないこと」，「就労が難しいこと」等，社会的排除状態を示す諸要素は釈放の方向ではなく，拘禁の方向へ作用しうる。

3　日本における高齢犯罪者への対応に存する問題

　このような日本の実務とフランスにおける高齢犯罪者に対する刑罰の適用に関する議論を比較すると，軽微な犯罪を行った高齢者であっても累犯者であれば閉鎖施設に拘禁する，という日本の実務に問題があることに気付く。

　フランスでは，高齢犯罪者への対応のあり方について以下の2つの点の合意が得られてきた。ひとつは量刑段階において高齢犯罪者に対して拘禁的措置を回避することであり，もうひとつは，医療的・福祉的ニーズを有する高齢受刑者へ刑務所内での適切かつ十分な対応を確保することである。それらの合意を基礎として，軽微な高齢犯罪者へ拘禁的措置を回避した結果，近時刑務所に拘禁されている高齢受刑者の多くは性犯罪者か，重大犯罪者となっている。それゆえ，現代のフランスにおける高齢受刑者処遇に関する議論の焦点は，「危険」な犯罪者の権利保障や社会参加促進を目的とする早期釈放制度の適用の是非にある。この議論において鍵となるのが，2002年3月4日の法律 Loi n°2002-303 du 4 mars 2002 relative aux droits des malades et à la qualité du système de santé［以下，2002年法とする］である。フランスでは2000年頃に高齢受刑者の増加傾向が広く知られるようになり，そこから高齢受刑者処遇のあり方に関する議論がなされてきた。医療的・福祉的ニーズを有する高齢受刑者が適切かつ十分な対応を受けることができない状況を「劣悪な拘禁状況」であると批判し，刑事施設内での医療・福祉制度の充実を試みるとともに2002年法により早期釈放制度を創設した。

　この法律により，有罪を宣告された犯罪がどのようなものであっても，すべての受刑者に対して医療を受ける権利および治療が保障されることが確認された。フランスでは，この法律を柱として，高齢受刑者処遇における医療的対応の重要性と重大な犯罪を行った者に対する「安全」を維持するための拘禁の継

続の関係について議論が展開されている。

　早期釈放をめぐる議論および制度整備の根底には，高齢受刑者の vulnérabilité という特徴の重視と，受刑者処遇の「社会化」の２つの視点があると考えられる。

　一方，日本では，処遇法の諸規定において，高齢受刑者の医療・福祉ニーズについては刑務所内で対応するのが原則とされている。医療については，刑務所職員としての医師による診断，医療重点施設および医療刑務所における治療が原則であり，外部の医療機関への移送は「必要と認められる場合」に用いられる旨規定されている。また，福祉については，刑務所内で要介護・介助・支援の高齢受刑者には基本的には刑務官や他の受刑者が対応している。とりわけ後者においては，専門性が欠如しているが，その状況についてフランスのように「劣悪な拘禁状況」であると広く問題視されているという現状はない。

　両国における違いの背景には，刑罰制度および刑罰のとらえ方の違いのみならず，高齢犯罪者・受刑者の特性とその特性に応じた処遇に関する議論の蓄積もあると思われる。日本においてもフランスと類似した視点および高齢受刑者を早期に釈放する際に用いることができる法制度があるにもかかわらず，高齢受刑者処遇の問題と早期釈放制度の運用状況をむすびつけた議論はほとんどなされてこなかった。

　そのような議論の蓄積の有無，そしてその結果としての高齢受刑者処遇における合意の有無の違いが，日本とフランスにおける高齢受刑者処遇のあり方の違いを生ぜしめている。

　これらのフランスの議論状況をふまえながら，日本の医療的・福祉的ニーズを有する高齢受刑者が置かれている拘禁状態に目を移すと，彼らが置かれている状況は「劣悪」といえよう。日本の受刑者の権利や処遇に関係する諸規定の要請にかんがみれば，高齢受刑者の健康・要介護状態を悪化させる，あるいは時に彼らの生命すら侵害する現在の拘禁状態は許されない。それにもかかわらず，そのような拘禁状態に高齢受刑者をなお置いておく実務の根底には，「安全」の視点のみならず，「懲らしめ」や「規律維持」の視点がある。すなわち，日本ではフランスとは異なり受刑者に対して治療を行うこと，すなわち「支援」そのものに対して複数の視点から強い抵抗がなされているのである。

〔註〕
1) 中央研究所紀要10号（2000）11-37頁。
2) 一般社団法人よりそいネットおおさか「更生保護施設および更生保護施設入所者・退所者の実態に関する調査」http://yorisoi-osaka.jp/files/sites/6/20140331.pdf（2013）。
3) 最近では，「入口支援」の広がりによってダイバートされるケースも増えつつあると思われる。しかしながら，それでも累犯の場合起訴されれば，実刑を回避することはできない。それゆえ，実務上，高齢累犯者においては検察段階における「入口支援」が一層重要な役割を担うものと考えられる［安田恵美「福祉的ニーズを持つ被疑者への起訴猶予」法学雑誌60巻3＝4号（2014）373頁以下］。

第Ⅱ部 「侵害最小基準」に基づくフランスにおける
　　　高齢犯罪者処遇

> 　　日本の高齢受刑者への対応に存する問題点を明確化かつ客観化し，その解決策を提示するための検討素材として，フランスにおける高齢受刑者の早期釈放制度を柱として高齢犯罪者ないし高齢受刑者処遇に関する議論と諸制度の変遷をみることとする。

第 2 章

「高齢」であることに基づく刑罰減軽
—— 明文規定による刑罰減軽から裁判官の裁量による刑罰減軽へ

　刑事訴訟法典717-1条［1960年6月4日のオルドナンス Ordonnance n°60-529 du 4 juin 1960により追加．同オルドナンスは以下，1960年オルドナンスとする］は量刑の判断材料の一つとして「年齢」を考慮することを定めている。同条にもとづいて，高齢犯罪者に対して裁判官は量刑段階において拘禁的措置を回避することができる。そのような運用を支える基礎には，高齢犯罪者に対する刑罰の量に関する過去の明文規定によって形成されてきた「合意」がある。

　高齢を刑罰減軽事由とする明文規定は，刑法典と累犯者に関する法律に設けられた。1791年刑法典および1810年刑法典には重罪を行った高齢犯罪者に対する刑罰減軽に関する規定が設けられ，その一方で1885年5月27日法 Loi du 27 mai 1885 instaurant la relégation des récidivistes［以下，1885年法とする］と1970年法 Loi du 17 juillet 1970 tendant à renforcer la garantie des droits individuels des citoyens［以下，1970年法とする］には軽微な犯罪を繰り返す高齢者に対する刑罰減軽に関する規定が設けられた。

1　重大な犯罪を行った高齢者に対する1791年刑法典ないし1810年刑法典の特例

　重大な犯罪を行った高齢犯罪者に対する刑罰を減軽する規定は，まず1791年刑法典5条，6条，7条に設けられ，それらの規定の趣旨は1810年刑法典70条，71条，72条に引き継がれた。これらは，1960年6月4日のオルドナンスにより廃止されるまで効力を持ち続けた。高齢犯罪者の多くが軽微な犯罪について有罪宣告を受けると指摘されてきた点にかんがみれば，重罪について有罪宣告を受け，これらの規定が実際に適用されることはそれほど多くなかったよう

に思われる。しかしながら，重罪を行った高齢犯罪者に対して刑罰を減軽するという理念を明文化した点に大きな意義がある。

　1791年刑法典の大きな特徴のひとつは，裁判官の裁量を小さくし，恣意的な判決を排除するために固定刑を導入した点である。その中で，少年と高齢者に対しては，特別に減免規定が設けられた。すなわち，1791年刑法典において高齢者は「保護されるべき」存在であったのである。

　1789年，人権宣言8条により「法律は，厳格かつ明白に必要な刑罰でなければ定めてはならない。何人も，犯行に先立って設定され，公布され，かつ，適法に適用された法律によらなければ処罰されない。」と，罪刑法定原則が宣言された[3]。これを前提とした新刑法典策定に向けた三部会の議論において，重要視された刑法典の柱のひとつに身分による刑罰の格差の是正がある[4][5]。すなわち，刑罰の「公正性」を実質的に確保すべく類似の犯罪行為に対して自動的に類似の刑罰を科すのではなく，犯罪行為以外の要素も取り込むことを可能とする刑法典が必要である，という見解である。たとえばDRAGUIGNANは，「年齢」も刑罰を決定するうえでの重要な判断要素と位置づけ，「刑罰が段階づけられ，犯罪，状況，年齢に比例せしめられた新しい法典」を要求した[6]。

　立憲議会が制定した1791年刑法典においては，死刑制度は存置されたが，残酷な身体刑については廃止された。さらに，刑罰に犯罪者の社会復帰という観点が導入され[7]，一部の刑罰において無期刑が廃止された。また，DRAGUIGNANが主張した刑罰システムはほとんど導入されず，罪刑法定原則の要請のもと，裁判官の裁量をできる限り排除するために，1791年刑法典では固定刑が採用された。それゆえ，この刑法典では刑の減免事由は原則として認められていない。ただし，DRAGUIGNANの要求の一部，すなわち「年齢に比例せしめられた刑罰」は，同刑法典第1編第5章において実現した。この章には重罪について少年及び高齢者の場合に例外が設けられ[8]，高齢者については，同5章の5条から7条に規定がなされた。条文は以下の通りである。

　　5条　満70歳以上の者は流刑déportationに処されない
　　6条　本法が5年以上の鎖刑，懲役監における懲役，独房拘禁又は禁錮のいずれかの刑を定める場合においても，被告人が満75歳の場合に

は，その刑期はそれぞれ5年に軽減される。

7条　前条のいずれかの刑を言い渡された者が満80歳に達した場合において，少なくとも5年の刑が経過しているときには，彼の請求にもとづき刑事裁判所の判決によって釈放される。

　これらの条文において示されている刑罰はいずれも重罪に対して予定されているものであり，いずれも体力を著しく消耗させるものばかりである。流刑 déportation は，フランス本土からポリネシアの北東部にあるマルキス島やアルジェリアなどの植民地に追放されることを内容とする刑罰であり，政治犯に対して予定されていた。この流刑に付された者は灼熱の環境の中で生活をしなくてはならなかった。また，6条に列挙されている刑罰を宣告された者は，長期間刑事施設に拘禁された。くわえて，鎖刑と懲役監における懲役刑については強制労働に従事しなくてはならなかった。

　これらの過酷な刑罰を75歳以上の高齢者に科した場合，その執行途中で死亡する可能性が大いにあるものであった。それゆえ，死刑以外の刑罰が宣告されたにもかかわらず，その執行により死の結果を生ぜしめうる刑罰を科すことは，罪刑法定主義に反するものであるとされ，これらの条文で列挙された刑罰について，刑罰が減軽されると規定された。同様に，7条も高齢受刑者の体力を考慮して80歳に達した段階で釈放を認めるとする規定である。この規定は受刑者本人の申請を手続きの端緒とする点と，裁判所による決定を要件とする点において，現在の刑罰修正手続きとの類似点を見出すことができる。

　これらの規定がどの程度適用されたかについて示す資料の存在については確認することができていないが，現在よりも生活水準が低い当時のフランスにおいて，対象者はかなり少ないように思われる。フランスでは，1864年には高齢化社会に到達されたとされている。しかし，革命直後であったこと，さらに当時の平均寿命が24歳であったことにかんがみれば，70歳以上の高齢者そのものがそれほど多くなかったと推測される。さらに，高齢者犯罪においては，物乞いや浮浪のケースが多かったため，上述の5条ないし6条に定められる刑罰が科されるケースもそれほど多くなかったと思われる。したがって，これらの規定を設ける需要はそれほど高くなかったといえる。それにもかかわらず，あえて重罪を行った高齢者への刑罰に関する規定を設けた点に大きな意義があると

考える。すなわち，これらの諸規定は特に非難ないし安全の視点が強調されやすい重大な犯罪において，高齢者に対しては，なおそれらの視点よりも，保護の視点が重視された対応がなされるべきとの方針を示したものと解することができる。

1791年刑法典の実質的な後継の刑法典となる1810年刑法典においても，1791年刑法典の高齢犯罪者に対して刑罰を減軽するという精神は受け継がれた。1810年刑法典はナポレオンⅠ世により，1810年2月13日にチュイルリー宮殿において公布された。「刑法典第Ⅱ部を含む1810年2月13日の法律」は，重罪または軽罪を理由に処罰される者，刑を減免される者，または責任を負うべき者について規定している。

高齢者の刑罰について規定した条文は以下の通りである。[15]

70条　無期強制労働，流刑[16]および有期強制労働は，判決のときに70歳の者に対しては言い渡されないものとする。
71条[17]　前掲の刑は，その者については代えられる刑の期間に応じて，無期または有期の懲役に代えられるべきものとする。
72条　無期または有期強制労働を言い渡された者は，満70歳に達したときに，その刑から解放［釈放］され，その刑期が満了するまでの期間，懲役のみを言い渡された者として，労役場（maison de force）に収容されるべきものとする。

1810年刑法典においても，1791年刑法典と同様，体力を著しく消費する内容の刑罰については高齢犯罪者に対して減軽する旨の規定が設けられている。しかし，1810年刑法典における上記諸規定と1791刑法典5条，6条，7条とを比較すると，「厳罰化」の傾向を見出すことができる。1791年刑法典では強制労働刑を回避するのみでなく，高齢受刑者を釈放する旨が規定されていたが，1810年刑法典では強制労働刑は回避されるものの，釈放はされず，その代替刑として懲役刑が言い渡されることとなった。その一方で1791年刑法典1編5章7条のような高齢受刑者を早期に釈放する規定は設けられなかった。[18]

しかしながら，1810年刑法典全体とこれらの諸規定との関係でとらえれば，また異なる局面が表れる。すなわち，1810年刑法典は全体的に，1791年刑法典よりも厳しい刑罰が予定されていた。そのような厳罰的な刑法典に施行当初か

ら，高齢者に対して刑罰減軽が定められていた，という点に意味がある。すなわち，この点については1791年刑法典で示された「高齢犯罪者・受刑者に対する保護」の視点が受け継がれたのである。

1810年刑法典は，1994年の新刑法典制定・施行まで効力を持ち続けたが，古典主義から新古典主義へと徐々にシフトするために，度重なる改正を経てその厳罰的性格が和らげられていった。その流れの中で，上記72条も見直された。すなわち，1958年12月23日のオルドナンス Ordonnance du 23 décembre 1958 modifiant notamment certains articles du code pénal により，無期あるいは有期強制労働が宣告されうる上限は判決時70歳から65歳へと引き下げられた。しかしながら，その改正後まもなく，1960年6月4日のオルドナンス Ordonnance du 4 juin 1960 modifiant certaines dispositions du code de procédure pénal et des codes de justice militaire pour l'armée de terre et pour l'armée de mer en vue de faciliter le maintien de l'ordre, de la savegarde de l'état et la pacifition de l'argerie により上記70条，71条，72条は削除された。その理由として，高齢受刑者そのものが少ないことや，拘禁されている高齢者においても軽罪の禁錮刑に服している者が大半をしめていたことが挙げられた[19]。つまり，高齢犯罪者において問題となっているのは軽微な財産犯であり，重大犯に関する規定は必要とされなくなった。さらに，次節で示す通り，1960年オルドナンスにより量刑判断時において「高齢であること」によって刑罰を減軽するか否か，またどの程度減軽するかどうかは，刑の個別化 individualisation de péine として，裁判官の裁量に任せられた［刑事訴訟法典717-1条］。

2　高齢累犯者に対する特例
──1885年の流刑に関する法律と1970年の刑事後見に関する法律

軽微な犯罪の累犯者を対象とする1885年の流刑に関する法律[20]と1970年の刑事後見 tutelle pénal に関する法律にも高齢犯罪者に関する規定が設けられた。

累犯対策が検討され始めたのは19世紀半ばのことであった。当時のフランスでは，再犯の多さが深刻な問題となっていた。そこで，「再犯者」に対する刑罰システムの在り方が刑事法の大きな課題となった。この問題状況をうけて，2つの方向に議論が発展し，立法がなされた[21]。一方が軽微な犯罪者の社会復帰

を促進する施策であり，もう一方が更生不可能な犯罪者から社会を防衛するために社会から排除するという施策である。前者としては1885年8月14日の法律 Loi du 14 août 1885 sur les moyens de prévenir la récidive により仮釈放制度が創設され，後者としては同年5月27日の法律によって流刑 relégation が創設された。同法律4条によれば，流刑の対象となるのは，①強制労働刑または懲役刑を2回受けた者，②強制労働刑又は懲役刑をうけたのち，重罪又は窃盗その他特定の犯罪で3ヶ月以上の自由刑を受けた者，③重罪で又は特定の軽罪で3ヶ月以上の自由刑を4回受けた者，④7日の有罪判決を受けた者で，うち2回以上は重罪または軽罪で3ヶ月以上の自由刑を受けた者である[22]。流刑が言い渡された者は，植民地であるニューカレドニア（1885-1896年）およびギアナ（1897-1938年）[23]に移送され，そこで徒刑に付された。

　流刑による軽微な犯罪の累犯対策の対象には高齢犯罪者も含まれており，同法律には高齢累犯者に対する流刑の例外規定が設けられていた。遅くとも1924年出版 JACOB 著 *La criminalité des vieillards* において高齢者犯罪には財産犯が多いことが，さらに1968年出版 STANCIU 著 *La criminalité à Paris* においては高齢者犯罪のひとつの典型例として軽微な財産犯の累犯があることが述べられていることから，少なくともそれらの規定が適用されうる高齢犯罪者は存在していたことがうかがえる。

> 6条　流刑は刑期満了時に60歳以上もしくは20歳以下の者に対して適用することはできない。ただし，現行法により定める諸条件において，21歳に到達した後に新たに有罪を宣告された場合，および21歳未満の少年に科せられる有罪宣告には流刑が含まれる。
> 8条　本法4条の適用により刑罰が科せられた者は，60歳を超えていない場合，刑期満了後，本法19条の定める終身の居住指定に置かれる。21歳に満たない場合には，刑の満了後は成人になるまで矯正施設におかれる。

　6条の規定によれば，たとえば55歳の被告人に対して5年以上の流刑を言い渡すことができない，ということになる。つまり，同条は60歳以上の高齢犯罪者に対して必ず流刑の執行を回避するよう，宣告段階で配慮することを裁判官に義務付けた規定といえよう。この規定には流刑の内容が関係している。流刑

の宣告を受けた者は，植民地で徒刑に付された。赤道直下にあり灼熱のギアナに移送された場合には，とりわけ非常に肉体的負担を伴い，死の危険が高い「おぞましい刑罰」[24]であったとされている。罪刑法定主義の要請から流刑の内容に受刑者の「死」は含まれてはならない。そのため，高齢者と少年については流刑の適用対象外とした[25]。

　本法律施行当初において，この6条の規定により植民地での強制労働が回避された高齢累犯者は，代替刑としてフランス本土の中央刑事施設 maisons centrales [1年を超える拘禁刑を執行するための刑事施設] および矯正施設 maison de correction [1年を超えない軽罪拘禁刑を執行するための刑事施設] において徒刑に付された[26]。しかしながら，代替刑の適用は人道的な配慮から，1907年7月19日の法律 Loi du 19 juillet 1907 relative à la suppression de l'envoi dans les colonies pénitentiaires des femmes récidivistes によって居住指定に変更された[27]。これにより，実質的に60歳以上の高齢累犯者は非拘禁的措置に付されることとなった。この規定の存在は，少なくとも立法レベルにおいて，軽微な財産犯につき有罪宣告を受けた高齢者に対しては，彼が累犯者であっても非拘禁的措置を適用することに一定の同意があったことを示唆するものである。

　1970年の流刑法廃止にともなって，高齢累犯者に関する6条ないし8条も削除された。流刑の創設当初，議会は年間5000件程度の宣告を想定していたとされる。しかしながら，戦争の影響と「裁判官のためらい」[28]によって，その運用は減少していった。上述の通り流刑の対象となるのは比較的軽微な犯罪類型を行った者である。それゆえ，行為と刑罰との均衡が取れていないとして，裁判官はこの刑罰を言渡すことにためらいを感じるようになった[29]とされている。実際，施行当時の1886年はおよそ1600人，その後，1888年までは同じ水準で移行した。しかしながら，1889年以降は急激に減少した。この減少をうけて，1896年以降段階的に縮小され，1896年にニューカレドニアへの送致を停止し，その後はギアナのみに送致することになった。1900年以降は500人程度にまで減少した[30]。さらに戦争の影響から，終身流刑は1938年に廃止され，1942年には植民地に移送するのではなく，フランス本土にある中央刑事施設および矯正施設に設けられた特別区において執行されるようになった。縮小し続けた流刑制度は，1970年7月17日の法律[31]によって廃止され，刑事後見制度にとって代わられ

た。

　この制度はANCELが提唱した「新社会防衛論」の影響を受けて創設された。[32]　すなわち，「隔離」という方法ではなく，「矯正」という手段によって社会復帰の可能性を付与することで，累犯者から社会を保護することを目的とした。しかしながら，受刑者に対して十分な処遇を実施するための資源が確保されていなかったことから，実質的には刑期終了後になお拘禁し続ける保安処分であったとされている。[33]

　刑事後見は以下の条件を満たした一般法上の重罪及び軽罪の累犯者に対して言い渡される補充刑である。具体的には，自由刑につき拘禁されていた期間を除き，10年以内に，①重罪と規定される行為に対して2回刑罰を言い渡されている場合，②刑法典309条［暴力行為により，疾患あるいは20日以上の労働不能を生ぜしめる傷害］，311条［309条に列挙されている結果を生ぜしめない傷害］，312条［親あるいは尊属に対する傷害］，330条［公然わいせつ］，331条［強姦・強制わいせつ罪，その他性暴力］，334条［21歳未満の未成年の淫行および堕落の助長］に定める軽罪及び重罪または，軽罪を構成する盗罪，詐欺，委託物横領，贓物，偽造，偽造物行使の罪において定められている事実に対して6月以上の自由刑を4回言渡される場合に適用される。刑事後見は刑事訴訟法典81条に定める調査及び精神医学的診断書の結果を受けて，その必要性が認められた場合に限り，10年を上限として21歳以上の犯罪者に対する有罪宣告とともにのみ言い渡すことができる。[34]

　刑事後見は，刑の終了後，あるいは仮釈放期間に刑事施設において拘禁され社会復帰のための支援を受けるという制度であり，刑罰そのものではなく，さらに1885年法における流刑のように体力的に大きな負担を伴うものでもない。しかしながら，刑事施設内で処遇を実施するよりも社会保障制度の枠内で援助がより適切であるとの視点から，高齢累犯者は刑事後見の対象から除外された。[35]

　58-2条後段
　　刑事後見は刑の執行時に受刑者が65歳に達した時点で正当に終了される。

刑事後見制度は，処遇を実施するための資源不十分なまま施行された。[36] たとえば，ブザンソン拘置所・刑務所においては，刑事後見に付された被拘禁者は完全な隔離状態に置かれるのみで，いかなる社会復帰に向けた活動も用意されず，さらにスポーツや労働の機会についても制限されていた。また，ルール刑務所では，同時期に精神病患者の数が増加したことを理由として，刑事後見に付された被拘禁者へ十分な支援がなされていなかった。したがって，拘禁を継続するのみで社会復帰を促進するどころか，社会的排除が助長されるおそれがあった。この状況をうけて，1979年9月22日，司法省行刑局長はブザンソン拘置所・刑務所とルール刑務所を刑事後見専用の施設として使用を停止すると決定した。この決定を受けて，これらの施設に収容されていた被拘禁者はほかの施設に移送された。しかしながら，処遇プログラムに関して根本的な解決は何らなされなかったため，他の施設においても同様の問題が生じた。それらの資源の問題は解決されえず，刑事後見制度は1981年2月2日の法律 Loi du 2 février 1981 renforcant la sécurité et protegéant la liberté des personnes よって廃止された。

3　高齢犯罪者への拘禁的措置回避に関する明文規定の根源にある見解

なぜ，「高齢」は刑罰を減軽する事情とする明文規定が設けられてきたのか。この点について，フランスでは4つの見解が示されてきた。

まず1791年刑法典と1810年刑法典における，高齢を刑罰減軽事由とする規定の根拠については，高齢者においては刑罰に耐える体力が減退しているとする見解，および責任能力が減退しているとする見解が主張された。GARRAUD, *Droit pénal français* など20世紀初頭に出版された文献から，BOULOC, *Droit pénal général* などの21世紀に出版された文献に至るまで，前者の見解を支持する諸文献が多いように思われる。そのように，高齢受刑者の刑罰を受ける体力に着目する見解が有力なのには，高齢を刑罰減軽事由とする規定の対象とされた刑罰が，受刑者の体力を著しく消耗させるものであった点が大きく関わっている。すなわち，過酷な刑罰を体力が減退している者に科することにより，当該受刑者を死亡させる危険があった点が重要視されたのである。

しかしながら，刑罰制度の変化により，そのような生命を危険にさらすほど

までに過酷な刑罰が廃止されると，高齢者の受刑能力の減少は，高齢を刑罰減軽事由とする規定の根拠として説得的なものではなくなっていった。そこで，刑事後見制度における高齢受刑者を刑事後見の対象から除外する規定については，高齢受刑者における再犯の「危険」が小さい点，そして高齢受刑者の「社会復帰」[37]にとってより適切な支援を提供する点が根拠として主張された[38]。ここに，高齢受刑者への拘禁的措置の回避に関する，高齢受刑者処遇について過酷な刑罰を回避するという見解から，より高齢受刑者の特性に応じたより適切な支援を提供するために拘禁を回避するという見解への変化を見出すことができる。

以上のように，高齢を刑罰減軽事由とする規定の根拠として論じられた4つの見解はいずれも高齢犯罪者の「vulnérabilité」を基礎としている点で共通している。見解の違いは，刑事司法のどの局面で高齢犯罪者を保護すべきか，という点にある。これらの多角的な検討を経て，現行制度においては明文規定がなくとも，裁判官が裁量により高齢犯罪者への刑罰を減軽する慣習が形成されてきたものと思われる。その意味で，この4つの見解は現在の高齢犯罪者に対する刑罰，および高齢受刑者処遇の基礎となっている。

①責任能力の減少とする見解

この見解は「高齢者の特性」を「精神の衰え」と捉える。精神の衰えに伴い，犯行時の責任能力も減退する，とする。LAINGUI=LEBIGRE は，ローマ法における議論にこのような考え方の起源を見出すことができると指摘する[39]。彼らはその例として，ローマ法学者の FRAINACIUS, TIRAQUEAU を引用している[40]。

FRAINACIUS は，まず被告人の知能水準を考慮した上での刑罰減軽と，高齢のみを考慮した上での刑罰減軽を区別している。後者について，裁判官は犯罪に影響を及ぼしたのはその「故意」ではなく，精神の衰えであると判断しているとした。この点につき，TIRAQUEAU は，高齢者の精神の衰えにより減少した「責任」は少年の「責任」の量と同じである，との見解を示した[41]。すなわち気力が減退した高齢犯罪者の「責任の量」と，成長発達途上にある少年の責任能力は同程度であるとしたのである。この見解は，少年の責任能力に準じて高齢者の責任能力を考慮し，高齢者にも「減軽宥恕」が認められているとい

う点に核心を置いている。

この高齢犯罪者においては責任能力が減退しているとする見解に対しては，多くの批判がなされている。[42] それらの批判は，すべての高齢犯罪者において精神の衰えが見出されるわけではない，という点で共通している。

また，JACOB は医学的なアプローチからの批判を試みた。彼は責任能力が低下していることを根拠に，高齢者の刑罰が減軽されているという説明は不正確とし，「精神的な衰え」に根拠があるか否かを医学的な知見をもとに検討した。すなわち，認知症に罹患していない状態であっても，「異常なし」から「精神疾患が明らかに認められる状況」まで様々であり，個人差が大きいとする。それゆえ，「精神的な衰え」は高齢者の責任能力を否定する普遍的なツールとはなりえない，という結論を導いた。[43]

その一方で，法的なアプローチからも批判がなされている。そこには大きく分けて2つの見解が示されている。すなわち高齢者を「より一層理性的な人間」であると捉える立場からの批判と，「気力が減退して不安を抱えている人間」であると捉える立場からの批判である。

前者として，たとえば，GARRAUD は高齢になるにつれて，経験は豊富になり，感情的にも一層平穏になるのが通常であるとし，高齢者の責任能力を認める。同様に，LAINGUI=LEBIGRE[44] は「他の年代よりも豊富な人生経験をもち，そこからのより多くの教訓を心得ているとすれば，高齢は加重の方向へ動くようにも思われる」と主張する。

一方，後者に関するものとして，GARRAUD はフランス刑法において責任を認めるために必要とされる答責性 responsabilité，有責性 culpabilité，そして帰責性 imputabilité の3つの要素に着目した分析を行っている。[45][46] すなわち，高齢者においては答責性と有責性の両方が認められる。以上から，「高齢」は罪責に対して影響を及ぼすものではなく，刑の執行形態にのみ影響を及ぼすもの，とされる。[47]

また，CARRARA, *Programme du cours de droit criminel* は，以下のように批判した。すなわち，高齢者において責任能力が否定されるとするのであれば，彼らはいかなる労働，専門職にも就くことは不可能で，遺言を残すもしくは契約を結ぶことが禁止され，監護権をも奪われることになるだろう，と。

つまり，高齢者の権利主体性を認める立場から，高齢者の刑事責任について無能力とすることを否定したのである。
②再犯の危険の小ささとする見解
　高齢犯罪者・受刑者において，釈放した後の再犯の「危険性」[48]に着目した見解がある。この見解は刑事後見制度創設時に立法者によって示されたものである。

　犯罪学の領域において，高齢者にはその体力ないし気力の減退から犯罪をする者は少なく，犯罪をしたとしても軽微な犯罪が多いとされてきた[49]。この点は1982年に公表された KENSEY=TOURNIER, *Le retour en prison analyse diachronique* による年齢と累犯の実証的な研究により裏付けられた。すなわち，同研究は高齢出所者においてはその他の者よりも「将来的な累犯の危険性 l'intenisite de la récidive」が低いことを実証的に示した[50]。拘禁の目的として「無害化」を掲げる場合，そもそも社会に危険を及ぼしにくい者については拘禁される必要性が減少する。そこから，高齢者においては拘禁が回避ないし拘禁期間が減少されうる。この見解について，1970年法の立法過程において，立法者は以下のように説明した。高齢受刑者は数も少なく，行う犯罪も軽微であるので，社会に及ぼし得る危険の程度はそれほど高くない[51]。

　さらに，ASSEMBLÉE NATIONALE［国民議会］議員 MARIANI により，2002年および2004年の2度にわたりに同議会に提出された高齢受刑者の釈放に関する議員立法草案もこの見解を基礎としている。MARIANI は高齢受刑者を早期に釈放する論拠の一つとして，高齢者による犯罪は軽微なものが多く，社会への危険も小さいことを挙げた。近時のフランス刑事政策においては，犯罪者の「危険」概念を重視する傾向を見出すことができる[52]。たとえば，2009年11月24日に制定された行刑法1条には，自由刑の執行は，「被拘禁者の社会参加の準備を行うとともに責任ある生活を送らしめ，かつ再犯を妨げる必要性とともに，・社・会・の・保・護［傍点は筆者による］，受刑者への制裁，被害者の利益を考慮して決定される」としている[53]。この条文により刑罰の執行は社会参加の促進，再犯予防，被害者の利益の保護と並んで社会の保護，すなわち「安全」の確保を目的としていることが明示された[54]。そこから，MARIANI は高齢者犯罪において犯罪学の領域で論じられている，「社会にそれほど大きな危険を生

ぜしめない」という因子に着目し,「社会の保護」の文脈で高齢受刑者の特性を強調したものと思われる。この説明は「無害化」という刑罰の機能における一つの側面のみに着目しているが,このアプローチを拘禁的措置全体に対して用いることは困難である。それは,一般的にいわれている刑罰の目的は無害化だけではないからである。議論の余地があるものの,刑罰には応報の観点や一般予防,そして特別予防といった機能があるとされている。刑事後見における高齢者に関する規定が,彼らによる犯罪の「危険性」を根拠としている,という説明は刑事後見が保安処分的色彩を色濃く持つものであったがために有力に主張されえたものと思われる。そもそも,刑罰の目的として「危険性」を入れ込むことが妥当であるかどうか,さらに妥当であるとしても再犯危険性をどのような事情から,どのような基準にもとづいて評価するかといった課題が残る。それゆえ,高齢を刑罰減軽事由とする根拠として,「危険性」という概念を用いることは不適切であると考えられる。

③刑の執行に耐えうる体力がないとする見解

　上記2つの見解においても核におかれた,「高齢者の体力の衰え」を刑罰の執行の可否との関係で論じたのが,高齢犯罪者においては体力が減退し,刑の執行に耐えうる体力がないとする見解である。

　1791年刑法典,1810年刑法典,そして1885年に創設された流刑制度のそれぞれにおける高齢犯罪者に関する規定には,一つの共通点を見出すことができる。それは,いずれも強制労働を内容とする刑罰を減免していたという点である。非高齢犯罪者よりも体力が減退している高齢者にこのような刑罰を科した場合には,当該高齢犯罪者が死に至る可能性すらある過酷なものであった。そこから,上記諸規定は,強制労働に耐えうる体力がない高齢者に対しては,強制労働よりも軽い刑罰を予定したものであるとの見解が主張された。すなわち,高齢者の特質を体力の減退と理解し,その特質は刑罰執行の局面に影響を及ぼすとした。この見解は強制労働刑に対して「高齢」を刑罰減軽事由とする明文規定の根拠として,有力に主張されてきた。しかしながら,刑罰制度の変化とともに,刑罰の「過酷さ」が減少するにつれて,あまり強調されなくなっていった。

　この見解に立つGARROUDは,高齢犯罪者に対しては,徒刑及び流刑と

いった刑罰による過度の苦しみを緩和するために，刑罰を減軽する規定が設けられたと述べた。[55] さらに，この見解を発展させて，体力を著しく消耗させる刑罰において，高齢者の身体が耐えることができず執行途中で死亡する可能性が高い刑罰は，高齢者にとってもはや死刑と等しい。しかしながら，当該高齢受刑者に対しては死刑が宣告されたわけではない。したがって，このような刑罰を高齢者に科すことは罪刑法定原則違反である，と主張した。この点についてはCHAUVEAU=HÉLIEも同様の立場をとっている。[56]

この見解は，過酷な刑罰を前提として展開されてきたが，理論上，他の刑罰にも応用することができる。すなわち，高齢受刑者と非高齢受刑者とでは体力に差があるため，科される刑罰の内容が同じであっても，その刑罰によって受ける「苦痛」が異なる。そこから刑罰の平等性を担保するために高齢受刑者においては刑罰が減軽されるという見解が引き出されうる。[57] これは，現行制度における日数罰金制[58]と類似のアプローチである。この制度のもとでは，対象者の責任と資力に応じて金額を算出し，その額の罰金が科される［刑事訴訟法典131-5条］。この仕組みに，受刑能力に着目して刑罰の相対的実質的平等を確保するためのアプローチを見出すことができる。[59]

これは，刑罰によって科される不利益の相対化を実現し，刑罰の個別化を確保することを可能とするアプローチであると思われる。さらに，1791年刑法典の立法過程において，罪刑法定主義が強く要請されたという経緯にかんがみても，受刑能力の減退を根拠として過酷な刑罰において高齢を刑罰減軽事由とすることは理に適っているといえよう。

④高齢受刑者の社会復帰の促進には社会内処遇がより適切であるとする見解

1970年に刑事後見が創設された際に，出所後の社会復帰に向けた支援の内容が，高齢受刑者と非高齢受刑者とでは異なるという視点に立った議論が展開された。すなわち，「65歳以上」の高齢者は，老齢年金[60]や高齢者に対する最低所得保障制度である老齢ミニマムによる手当の支給対象とされていた。[61] それゆえ，刑事後見制度において予定されていた教育や職業訓練[62]といった就労に向けた処遇は高齢者に対しては適切なものではないとされた。[63]

さらに，刑事後見が実施された1970年代は一般的に高齢者が社会的排除状態に置かれていることが発見され，高齢者のための社会保障制度の見直しがなさ

れた時期である。[64] 社会において「高齢者は保護すべき存在」との意識が高まっている中で，高齢出所者に対しても刑事司法の領域における訓練を中心とする支援ではなく，福祉的支援を提供すべきとの見解が示されたのではなかろうか。

　そこで，刑法典58-2条にもとづき，高齢累犯者は刑事後見の対象から除外され，刑期満了後釈放された。しかし，1970年代においては出所者に対する受け皿が乏しく，刑事施設から釈放された後に行き場所がなく，むしろ犯罪を行う危険性が生じているとの認識から，出所者の受け皿の整備が進められた。[65]

　以上の議論状況にかんがみれば，1970年法58-2条後段は，軽微な犯罪につき有罪宣告を受けた高齢犯罪者に対しては釈放し，刑事司法ではなく社会福祉的支援を確保することこそが，彼らの社会復帰にとって有益であるとの見解を示した点で重要な意義を持つ。

4　明文規定から裁判官の裁量による判断へ──1960年6月4日のオルドナンスによる1810年刑法典の特例の廃止と1980年の刑事後見の廃止，合意の完全な定着

　現在，高齢犯罪者ないし受刑者への刑罰の量の決定については，原則として裁判官の裁量に委ねられている。[66] 1810年刑法典70条ないし71条を廃止した1960年6月4日のオルドナンスは刑事訴訟法典717-1条に「刑務所内における受刑者の分類はその刑の種類，年齢，健康状態および人格を考慮して行う」との文言を挿入した。この条文をもって，「高齢」が一般的に宣告刑ないし執行刑を決定する際に判断される事情として法的に位置づけられた。1810年刑法典のもとで，裁判官の裁量により刑罰の減軽がなされた場合には，刑罰の下限は法定刑の下限の半分に引き下げられた。さらに，1994年刑法典により法定刑の下限が削除されると，下限なく減軽されることとなった。

　この流れの背景として，以下の3点が挙げられている。

　ひとつめは刑罰制度の変化である。[67] すなわち，戦後，強制労働刑が廃止され，自由刑は懲役刑および禁錮刑のみとされたため，体力が減退した高齢受刑者であっても，それらの刑罰の執行によって生命を脅かされることはなくなった。

　2つめは，裁判官の裁量の拡大である。すなわち，1810年刑法典463条は軽

罪について，当該犯罪により生じた損害額が25フラン以下，および裁判官が刑罰を減軽する事情を認めた場合には刑罰を減軽できるとする。「高齢」という事情の位置づけについて明言はなされていないが，GARÇON は，「高齢であること」も刑罰を減ずる方向に作用する因子になりうるとしている[68]。同条は，軽罪禁錮刑については6日まで，罰金刑については16フランまで減じることができるとした。

3つめとして，刑事施設内で高齢受刑者の特性に応じた対応が可能となった点が挙げられる[69]。すなわち，1960年オルドナンスにより医療的・福祉的ニーズを有する高齢受刑者はその他の作業に適しない受刑者とともに，医療刑務所 (prison-hospice) に拘禁されることとされた（同717-1条）[70]。同条をもって，刑事施設において高齢者の特性に応じた処遇を行うことが法律上明示されたといえよう。しかしながら，前述のように1970年に刑事後見制度が創設される際に高齢受刑者の社会復帰を促進するための処遇のあり方が問題となった点にかんがみれば，1960年オルドナンスの立法者は，高齢受刑者における社会復帰にむけた処遇の個別化までは，想定していなかったと思われる[72]。

LAINGUI=LEBIGRE[73] が指摘したように担当裁判官が高齢者の特性を体力の減退と捉えず，一般的に人生経験に富み，より思慮深い存在であると捉えれば，それにもかかわらず犯罪を行ったという点で非難が強まると判断する危険性がある。この場合，「高齢」は刑罰を減軽させる方向ではなく，むしろ加重する方向へと働きうる。しかしながら，高齢有罪宣告人員に対して宣告される刑罰ないし実際に拘禁的措置に付される割合によれば，少なくとも高齢であることが刑罰を加重させる方向には作用していない。それは，裁判官の間に高齢が刑罰減軽事由であることへの合意が得られているためであると考えられる。このような運用は，高齢者への刑罰に関する明文化規定によって培われてきた「高齢者に対してはその特性にかんがみて刑罰を減軽する」という伝統によって方向づけられてきたものといえよう。

〔註〕
1） 以下1791年刑法典の日本語訳については，原則として，内田博文，中村義孝［共訳］「フランス1791年刑法典」立命館法学96号（1971）44-73頁を引用する。
2） P. BOUZAT=J. PINATEL, *Traité de droit pénal et de criminologie*, TOME Ⅲ (1970), p245.

3) 罪刑法定主義が要請された背景として，中村義孝「啓蒙時代と犯罪類型——アンシャン・レジームから1791年刑法典へ」立命館法学92号（1971）は以下のように指摘している。すなわち，アンシャン・レジーム下において，刑事裁判は本来罪を裁く権限を有する神から特別にその権限を授けられた国王が神の裁きを現世において行うものであった。それにより犯人の罪は来世においても贖われるものとされていたため，刑罰は重いほど贖罪力があると考えられていた。そのような宗教的非合理主義に対して，啓蒙思想家たちから，合理主義にもとづいた人間解放が叫ばれるようになった。その啓蒙思想は，国家の刑罰権の基礎を社会契約に求める。それゆえ，犯罪類型を明確に定め，できる限り裁判官の解釈の余地を少なくしなければならなかった。
4) ベッカリーア（風早八十二，五十嵐二葉訳）『犯罪と刑罰』（岩波書店，1938）135頁以下。A. DESJARDINS, *Les cahiers des états généraux en 1789 et la législation criminelle* (1789), p27.
5) 中村・前掲註3) 416頁，DESJARDINS, op. cit., p13，沢登佳人，藤尾彰「フランス1791年刑法典草案に関するルペルチエ報告」法政理論18巻4号（1986）157頁。さらに，もうひとつの重要な柱として「刑罰の緩和」がある。この点に関しては，特に身体刑の廃止が大きな論点とされた。フランス大革命以前，刑罰の内容およびその適用については，刑事手続きに関する1670年8月の王令 ordonnance が主に適用されていた［ミシェル・フーコー（田村俶訳）『監獄の誕生——監視と処罰』（新潮社，1977）37頁。この王令の他にも，ローマ法，教会法，その他王令が適用されていた［中村・前掲註3) 400頁］。特に王令については様々な時代に施行されたものが失効されることなく蓄積されていた。それゆえ，刑罰の執行についても一貫性が全くなく，加辱刑と死刑が区別されることなく多用されていた。このような状況を受けて1790年刑法典編纂の一つの目標が，散在するこれらの王令を廃止し統一的な法典を作ることであった［DESJARDINS, op. cit., p20］。そこで設けられていた刑罰には，死刑，終身漕役刑，終身追放刑，身体刑，有期漕役刑［有期漕役刑について，高齢者においてはその刑が免除されていたとの指摘がある。これは，体力の低下から，漕ぐことができないことを根拠としていたとされる［A. LAINGUI=A. LEBIGRE, *Histoire du droit pénal* (1979), p90］］。
6) DESJARDINS, op. cit., p26，江口三角「三部会の陳情書における刑法思想」愛媛法学5号（1973）87頁。
7) 中村・前掲註3) 471頁，A. ESMAIN, *Précis élémentaire de l'histoire du droit français de 1789 à 1814* (1911), p253.
8) 中村・前掲註3) 419頁。
9) R. GARRAUD, *Droit pénal français* (1913), p790。
10) 80歳以上の高齢受刑者における釈放制度であるが，6条の立法趣旨とは矛盾しているように思われる。特に6条は必要的減軽と読むことができる規定となっているが，7条は必要的釈放制度とはせず，受刑者自身の請求を要件として，さらに刑事裁判所の判決をも必要とした厳格な手続きを必要としていた。
11) フランスにおいて最初の犯罪統計である，一般報告書が刊行されたのは1825年である。
12) 平成17年版厚生労働白書，図1-1-10。高齢化社会とは全人口のうち65歳以上の高齢者が占める割合が7％に達した社会のことをいう。
13) http://www.ined.fr/fr/tout_savoir_population/fiches_pedagogiques/duree_de_vie_deces_mortalite/duree_vie_france/
14) 物乞い・浮浪を処罰する法規定を廃止しようとする議論は，1791年刑法編纂時にも行われ

ていた〔DESJARDINS, op. cit., pp150-151〕。これらの行為を行う者のうち，働ける者については働くことによって生活の手段を確保させ，高齢者・障がい者による物乞い・浮浪については生活の手段を提供しなくてはならないとの見解が提示された〔DESJARDINS, loc. cit.〕。

15) 1810年刑法典の訳については，基本的には中村義孝編訳『ナポレオン刑事法典史料集成』（法律文化社，2006）を参照した。
16) ここでの流刑も，政治犯に対してのみ科されることが予定されていた刑罰である。
17) 71条は1832年4月28日の法律12条及び38条によって改正された。すなわち，「前条の刑は，その者については，代えられる刑の期間に応じて，流刑は無期禁錮に，その他の刑は無期懲役に代えられるべきものとする」。
18) 必ずしも宣告刑通りに執行されていたとはいえないように思われる。1815年4月22日に公布された帝国憲法付加法57条は皇帝にあらゆる犯罪に関する恩赦を行う権利と大赦を認める権利を与えていた〔J. B. DUVERGIER, *Collection compléte des , décrets, ordonnances, réglements, et avis du Conseil-d'État* (1995), TOME19, p485, 中村・前掲註15) 134頁, 福田真希「フランスにおける恩赦の法制史的研究(7)」名古屋大学法政論集243号（2012）127頁〕。そこから，高齢受刑者に対してはこの恩赦制度が用いられていた可能性がある。この点に関する考察は別稿に譲りたい。なお，仮釈放制度libération conditionnelleが創設されたのは1885年である。
19) B. BOULOC, *Droit de l'exécution des peines* (2011a), p465.
20) 流刑の制定過程および制度概要については，R. BADINTER, *La prison républicaine* (1992), pp111 ets, BOUZAT=PINATEL, op. cit., pp688ets, 波多野敏「拘禁と追放——19世紀末フランスにおける再犯者に関する法律」京都学園法学1号（1998）1-55頁を参照した。
21) Proposition de loi contre les récidivistes, Bulletin de la société générale des prisons, t6, 1882, pp89. この法案では，流刑の対象として「盗罪，詐欺，横領，浮浪そして追放地からの脱走について3度有罪宣告を受けた者」と「5年以上20年以下の間に軽罪裁判所によって4回有罪宣告を受けた者」としていた。
22) 波多野・前掲註20) 47頁に記載されている日本語訳を参照した。
23) J. LÉAUTÉ, *Criminologie et science pénitentiaire* (1872), pp93-102.
24) J. PRADEL, *Droit pénal général* (2002), p107.
25) J. A. ROGARON, *Code pénal expliqué par des motifs et par des examles, avec la solution, sous chaque article des difficultés ainsi aue des principales questions que présentent le texte définition de tous les termes de droit* (1840), p27.
26) B. BOULOC, *Code pénal général* (2011b), p389, G. STEFANI=G. LEVASSEUR=R. JAMBU-MERLIN, *Criminologie et science pénitentiaire* (1984), p368.
27) PRADEL, loc. cit.
28) 波多野・前掲註20) 48頁。
29) 波多野・前掲註20) 48頁。
30) PRADEL, loc. cit.
31) 刑事後見の導入の経緯と問題点についてはG. IRADJ, *La tutélle pénale prononcés et modalités d'application* (1975) および，ASSEMBLÉE NATIONALE, Rapport n°1718, enregistré à le 7 juillet 2004, pp8ets, 廃止の経緯についてはASSEMBLÉE NATIONALE, Rapport n°1979, déposé le 13 décembre 2004, pp45ets. を参照した。
32) ASSEMBLÉE NATIONALE, Rapport n°1979, depose le 13 décembre 2004, p45, 新倉修

「フランスにおける再犯状況とその防止策」法律のひろば41巻10号（1988）41頁。

33) ASSEMBLÉE NATIONALE, Rapport n°1718, enregistré au 7 juillet 2004, pp8ets.

34) 刑事訴訟法典81条は「予審判事は，予審対象者の性格並びにその軽罪状況，家庭状況若しくは社会的状況に関する調査を自ら行い，又は第4項にしたがって司法警察官に行わせ，若しくはコンセイユデタの審議を経て発せられるデクレに定める条件に基づいて資格を与えられたすべての者をして行わせる。ただし，軽罪については，この調査は任意的とする。予審判事はまた，場合に応じて，保護観察・出獄者支援委員会，監督教育当局又は善行の適用により資格を与えられた全ての者に対して，予審対象者の軽罪状況家庭状況又は社会的状況を調査し，関係者の社会復帰を促進するための措置について告知することを委ねることができる」と定めている［現行刑事訴訟法典条文の訳については，法務資料367号フランス刑事訴訟法典を引用する］。

35) IRADJ, op. cit., p360.

36) 以下，刑事後見制度の運用における問題点については，IRADJ, loc. cit. を参照した。

37) 戦後のフランスの刑事法の文言において，人道主義的な受刑者処遇の理念を示すために用いられている3つのキータームを見出すことができる。すなわち，①第2次大戦後から1958年刑事訴訟法典までの「改善 amendement」，②1987年6月22日の行刑公役務 service public pénitentiaire に関する法律に見出すことができる「社会復帰 reclassement social」，および「社会再統合 réintegration dans la société」，③1994年1月20日憲法院判決［Décis. Cons. const. n°93334DC du 20 janv. 1994, JO 26. janv., p1381.］において用いられた，「社会参加 insertion social」の3つである。これら3つのキータームの変遷の背景には刑事施設および刑事施設内処遇の社会化 socialisation があると思われる。すなわち，改善は受刑者の内心に働きかけることを意味する。それゆえ，改善のための処遇においては「行刑局による当該受刑者への強制」という性格を拭い去ることができないとされた［BOULOC, Droit de l'exécution des peines (2011), p8.］。このような「処遇の強制」への抵抗の高まりはヨーロッパ準則における「［処遇にあたっての］本人の同意」の要請［たとえば，COUNCIL OF EUROPE COMMITTEE OF MINISTERS, Recommendation Rec (2006) 2 of the Committee of Ministers to member states on the European Prison Rules, 15.2 はすべての受刑者に対して刑務所内での懲罰や自身の権利義務について同意をするために必要な情報が提供されなくてはならない旨が規定されている］に基づくものであると思われる。さらに，受刑者における一般市民としての適切なサービスをうける権利の保障としての処遇の実現という見地から，受刑者への生活支援は行刑局の職員ではなく一般の専門機関が担うこととされた。そこから，現在の行刑局の処遇の局面における役割としては SPIP：［Sevice pénitentiaire d'insertion et de probation：行刑局社会参加・保護観察担当官，以下 SPIP とする］による適切な支援のコーディネートに限定され，実質的な支援の担い手は各種専門機関となっている。これらの機関は受刑者であるか否かを問わず，市民に対して様々なサービスを提供している。刑事後見制度に関する議論における「社会復帰」のための支援は実質的には「社会参加」のための支援である。しかしながら，フランスにおける「社会参加」という概念の起源は1974年に出版された LENOIR の著書であることから，刑事後見が創設された1970年には「社会参加」という概念自体がまだ一般的でなかったため，「社会復帰」との用語が用いられていた。

38) IRADJ, loc. cit.

39) LAINGUI=LEBIGRE, op. cit., p90. ただし，LAINGUI=LEBIGRE の見解は明記されていないが，この見解を全面的に支持しているわけではないようである。

40) これらの文献については入手することができなかったため，LAINGUI=LEBIGRE, loc. cit

に引用されているフランス訳での要約を参照した。
41) 竹村典良「『方法序説』高齢者犯罪／処遇問題研究——刑事政策と福祉政策の『相対的自律性』」犯罪と非行95号（1993）72-101頁，立山龍彦編著『高齢化社会の法的側面』（東海大学出版会，1995）190頁も同様のアプローチの可能性を指摘している。
42) J. IMBERT=G. LEVASSEUR, *La pouvoir, les juges te les bourreaux*（1972），pp211-213.
43) A. JACOB, *La Criminalité des vieillards*（1924）pp59ets.
44) LAINGUI=LEBIGRE, loc. cit.
45) 'responsabilité', 'culpabilité', 'imputabilité' については，平野泰樹「フランス刑法における culpabilité の諸相㈠」國學院女子短期大学紀要2号（1983）102頁において議論の整理が行われている。これら3つはそれぞれ刑事責任を構成する観念である。これら3つが認められて行為者に刑事責任が認められる。まず，imputabilité についてであるが，筆者は「帰責性」と訳している。平野は「ある事実（行為）をある者のせいにする可能性，すなわち，彼が『結果発生の原因（cause efficente）であることを肯定する可能性』」であり，「自由と理性（弁別能力）」を構成要件とする，と整理している。次に，culpabilité について筆者は「有責性」と訳している。平野は「帰責された事実について，行為者に義務違反，すなわち faute（故意・過失を内容とする義務違＝罪過）が存在することを内容とする」とし，「有罪」・「罪状」と訳語も使われているとする。最後に，responsabilité について，平野は「答責性」が妥当であると指摘する。その根拠として，「responsabilité とは帰責された事実の帰結を受ける義務を指す」と説明している。
46) F. CARRARA, *Programme du cours de droit criminel*（1896），p121. は「高齢犯罪者において責任能力が減退することと帰責性を混同した見解である」と批判する。
47) Ad. CHAUVEAU=F. HÉLIE, *Théorie du code pénal*（1845）.
48) P. MBANZOULOU, *Les nouvelles figures de la dangerosité*（2008），p16 は無害化のために考慮される「危険性」について，dangerosité という言葉を用いている。その一方で，赤池一将「『危険性』の系譜と新しい刑罰装置について」龍谷法学42巻3号（2010）408頁以下は「危険性」と「リスク」という語を区別して用いており，「リスク」は科学的に導かれた「リスク因子」の存在を確認することにより管理される［同427頁］。フランスにおける，特に性犯罪者に対する監視のための諸制度はこの「リスク」を基礎としているとされる［同408頁］。
49) BOUZAT=PINATEL, op. cit., pp244-245.
50) A. KENSEY=P. TOURNIER, *XXI*^{e} *congrés de française de criminologie*（Poitiers, 7-8-9 octobre 1982），*Le récidivisme*, pp5-89., A. KENSEY=P. TOURNIER, *Le retour en prison analyse diachronique*, RSC1992, pp132-142.
51) IRADJ, loc. cit.
52) フランスではより「危険」である犯罪類型に対して，その再犯の「危険」から社会を守るための措置として保安処分的な措置が導入されている。たとえば，事後的社会内司法監督 suivi socio-judiciaire や保安監置 rétention de sûreté がある。前者は，強姦，拷問的行為 torture，もしくは残虐な行為 barbarie を伴う故意の生命に対する侵害，強姦，性的攻撃，未成年者略取の犯罪につき有罪宣告を受け，自由刑に付された者に対して，刑期満了後も監督あるいは電子監視措置に付すことを可能とする措置（刑事訴訟法典131-36-1条以下）である。この措置は軽罪の場合10年，重罪の場合20年継続される。ただし，理由を付した決定により，軽罪の場合には20年間，重罪の場合には，30年間，無期刑の場合は無期限でこの措置を実施することが可能となった［B. BOULOC, *Procédure pénal*（2010），p356］。後者は刑の執行終了時に行われる対象者の状況の再調査によって，対象者が人格の重大な障がいを被っている

ために，累犯の非常に高い蓋然性によって特徴づけられる特別な危険性を呈していることが証明される場合に，刑の満了後も，対象者を社会的医療的司法的保安センターへ収容する処分（刑事訴訟法典706-53-13条１項，４項）［井上宜裕「保安監置及び精神障害を理由とする刑事無答責の宣告に関する2008年２月25日の法律（Loi n°2008-174）について」法政研究77巻４号（2011）832頁］。ただし，保安監置については，2012年７月31日にSÉNAT議員MM. Jacques MÉZARD, Jean-Michel BAYLET, Jean-Pierre CHEVÈNEMENT, Yvon COLLIN, Pierre-Yves COLLOMBAT, François FORTASSIN, Mme Françoise LABORDE, MM. Stéphane MAZARS, Jean-Claude REQUIER, Robert TROPEANO, Raymond VALL et François VENDASIによってSÉNATに廃止法案が提出され，同日に第一回読会が開催された。

53) 刑法典132-24条と2009年行刑法１条ではともにcondamnéという語が用いられている。しかしながら，前者は量刑判断の局面での規定であることからcondamnéを「被告人」（ただし，有罪であることは確定している）とし，後者は自由刑執行の局面での規定であることから「受刑者」と訳した。

54) 刑罰の修正の決定にあたっては，本人の社会復帰の意欲とともに，被害者への賠償も重視される。これは被害者の権利保障と，対象者の社会参加の促進の２つの効果をねらいとしたものである。具体的には，刑事施設内での労働で得られた賃金から一定額を被害者への賠償に充てているかという点や，被害者へ賠償するために社会で労働すべく就労活動を行うといった点が刑の修正における「社会復帰への真摯な努力」に関する判断において重要視される。さらに，2009年刑事施設法により，受刑者の仮釈放の決定に際し，当該事件の私訴原告人の代理人が意見を述べることができるようになった。被害者が直接，刑の執行段階で対象者に関与することは認めていないものの，仮釈放の可否について被害者の視点もとりいれられることになる。この制度については，被害者の応報感情を反映することはあっても，被害者の利益になることはなく，かつ対象者の社会参加も阻害するもの，として批判的な見解がある［J. P. CÉRÉ, Virage ou mirage pénitentiaire ?-A propos de la loi du 24 novembre 2009, La semaine juridique n°50-7, décembre 2009, p55］。

55) GARRAUD, loc. cit., 平野・前掲註45）96頁。

56) A. CHAUVEAU=F. HÉLIE, Théorie du Code pénal, TOME 1（1837）, p203.

57) 小池信太郎「量刑における犯行均衡原理と予防的考慮（３・完）――日独における最近の諸見解の検討を中心として」慶應法学10号（2008）38-39頁では，いわゆる「刑罰痛感性」については量刑上考慮すべき因子ではないとしている。

58) フランスでは1983年６月10日の法律 Loi du 10 juin 1983 portant abrogation ou révision de certaines dispositions de la loi du 2 février 1981 et complétant certaines dispositions du code pénal et du code de procédure pénale により日数罰金制が導入された。

59) 現在，自由刑の刑期および形式を決定する際に，このようなアプローチが実際に用いられているのか否かについては確認することができなかった。この点を確認するためには，実際に自由刑の内容を決定している判決裁判官や刑罰適用裁判官に対して実態調査を実施する必要があろう。

60) 年金支給開始年齢および満額受給年齢については，たびたび改正がなされている。1983年にはミッテラン政権における若者の雇用創出政策の一環としての早期退職の促進により年金受給年齢が65歳から60歳に引き下げられた。しかしながら，近年の深刻な財政難を受けて2010年11月10日の法律１条により，老齢年金の受給開始年齢が60歳から65歳に，満額受給年齢が65歳から67歳に段階的に引き上げられることとなった。

61) しかしながら，P. LENOIR, *Les exclus*（1974）および L. STOLERU, *Vaincre la pauvreté dans les pays riches*（1974）［日本では益戸欽也，小池一雄訳『富める国の貧困——社会的公正とは何か』（サイマル出版会）として1981年に出版された］による高齢者の生活困窮の指摘を契機として所得保障基準の引上げがなされるまで，高齢者に対する所得保障基準は低く，生活困窮に苦しむ高齢者が多かったとされる［都留民子『フランスの貧困と社会保護——参入最低限所得（RMI）への途とその経験』（法律文化社，2000）20頁］。
62) 刑事後見は軽微な犯罪の累犯者の社会復帰を促進するための処遇を実施することを目的して創設された。しかしながら，処遇を実施するための資源が不足ないし欠如していたことから，実際には処遇は実施されなかった。
63) IRADJ, loc. cit.
64) 都留・前掲註61）。
65) 新倉・前掲註32）41頁。
66) 高齢犯罪者への刑罰を減軽する規定が廃止された一方で，1975年7月11日の法律により設けられた居住指定に関しては例外的に高齢を刑罰減軽事由とする規定は新刑法典131-32条3項に引き継がれた。

「刑法典131-32条3項：刑事訴訟法763条の適用を除いて，居住指定は有罪宣告を受けた者が65歳に達した時点で正当に停止される。」

居住指定は，有期懲役刑，重罪に対する有期禁錮刑，重罪および軽罪に対する拘禁刑の付加刑および補充刑として科される。これらの刑罰が予定されている犯罪類型として，たとえば，故殺，強姦，薬物濫用，盗罪，詐欺，国益に対する攻撃，テロリズムがある。期間は裁判官が決定するが，軽罪の場合は上限が5年，重罪の場合には10年と定められている［刑事訴訟法典763条によれば，例外的に，一定の重罪事件の被害者あるいは被害者の直系相続人が住んでいる県における居住については終身的に禁止されうる］。滞在禁止を言い渡された者に対しては，刑事訴訟法典762-1条が列挙する統制処分のうち一つ以上を実施することができる。すなわち，①刑の言渡し判決が指定する公共機関，当局へ定期的に出頭すること，②刑の言渡しの判決によって定められた制限区域外への旅行について刑罰適用判事に報告すること，③刑の言い渡しの判決によって指定された当局又は資格ある者からの召喚に応ずること，の3つである。さらに，対象者は住所変更があった場合にはただちに自らを監督する刑罰適用判事にその旨を伝えなくてはならない。それらの義務を履行しなくてはならない一方で，対象者は社会復帰を促進するための援助処分を受けることができる。132-32条3項は，2つの場合に適用される。すなわち，刑罰の執行中に65歳に到達する場合と，刑罰宣告時に65歳以上の場合である。前者については，65歳に到達した段階で刑罰は免除される，後者についてはそもそも住居指定を言い渡すことができない［Cass. crim, 17 janv. 1996, Bull. crim. 1996, n°31, RSC. 1996, p850, Cass. crim., 9 juill. 1998, n°97-83.512, Cass. crim., 13 sept. 2000 n°99-87.162.］。ただし，刑事訴訟法典768条が規定する終身居住指定については65歳を超えても継続的に執行される。しかしながら，実際にはこの居住指定はあまり用いられていない。このことは有罪宣告に関する統計から明らかである。そもそも，上記犯罪につき有罪宣告を受ける高齢被告人が非常に少ない。さらに，フランスの司法統計の一つである「有罪宣告 les condamnations」の「犯罪類型ごとの代替的処分，少年に対する特別な処分，教育的制裁の件数 Nombre de condamnations à des mesures de substitution, à des mesures spécifiques aux mineurs ou à des sanctions éducatives selon la catégorie de l'infraction」によれば2004年以降，居住指定が言渡された件数は1年間あたり10件前後で推移しており，いずれも軽罪に対して言渡されている。

67) BOULOC, op. cit.（2011a）, p465. R. MERLE=A. VITU, *Traite de droit criminel*, tome1（1981）, p904, 平野泰樹「フランス刑法における culpabilité の諸相(2)完」國學院女子短期大学紀要3巻（1985）98頁。
68) E. GARÇON, *Code pénal annoté*, 1901, article. 463, n°20.
69) 平野・前掲註45）98頁, MERLE et VITU, loc. cit.
70) この「医療刑務所」は高齢受刑者を専門的に収容する施設であり、日本の医療刑務所とは異なる。1994年に廃止された。フランスにおいても高齢受刑者数が増加しているとはいえ、全受刑人員に占める高齢人員の割合はそれほど高くはない。それゆえ、医療刑務所という独立した施設は建設されず、一般刑務所の一区画が割り当てられていた。そのひとつがリアンクール刑務所である。同刑務所は保健拘禁センター centre de détention sanitaire として用いられており、医療刑務所として126部屋が割り当てられていた。この施設には、体力的に刑務作業を行うことができない、あるいは医療観察 survieillance médicale を必要としている、といった諸事情から一般刑務所での処遇では対応しきれない60歳以上の高齢受刑者が収容されていた［BOULOC, loc. cit.］。リアンクール刑務所は現代においても高齢受刑者を専門的に収容している［Le Figaro. 16. mai. 2006. A Liancourt, l'etablissement pénitentiaire comme maison de retraite］とされてきたが、2016年2月に同刑務所を訪問した際には近時は一般の刑務所と同様、広い年齢層の受刑者を受け入れるようになってきているとの話をきいた。
71) 刑事訴訟法典718条3項は1994年2月1日の法律 Loi du 1 février 1994 instituant une peine incompressible et relative au nouveau code pénal et a certaines dispositions de procédure pénale によって廃止された。
72) 1975年ごろまでは軽微な財産犯につき有罪宣告を受ける高齢犯罪者が少なからず存在していた。さらに、1968年に出版された V. V. STANCIU, *La criminalité à Paris*, p323 では、高齢犯罪者の典型例として、生活困窮ゆえに軽微な財産犯を繰り返す者や、物乞いを繰り返していることにより刑務所と社会を行き来している者が紹介されていることにかんがみれば、当時の刑務所における高齢受刑者に対する社会復帰に向けた処遇は不十分であったと思われる。
73) LAINGUI=LEBIGRE, op. cit., p90.

第3章

高齢犯罪者に対する拘禁的措置を回避する運用の現状

　1791年刑法典以降形成されてきた，高齢犯罪者に対しては拘禁的措置を回避する，という合意のもと，現在においても刑事訴訟法典717-1条により，裁判官は刑罰を決定する際に「高齢」であることを考慮して刑罰を減軽している。この点に関して，高齢有罪宣告人員に対する量刑に関する統計値をみると，少なくとも「高齢」が刑罰を加重する方向へ働いていないことがわかる。すなわち，高齢有罪宣告人員のうち実際に拘禁的措置に付される者は10％に満たない。具体的にはその拘禁的措置の回避は量刑段階と，執行猶予や執行前の刑罰修正措置の決定の２つの局面においてなされている。この２段階の決定によりふるいにかけられ，実際に閉鎖施設に拘禁される高齢有罪宣告者は少ない。

　そこで，司法省から毎年刊行されている司法統計のひとつである「有罪宣告 les condamnations」に掲載されている統計値をもとに，これらの２つの局面における高齢有罪宣告者に対する拘禁的措置の回避について示す。なお，この「有罪宣告」には年齢別量刑についての統計値は記載されているものの，年齢別犯罪類型別量刑に関する統計値は掲載されていない。

1　閉鎖施設への拘禁の回避

　自由刑には，重罪禁錮刑もしくは懲役刑，および軽罪禁錮刑がある。重罪禁錮刑および懲役刑には，無期と有期がある。有期は10年以上とされ，30年以下，20年以下，15年以下の三段階が設けられている［刑法典131-1条］。その一方で軽罪禁錮刑は，有期刑のみが設定されている。犯罪の種類および深刻さにより，７段階（10年以下，７年以下，５年以下，３年以下，２年以下，１年以下，または６ヶ月以下）に分けられる［刑法典131-4条］。原則として，刑期が長い場合

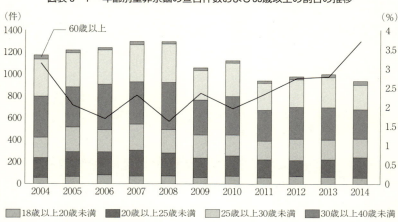

図表3-1 年齢別重罪禁錮の宣告件数および60歳以上の割合の推移[1]

には，中央刑務所 maison centrale，拘禁センター centre de détention に，短期の場合には拘置所 maison d'arrêt に収容される［刑法典716-1条以下］。拘置所は，日本と同様，基本的には未決者を収容する施設であるが，軽罪に対する禁錮に付されていて残刑2年未満の者も収容されうる。軽罪の自由刑は禁錮刑のみであり，懲役刑はない。なお，いずれにしても未決拘禁期間は必要的参入である（刑事訴訟法典159条）。

図表3-1は重罪禁錮刑および懲役刑の宣告件数の動向を年齢別に示したものである。もともと，重罪のかどで有罪宣告を受ける60歳以上の者の数は毎年20件前後で推移しているため，60歳以上において重罪禁錮刑および懲役刑を宣告された者の数も非常に少ない。

刑法典132-30条によれば重罪禁錮刑に対しては執行猶予が付されえない。さらに，執行前の刑罰修正 aménagement de péine ab-initiono の対象にもならないので，重罪禁錮を宣告された者は，有罪宣告後閉鎖型施設に拘禁される。刑法典132-30条によれば重罪禁錮刑に対しては執行猶予が付されえない。ただし，重罪禁錮に付されていても一定の刑期を経たのちには，仮釈放等の執行途中の刑罰修正措置を申請することができる。図表3-2をみると，60歳以上の高齢者においても10年以上の刑罰が宣告されている。重罪の場合，拘禁最低期

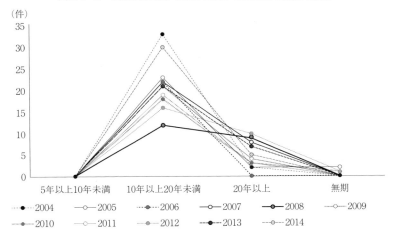

図表3-2　高齢者における重罪に対する自由刑の刑期の推移[3]

間 périod de sûreté[2] が設定されていることが多い。刑の執行停止を除いて，その期間は仮釈放等の執行途中の刑罰修正措置を申請することもできず，必ず閉鎖施設に拘禁される。以上から，重罪禁錮を言い渡された高齢者においては，実際に長期刑に付される者も少なからず存在していると思われる。

次に，軽罪禁錮刑の動向についてみる。

図表3-3のうち，高齢者に着目すると，2004年には4896人であったのが，2014年には6025人に増加している。さらに，総人員に占める高齢人員の割合でいうと，2004年は約1.7％であったのが，2014年には約2.3％に増加している。この増加傾向が誤差の範囲でなく，実質的な増加であるならば，高齢者に対してより厳しい判決が言い渡されるようになってきていることを意味するが，このグラフからただちに，この傾向が誤差の範囲内であるのか，実質的な厳罰化を示すものであるのかを判別することはできないだろう。

軽罪に対する自由刑を言い渡された者に対して，量刑段階で拘禁を回避する手段には執行猶予がある。60歳以上の高齢者において，軽罪禁錮刑の宣告件数に占める執行猶予付き判決の割合の動向を示したのが図表3-4である。軽罪に対する禁錮刑については，単純執行猶予 sursis simple および保護観察付き執行猶予 sursis avec mise à l'épreuve を付すことができる。さらに，これら

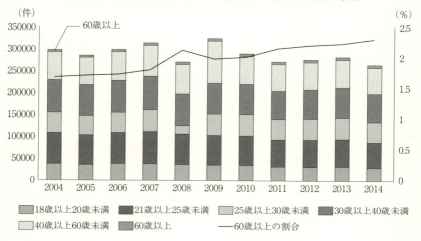

図表3-3 年齢別軽罪禁錮の宣告件数および60歳以上の割合の推移[4]

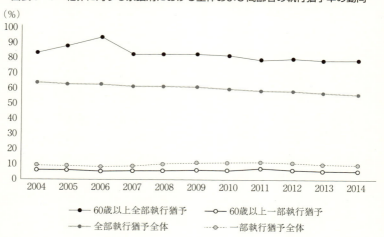

図表3-4 軽罪に対する禁錮刑における全体および高齢者の執行猶予率の動向[5]

の執行猶予においては、刑期の一部の執行が猶予される形態と全てが猶予される形態とがある。

このグラフは、軽罪禁錮刑における執行猶予率について、60歳以上の高齢者と全体の数値の推移を示している。全体の数値と高齢者の数値を比較すると、

高齢者の方が一部執行猶予の割合が全体よりも小さく，全部執行猶予の割合は全体よりも大きい。もっとも，それぞれにおいて犯罪類型やケースの内容等量刑に影響を与えうる因子は年齢以外にもあることには留意が必要であろう。
　高齢者に対する全部執行猶予については，2004年以降，80％前後で推移している。すなわち，高齢者において，軽罪禁錮刑を宣告された場合でも刑務所に収容されるのは，20％弱であり，うち半数が一部執行猶予により仮釈放を確保された状態にある。さらに，一部執行猶予が付された場合に，実際に刑が執行される期間が2年を下回れば，刑の執行前の刑罰修正措置を受けることができる。以上から，軽罪禁錮刑の宣告を受けた者のうち，量刑段階で実刑が言い渡される者はごく少数であるといえる。

■ **閉鎖施設への自由刑に対する執行猶予および執行前の刑罰修正**

　量刑段階において執行猶予が付されない場合であっても，一定の要件を満たした場合には，閉鎖施設への拘禁的措置を免れる場合がある。すなわち，宣告される刑期が一定期間である場合には，執行前の刑罰修正措置により，非刑事施設への委託 placement exterieur，半自由 semi-liberté，そして電子監視といった拘禁代替措置に付される。したがって，この刑期に関する統計から，高齢有罪宣告人員のうち執行前の刑罰修正措置の対象がどの程度いるのかを知ることができる。前に述べたとおり，5年未満の軽罪禁錮刑については執行猶予を付すことができ，60歳以上の高齢者においては軽罪禁錮刑の宣告の約80％に執行猶予が付されている。さらに，実刑期間が2年未満（法律上の累犯者の場合には1年未満）の場合には，執行前の刑罰修正措置により，閉鎖施設への拘禁が回避される[6]。この場合には，その代替として，非刑事施設への委託，半自由，そして電子監視といった措置が選択される[7]。

　実刑期間が2年未満には，宣告刑が2年未満かつ執行猶予なしの場合と，宣告刑が2年以上でかつ1年以上の一部執行猶予が付された場合がある。2つ目の場合について，たとえば，宣告刑が3年の軽罪禁錮刑であっても，1年6月の一部執行猶予が付されれば，実刑期間が1年6月となるため執行前の刑罰修正措置の対象となりうる。したがって，軽罪禁錮刑を宣告される者の大部分が実際には閉鎖型刑事施設には拘禁されない。すなわち，高齢受刑者に対する閉鎖施設への拘禁的措置の選択は例外的なものとして適用されている。

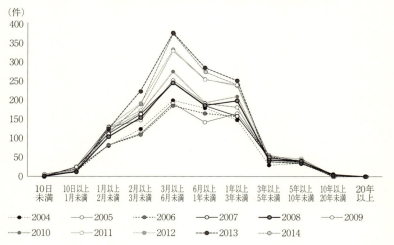

図表3-5　60歳以上の高齢者に対する軽罪禁錮刑の刑期の推移

　図表3-5は60歳以上の高齢者に言い渡された軽罪禁錮刑の刑期の推移を示したものである。これによれば，多くが5年未満となっている。具体的にみると，最も件数が多いのが，3月以上6月未満である。次いで6月以上1年未満である。
　以上から，量刑段階で執行猶予の活用，そして執行前の刑罰修正措置により，有罪宣告を受けた高齢者のうち，実際に拘禁されるのは約15％にも満たない。さらに，重罪禁錮刑と5年以上の軽罪禁錮刑には執行猶予が付されえないこと，実刑が2年以上の者には執行前の刑罰修正措置が適用されないことから，実際に拘禁的措置に付される高齢新受刑者における宣告刑については長期の場合が多いと思われる。そのような高齢受刑者が後にみるフランスの高齢受刑者処遇に関する議論において検討対象とされている。

2　近時の高齢受刑者の増加

　フランスでは高齢犯罪者に対して拘禁的措置が回避された結果，近時では有罪宣告を受けた高齢犯罪者のうち，実際に閉鎖施設に拘禁される者は10分の1に満たない。では，その10分の1の閉鎖施設に拘禁される高齢受刑者にはどのような特徴があるのだろうか。この点について，フランスでは，受刑者につい

て年齢別罪名別動向に関するデータは公表されていない。それゆえ，高齢受刑者が有罪宣告を言い渡された犯罪類型の特徴について直接知ることができない。そこで，本章では，有罪宣告人員に関する統計をもとに高齢有罪宣告者が有罪宣告を言い渡される犯罪類型の動向を参照する。その後，近時の性犯罪につき有罪宣告を受ける高齢犯罪者の増加と長期受刑者の高齢化により高齢受刑者が増加傾向にあることを確認する。

　一般的に犯罪学の領域では，高齢犯罪者には軽微な犯罪をする者が多いとされている。フランスにおいても，高齢有罪宣告人員には軽微な盗罪のケースが典型的であるとされてきた。しかしながら，近時では高齢有罪宣告人員においては，むしろ性犯罪について有罪宣告を受ける者が多いとされている。この変化は1970年代半ばから1980年代にかけての高齢者への所得保障基準の引き上げによる盗罪の減少と1998年の性犯罪における公訴提起期間の延長という2つの現象によって生ぜしめられたと考えられる。これら2つの現象を中心に高齢犯罪者の特徴の変化について，本章ではフランス司法省が公刊している「司法統計年報 annuaire statistique de la justice[8]」および「有罪宣告 les condamnations[9]」と題された毎年出されている統計を参照する。これらの記載されている高齢者に関する統計は，60歳以上の高齢者に対して有罪宣告がなされた犯罪類型，言い渡された刑罰の種類ないし刑期，閉鎖施設における被拘禁者数である。それゆえ，警察・検察段階の高齢者数，刑罰修正 aménagement de peine が認められたのち半自由 semi-liberté，非刑事施設への委託 placement exterieur，仮釈放 libération conditionnelle，刑の執行停止 suspention de peine に付された高齢者の数については知ることができない。これらの統計のうち，入手することができた1953年以降の諸統計を手がかりとして高齢有罪宣告人員の動向を示す。

　図表3-6は有罪宣告を受けた60歳以上の者の人数の推移ないし有罪宣告人員総数に占める60歳以上の割合の推移を示したものである。

　図表3-6によれば，1960年以降，およそ10000人から20000人の間で大きく増減している[11]。2003年以降は若干増加し，2007年以降はほぼ横ばいである。この点について，有罪人員総数に占める高齢者比を見てみると，1991年は2.69％であり，2013年には2.8％となっている。すなわち，高齢有罪人員数は増減を

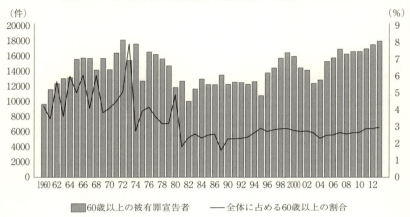

図表3-6　60歳以上の高齢有罪人員数の推移（1960年～2013年)[10]

■60歳以上の被有罪宣告者　―全体に占める60歳以上の割合

示しているが、有罪総数に占める高齢者比は一定しているといえよう。

フランスは1865年に高齢化社会［人口の7％以上が65歳以上］に到達した後、緩やかに高齢化が進み、人口の14％以上が65歳以上である「高齢社会」に到達したのは1980年である[12]。その後も緩やかに高齢化が進んでいると指摘されているが、しかしながら有罪人員においては高齢者比の増加は見出されない。以上の考察を踏まえると、図表3-6に示される近年の増加現象は高齢者特有に見出される現象ではないといえよう。そこで、次に、有罪宣告人員総数に占める60歳以上の割合の推移に着目する。この数値は1981年に減少し、その後約2.5％で安定している。すなわち、1981年以降の実数の増減は全体においても見出すことができる傾向であるといえる。

したがって、近時のフランスにおいては伝統的に犯罪学の領域において、年齢が高くなるにつれて犯罪をしなくなっていくと指摘されている通り、他の年齢層と比べて、高齢有罪宣告人員は数少ない[13]。さらに、有罪宣告人員総数に占める60歳以上の高齢有罪宣告人員の割合をみると1980年代以前よりも低い水準で安定している。この点で、1990年頃から裁判段階において高齢有罪宣告人員の絶対数と全体に占める割合が増加傾向にある日本とは状況が異なる。

3 性犯罪に対する有罪宣告を受けた高齢受刑者の増加と長期刑受刑者の高齢化

次に,犯罪類型ごとの推移についてみる[14]。

フランスの裁判段階の統計においては,時代によって統計における犯罪類型区分が異なっている[15]。その中で,1953年から2014年まで継続的に動向を知ることができるのは,故殺,軽罪を構成する傷害,強姦・性的攻撃,重罪を構成する盗罪,軽罪を構成する盗罪である。軽罪を構成する傷害,性的攻撃あるいは盗罪について一定の加重事由がある場合には重罪を構成することがある。たとえば,刑法典311-7条以下によれば盗罪の場合,「恒常的な身体損傷あるいは障がいを生ぜしめる暴行に先行する,同時に行われる,あるいはその後に行われた場合」[刑法典311-7条],「武器の使用もしくは脅迫により実行された場合,あるいはその所持許可の有無に関わらず武器を所持した人物が実行した場合」[同311-8条],あるいは「徒党により実行された場合」[同311-9条]については重罪を構成すると規定されている。

60歳以上の高齢有罪人員において,故殺および重罪の盗罪の件数は非常に少ない。故殺は1953年以降10件から20件で推移しており,重罪の盗罪は10件に満たない。

そこで,本章ではそれら2つの犯罪類型を除いた軽罪を構成する盗罪[以下,盗罪とする],強姦・性的攻撃,軽罪を構成する傷害[以下,傷害とする]の3つの犯罪類型について,動向をみる。

図表3-7,および図表3-9は60歳以上の高齢有罪件数総数に占める軽罪の窃盗,強姦・性的攻撃,軽罪の傷害のそれぞれの有罪宣告件数の割合の推移を示したものである。図表3-8は1976年から1983年までの司法統計年報を元に60歳以上の高齢有罪件数総数に占める軽罪の財産犯および軽罪の人身犯に対する有罪判決の割合の推移を示したものである[16]。この期間の統計においては,年齢別の有罪宣告件数について,大まかな犯罪のカテゴリー別の数値しか示されていない。

これらのグラフから,フランスの高齢犯罪者に対する有罪宣告件数の推移において,軽罪を構成する盗罪の減少,軽罪を構成する傷害の増加,そして性犯罪に関する有罪宣告の増加といった3つの特徴を指摘することができる。以

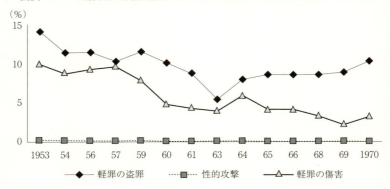

図表3-7 60歳以上の高齢有罪人員における構成比の推移（1953年～1970年）[17]

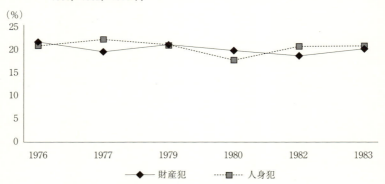

図表3-8 60歳以上の高齢有罪人員における構成比の推移（1976, 1977, 1979, 1980, 1982, 1983年）[18]

下，これら3つの現象について示す。

これら3つの犯罪類型の動向のうち特に高齢有罪宣告人員において特別に見出すことができる現象は盗罪の減少と性犯罪の増加である。この点に留意しながら，以下，盗罪，傷害，そして性犯罪の動向を示す。

■ 盗罪に対する有罪宣告の減少

1924年に出版されたA. JACOB著 *La criminalité des vieillards*[20]では，高齢者犯罪の特徴として軽微な財産犯が多いことを指摘した。[21] その後，1968年に出版されたV. V. STANCIU著 *La criminalité à Paris* では60歳以上の高齢者の典型的な犯罪として単純盗 vol simple が挙げられ，[22] 単純盗をする高齢者の典

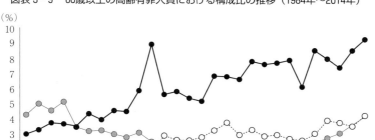

図表3-9　60歳以上の高齢有罪人員における構成比の推移（1984年～2014年[19]）

凡例：軽罪の窃盗／性犯罪／軽罪の傷害

型として，生活困窮から犯罪を繰り返して生活していると紹介されている[23]。これらの文献から，ケトレーが指摘する高齢犯罪者像と，当時のフランスにおける高齢犯罪者像はほぼ一致するものであったといえよう。しかしながら，近時の高齢者犯罪に関する諸論文において強調されているのは，性犯罪のかどで有罪宣告をうけた高齢者である[24]。ここでは，この変化に着目して，量的動向とその背景の関係を示す。この関係からひとつの有効な高齢犯罪者対策のあり方に関する示唆が得られる。

　1953年から2014年の統計のうち，1953年から1987年までは軽罪を構成する窃罪に対する有罪宣告が最も多かった[25]。1953年には，60歳以上の高齢有罪人員（8618人）に占める窃罪の割合は約14％（1212件）であったのに対し，1991年には3.2％（406件）にまで減少した。

　この減少現象の背景には，高齢者のための所得保障制度の実質的発展があると思われる。高齢者犯罪の典型が窃罪であった1960年代には，多くの高齢者は厳しい生活困窮状況におかれていた。それは，戦中のヴィシー政府による社会保障給付の失敗，そして戦後の深刻なインフレに由来するものである。当時，高齢者のための最低所得保障制度である老齢被用者手当[26]および老齢非被用者手当[27]はあったものの，その保障基準は大変低かった。1956年当時，老齢被用者手当は最低賃金の25％，老齢非被用者手当になると，半分以下の約11％しか支給

されていなかった。1956年に高齢者により十分な所得を保障するために老齢ミニマムを創設した。しかしながら、この老齢ミニマムは1945年に創設された公的年金制度の成熟までの一時的な措置として捉えられていたため、額は単身者で1ヶ月あたり800ユーロ相当にも満たなかった。[28]このような貧困状況に光を当てたのが、P. LENOIR, *Les exclus. Une Française sur dix*［排除された人々──10人に1人のフランス人］[29]およびL. STOLERU『富める国の貧困』[30]である。これら2つの著書はフランスにおいて、高齢者が深刻な生活困窮状況に置かれていることを明らかにした。[31]これらの指摘を受けて、フランス政府は老齢ミニマム基準額を、月額単身者792.7ユーロ相当、夫婦1585.5ユーロ相当（共に1974年1月1日段階）から、単身者1036.7ユーロ相当、夫婦2073.3ユーロ相当（共に1975年1月1日段階）にまで引き上げた。さらに、老齢年金制度においても一般の給付基準よりも低かった商工業自営者・職人への給付基準の引き上げ（1974年12月24日の法律 Loi du 24 décembre 1974 instaurant la compensation financiére entre les régimes de retraite）、非被用者の自治制度への編入（1975年7月4日法13条 Loi du 4 juillet 1975 tendant a la generalisation de la sécurité sociale）を行った。

さらに、1980年代に入ると当時のミッテラン大統領は深刻な失業問題への対策として、社会主義的アプローチを採用した。具体的には、最低賃金の10％引き上げ、労働時間の短縮、各種給付の改善が行われた。その中で、老齢ミニマムにおいても、1981年に大幅な引き上げがなされた。すなわち、月額単身者2591.6ユーロ相当、夫婦5183.3ユーロ（1981年1月段階）から、単身者3658.8ユーロ相当、夫婦6767.7ユーロ相当にまで引き上げられた。この政策は大幅な赤字とインフレを生ぜしめ、翌1982年には緊縮政策に転換した。その転換の中でも高齢者に対する所得保障基準が下げられることはなかった。近時では、老齢ミニマムの後継制度として高齢者連帯手当［ASPA: Allocation de solidarité aux personnes âgées］が中心となっているが、所得保障基準は年々引き上げられている。

以上から窃盗罪に対する有罪宣告の動向と高齢者に対する所得保障制度の現象の関係性は以下のように整理することができる。1970年代半ば以降フランスにおける高齢者の貧困対策に関する諸努力がなされ、1980年代から1990年代にかけて高齢者の貧困状況が改善されてきた。その一方で1980年代から1990年にか

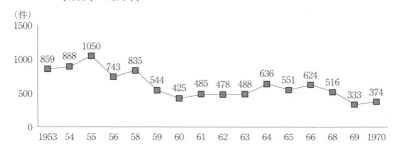

図表3-10　60歳以上の高齢者に対する軽罪の傷害に関する有罪宣告件数の推移（1953年〜1970年）[35]

けては，60歳以上の高齢有罪人員に占める軽罪の盗罪の割合も減少している。

これら2つの事実から，60歳以上の高齢有罪人員における盗罪の減少は，高齢者における所得保障基準の発展の強い影響があると思われる[32]。このフランスの経験から，高齢者による軽微な財産犯の予防においては，懲罰的な対応の強化ではなく，まずは高齢者全体に対する所得の十分な保障がなされる必要があろう。

■ 盗罪の減少による傷害に対する有罪宣告の比率の増加

1970年代半ばから，高齢有罪宣告者において最も大きな割合を占めていた盗罪が減少したことを受けて，高齢有罪宣告者において傷害に対する有罪宣告を受けた者の割合が増加した。すなわち，傷害の割合の増加は「傷害を行う高齢者」の増加により生ぜしめられた現象ではない。

2014年段階，60歳以上の高齢有罪人員のうち，最も大きな割合を占めるのが，軽罪の傷害である。実際に統計をみてみると，まず1953年から1970年までの減少傾向と1984年から2014年までの増加傾向を見出すことができる（図表3-7，3-9）。傷害においても，刑法典222-7条以下に重罪を構成する加重事由が設けられている[33]。しかしながら，重罪の傷害について有罪宣告を言い渡される高齢者はほとんどいない[34]。

1960年から1970年にかけてはほぼ横ばいである。同時期には，軽罪の傷害に対する有罪宣告総数も同様の推移を示しており（図表3-10），全体にしめる高齢比は4％前後で安定している[36]。それゆえ，この増加傾向は高齢者に特徴的な動向ではないといえよう。また，同時期に軽罪の窃盗の構成比が増加したこと

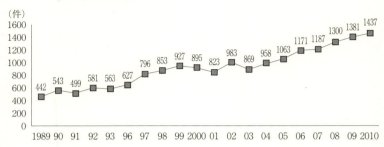

図表3-11　60歳以上の高齢者に対する軽罪の傷害に関する有罪宣告件数の推移（1989年〜2010年）[37]

と考えると，軽罪の盗罪が増加したために，軽罪の傷害の構成比が減少したものと思われる。

　1971年から1983年については，統計を断片的にしか入手することができなかった。さらに，この時期の司法統計年報には年齢別データとして「人身犯」の区分のみが設けられ，軽罪の傷害についての個別的なデータは掲載されていない。それゆえ，1971年から1983年の傷害につき有罪宣告を言い渡された高齢有罪宣告人員の動向については検討の対象から除外する。

　次に1989年から2014年までの増加傾向についてみる（図表3-11）。この時期は，軽罪の傷害に対する有罪宣告件数そのものが増加している。それゆえ，60歳以上の高齢者に対する有罪宣告に占める軽罪の傷害の構成比が増加したのは，軽罪の傷害に対する有罪宣告そのものが増加したことによる現象である。

　この増加現象の要因について，「暴力的な犯罪をする高齢者が増加した」との指摘がある[38]。しかしながら，統計上，この現象は高齢者のみならず有罪宣告人員すべてにおいて見出すことができる傾向である。傷害に対する有罪宣告総数に占める60歳以上の割合は1984年には7.66％であったのが，2005年には2.19％になっているものの，全体においても，60歳以上の高齢者においても傷害に対する有罪宣告件数は増加している[39]。したがって，この統計値からただちに「傷害を行う高齢者が増加した」と言うことはできない。この増加傾向が，暴力犯に対する厳罰化政策によるものか，あるいは社会全体における暴力犯の増加によるものかについては，さらなる検討が必要であろう。

■ 性犯罪に対する有罪宣告の増加

　近時，高齢者犯罪における議論において，最も強調されるのが性的攻撃・性的侵害，特に未成年に対する侵害である。高齢受刑者処遇に関する議論においても，「性犯罪」につき有罪宣告を受けた者に対して「非難」ないし「安全」の視点からの厳罰化がなされている。その結果，「性犯罪のかどで有罪宣告を言い渡される高齢者」が増加した。この性犯罪につき有罪宣告を受けた者の増加現象については，特に高齢者において顕著に見出されるものである。[40]

　強姦・性的攻撃の構成比は非常に小さく，有罪宣告件数は，1953年に21件，1954年に20件，60歳以上の高齢者に有罪宣告がなされているが，それ以降は1970年まで6件から12件の間で推移している。注目すべきは，1997年から1998年にかけての増加である。この現象は，1998年に公訴時効規定の改正がなされたことに由来する。[41] すなわち，1998年6月17日の法律 Loi du 17 juin 1998 relative à la prévention et à la répression des infractions sexelles により「尊属および権力を持つ者によりなされた強姦 viol（刑法典222-24条4項）・性的攻撃 agressions sexuelles（同222-28条2項）」における公訴時効が，「事件発生時から3年」とされていたのが，重罪の場合20年，軽罪の場合10年とされた。さらに，2004年3月9日の法律 Loi du 9 mars 2004 portant adaptation de le justice aux évolutions de la criminalité により，被害者が未成年の場合は成人に達したとき（満18歳）から重罪の場合は20年［被害者が38歳になるまで］，軽罪の場合は10年［被害者が28歳になるまで］，加害者の訴追を可能とする規定を追加した。この改正により，高齢になってから以前の性犯罪について起訴され，有罪宣告を受ける者が増加した。[42]

　性犯罪のかどで有罪宣告を受けた高齢有罪宣告者に対しては，拘禁的措置が回避されにくく，かつ長期刑を宣告されることが多いとされている。そこから，性犯罪のかどで有罪宣告を受けた高齢新受刑者が増加している。くわえて，仮釈放の消極的適用に由来する長期受刑者の高齢化が進んでいることからフランスでは高齢受刑人員が増加している。量と質が異なるものの，「高齢受刑人員の増加」という現象が見出され，さらに高齢受刑者への対応のあり方に関する議論がなされている点では日本と共通している。

　この高齢受刑者の増加現象は図表3-12によっても明らかであろう。1991年

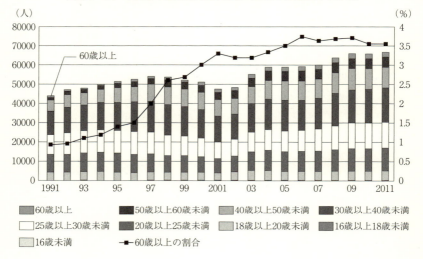

図表3-12 年齢別年始在所人員の推移（1991年から2011年まで)

と2011年を比較すると，60歳以上は大幅に増加している。特に1991年から2000年にかけて，60歳以上の高齢者の割合が大幅に増加しており，その後は2006年まで緩やかに増加し，近時はほぼ横ばいである。

この増加現象に対して，フランス国民議会 ASSEMBLÉE NATIONALE は長期受刑者の高齢化と高齢になってから性犯罪につき長期刑を言い渡される者が増加したため，との分析結果と示している。ひとつめの点については，仮釈放の運用状況が大きく関係している。この背後にはフランスの刑事政策における「安全」の視点の強調があるとされている。くわえて，失業率の上昇も仮釈放率の低下に大きく関わっている。すなわち，「真摯な社会復帰の努力」という仮釈放の要件を判断する際に，就業先の確保が重視される。しかしながら，失業率が上昇したことにより，受刑者において出所後の就業先を確保することができず，上記基準を満たすことが困難となり仮釈放率が低下したとされる。

また，2つめの点については，前述のとおり性犯罪に対する公訴提起期間の延長により高齢になってから有罪宣告を受け，拘禁される者が増加した点がその理由として説明されている。軽罪の性的攻撃のうち，多くを占めるのが未成年への性的攻撃であり，それゆえ社会的非難が大きく，厳しい刑罰が言い渡さ

れていると考えられる。[48]

　さらに，長期刑を宣告された高齢犯罪者に対しては「社会に対して危険な犯罪」を行ったとして，「非難」ないし「安全」の観点から医療的・福祉的対応を確保するための早期釈放制度が認められにくい。[49] それらの早期釈放措置に関する規定には彼ら性犯罪について有罪宣告を受けた者の再犯リスクを考慮し[50]て，要件のひとつとして「（釈放によって）社会に動揺をもたらしえないこと」が条文に明記されているからである。この文言に現れている通り，近時のフランスにおける高齢受刑者処遇に関する議論は，性犯罪等の「社会に対して危険な犯罪」のかどで有罪宣告を受けた高齢受刑者を想定して展開されている。

〔註〕
1 ）　Les condamnations en 2004-2014 をもとに作成した。
2 ）　「最低拘禁期間」は GISCARD d'ESTAING 大統領のもとでの Raymond BARRE 政権が制定した1978年11月22日の法律により，刑法典132-23条に挿入された。この最低拘禁期間は自由刑罰の宣告時に刑罰と合わせて言い渡される。受刑者はここで言い渡された期間に刑の執行停止や仮釈放等の刑罰修正措置 aménagement de peine を受けることはできない。最低拘禁期間は無期自由刑の場合には，22年を超えることができない。さらに，30年を超えない有期刑の場合には刑期の3分の2あるいは20年を超えることができない。すべての犯罪類型に対して設定されるのではなく，謀殺（刑法典221-2条），加重事由のある故殺（刑法典221-4条），加重事由のある傷害致死（刑法典222-8条），強姦（刑法222-23条），加重事由のある強姦（222-24条）などの犯罪類型に対して設定される。
3 ）　前掲註 2 ）。
4 ）　Les condamnations en 2004-2014 をもとに作成した。
5 ）　Les condamnations en 2004-2014 をもとに作成した。
6 ）　「法律上の累犯 récidive legale」については刑法典において以下のように定義づけられている。①法律が10年の禁錮刑を予定する犯罪につき有罪判決が確定している自然人が，重罪懲役刑 la réclusion criminelle もしくは重罪禁錮刑の上限の刑期が予定されている犯罪を新たに行った場合［刑法典132-8条］，②法律が10年の重罪ないし軽罪禁錮刑を予定している犯罪につき有罪が確定している自然人が，前刑の満了もしくは時効［刑法典133-2条以下は，宣告刑の執行が法律に定められた一定期間なされえなかったとき，以後その執行が妨げられる刑の消滅を「刑の時効」と定義づけている］から10年以内に同様の刑罰が予定されている軽罪を行った場合［刑法典132-9条1項］，③法律が10年の重罪ないし軽罪禁錮刑を予定している犯罪につき有罪が確定している自然人が，前刑の満了もしくは時効から5年以内に1年以上2年以下の刑罰が予定されている軽罪を行った場合［同条2項］，④軽罪につき有罪が確定している自然人が前刑の満了ないし時効から5年以内に同様の軽罪を行った場合［刑法典132-10条］，⑤すでに第5種違警罪について有罪が確定している自然人が，前刑の満了ないし時効から1年以内に同じ違警罪を行った場合［刑法典132-11条1項］，⑥法律が第5種違警罪の累犯が軽罪を構成すると規定している場合に，前刑の満了ないし時効から3年以内に犯罪行為

les faits を行った場合［同条2項］である。
7) この制度は元々，規則 norme réglementaire により規定されていたが，2004年3月9日の法律により法律上の制度とされた。2004年法は，執行前の刑罰修正を「法律上の累犯でなく，かつ実際に執行される刑罰が1年以下の軽罪禁錮刑の場合」に限定していた。それが，2009年の刑事施設法81条により，2年以下の軽罪禁錮刑へ対象が拡大された。さらに，2009年法までは法律上の累犯については刑の執行前の刑罰修正の対象外であったが，同条文により，執行される刑罰が1年以下の軽罪禁錮刑である法律上の累犯のケースにもこの措置が適用されることになった。よって，この措置が適用されるケースは以下の4通りになる。すなわち，①法律上の累犯でなく，かつ宣告刑が軽罪禁錮刑2年以下の場合，②法律上の累犯でかつ，宣告刑が軽罪禁錮刑1年以下の場合，③法律上の累犯でなく，かつ実際に執行される期間が2年以下の場合，④法律上の累犯でかつ，実際に執行される期間が1年以下の場合である。③，④における「実際に執行される期間」とは具体的には，宣告刑から一部執行猶予期間を引いた期間，あるいは宣告刑から未決拘禁の期間を引いた期間である。なお，行刑法81条は以下の通りである。すなわち，「1個または数個の自由刑の合計が2年を超えない場合，又は残刑としての1個又は数個の自由刑の合計が2年を超えない場合，刑罰適用裁判官は，半自由もしくは外部での処遇の下で刑に服すべき旨を決定することができる。法に定められた累犯である場合，前文に定める2年間の規定は1年に減じる。刑罰適用裁判官は，同様に，1年を超えない限りにおいて，試験観察的に半自由若しくは外部での処遇の下に置くことを条件に受刑者を仮釈放に付することができる。半自由若しくは外部に置く措置は刑法典729条に定める保護観察期間が終了するまでの1年実施することができる」。
8) 司法統計年報は司法行政一般報告書の後継誌である。司法行政一般報告書は1825年に司法省により創刊された。なお，司法行政一般報告書については，1953年分以降のものが日本国内の図書館の所蔵されている。しかしながら，途中1971年分から1974年分については所蔵がない。そのため，本書では1953年から2014年（ただし，1971年から1974年は除く）の統計値を分析対象とした。
9) フランス司法省のホームページ http://www.justice.gouv.fr から入手することができる。ホームページには2003年分（2004年公表）以降の統計が掲載されている。なお，紙媒体の存在については未確認である。
10) Compte général de l'administration de la justice 1961-1970, Annuaire statistique de la justice 1978-2014 を元に作成した。
11) 安田恵美「高齢者犯罪における所得保障制度の犯罪予防的役割の重要性(1)——フランスにおける高齢者犯罪の動向と高齢者に対する所得保障の発展の関係を素材に」法学雑誌56巻3・4号（2010）210頁。
12) 藤井良治，塩野谷裕一編『先進諸国の社会保障6　フランス』（東京大学出版会，1999）5頁。
13) ケトレー（平貞蔵，山村喬訳）『人間に就いて　下』（岩波書店，1940）217頁．G. STEFANI=G. LEVASSEUR=R. JAMBU-MERLIN, *Criminologie et Science pénitentiaire* (1963)., p70., J. LÉAUTÉ, *Criminologie* (1972), p430., J. M. CUSSON, *Croissance et décroissance du crime* (1990), p45., R. GASSIN, *Criminologie* (1994), p289., J. LARGUIER, *Criminologie et science pénitentiaire* (2005), p56.
14) 犯罪類型ごとの推移については，安田恵美「高齢者犯罪における所得保障制度の犯罪予防的役割の重要性（2・完）——フランスにおける高齢者犯罪の動向と高齢者に対する所得保障の発展の関係を素材に」法学雑誌57巻1号（2010）102頁以下においてすでに示した分析に

若干の加筆をした。
15) フランスの司法統計年報における犯罪類型の分類は1953年から1970年，1976年から1983年，1984年から2005年で異なる。特に，1976年から1983年の統計については，犯罪類型について大まかな分類しかされていない。すなわち，盗罪は財産犯に，強姦・性的攻撃および傷害人身犯に分類されているため，それぞれの犯罪類型の詳細な動向を知ることはできない。また，1971年から1975年のデータについては入手することができなかった。
16) 1970年から1975年までの司法行政一般報告書については入手することができなかったため未確認であるが，少なくとも1976年から1983年の間は統計における犯罪類型に関する区分が他の年代と大きく異なっている。
17) Compte général de l'administration de la justice 1953-1970 をもとに作成した。
18) Annuaire statistique de la justice 1977, 1978, 1980, 1981, 1983, 1984 をもとに作成した。
19) Annuaire statistique de la justice 1985-2014 をもとに作成した。
20) 安田・前掲註11) および前掲註14) では，高齢者犯罪の特徴について具体的に紹介した文献として P. CHAULOT=L. SUSNI, *Le crime en france* (1959), p86, および V. V. STANCIU, *La criminalité à Paris* (1968), pp323ets を参照した。それらの論文に加え，本章執筆時には A. JACOB, *La criminalité des vieillards* (1924) も参照し，そこから，同論文公刊時である1924年，すなわち戦前においても，高齢者犯罪における特徴的な犯罪類型として軽微な盗罪が挙げられていたことを確認した。
21) CHAULOT=SUSNI, op. cit., p60. さらに，ここでは高齢者犯罪における特徴として，「浮浪 vagabonds」や「物乞い mendiants」の多さを指摘している［浮浪および物乞いに関する罪は1992年12月16日の法律372条により削除された］。そのような高齢犯罪者について，以下のように紹介している。彼らの多くは，孤立，病気，失業，賃金の少なさ，頼れる家族がいないといった諸問題を抱えていた。彼らのうち，より自由を好む者については施療院 hospice での生活に失敗し，冬の厳しい寒さの下では最後の居場所を求めて定期的に刑務所に避難する。これらの高齢犯罪者像には，現在の日本の高齢犯罪者が抱える諸困難と共通した特徴を見出すことができる。
22) STANCIU, op. cit., p323.
23) Ibid.
24) Veillir et mourir en prison, Dedans-Dehors n°46 (2004), Observatoire international des prisons, http://www.oig/nos-publications/dedans-dehors/dossier-veillir-et-mourir-en-prison, Les prisons doivent s'adapter au <papy-boom>, Le Figaro, 16 mai 2006., 赤池一将「フランスにおける長期受刑者処遇の現状と課題」龍谷大学矯正・保護研究センター研究年報3号 (2006) 63頁。
25) なお，これ以前の統計値を分析しているものとして H. CHAUSSINAND, *Étude de la statistique criminelle de France au point de vue médico-légal* (1881) ［本章では2011年に再出版されたものを参照した］がある。CHAUSSINAND の研究によれば，1826年から1879年までの年齢別犯罪類型別起訴人員に関する統計をみると，60歳未満の被告人においては財産犯 crimes propriétés の統計値は人身犯 crimes personnes の統計値のおよそ2倍である。60歳以上65歳未満，もしくは65歳以上70歳未満の被告人においては財産犯と人身犯の統計値の差はあまりない。すなわち，60歳以上65歳未満においては財産犯が2915人，人身犯が2605人であり，65歳以上70歳未満においては財産犯が1662人，人身犯が1575人である。さらに，70歳以上においては財産犯よりも人身犯の件数の方が多い。すなわち，財産犯は1144人，人身犯は1430人である［ibid. p78］。

26) 老齢被用者手当は1945年2月2日のオルドナンス Ordonnance du 2 février 1945 modifiée organisant sur de nouvelles bases les allocations aux vieux travailleurs salariés et modifiant le régime des pensions de vieillesse et d'invalidité des assurances sociales により導入された。これは老齢年金の拠出期間を満たすことができず，拠出制年金を受給することができなかった，元被用者を対象とした手当である［J. BARRERE, *Structure démographoque et assurance vieillesse*, Droit Social 1955, p177］。

27) 1948年1月17日の法律 Loi du 17 janvier 1948 institution d'une allocation vieillesse pour les personnes non salariées により創設された，被保険者期間がない者を対象とした手当［Chronique legislative, Droit Social 1953, p710.］。65歳以上の非被用者に対して給付され［同法11条1項］，その支給額は老齢被用者手当の最低額の半額を下回らない額とされた［同法10条1項］。

28) 1970年から2002年までの老齢ミニマム基準額については，F. KOCHKER, *L'allocation supplementaire du minimum vieillesse*, DREES, www.SANTÉ.gouv.fr/drees/seriestat/pdf/seristat91.pdf, pp25-26（2006）を参照した。そこには，すべてユーロ相当に金額を修正して記載されているため，ここでも「ユーロ相当」と表す。

29) P. LENOIR, *Les exclus. Une Française sur dix*（1989）。初版は1974年であるが，本論文では入手できた第2版［1989年］を参照した。

30) L. STOLERU（益戸欽也，小池一雄共訳）『富める国の貧困――社会的公正とは何か』（サイマル出版会，1981）。なお，フランスにて初版が出版されたのは1974年である。

31) LENOIR は，当時の高齢者について，老齢ミニマムを受給している者や心身の衰弱により働くことのできない者は130万人にもおよび，彼らは貧困かつ排除された状態にあると指摘している［LENOIR, op. cit., p30ets.］。ここでの「排除」とは具体的には経済的困窮，それに基づく衣食住が不十分な状態，施設への隔離，医療や教育へのアクセスの不平等を指している［ibid. p37ets.］。その一方で，STOLERU は65歳以上の年金生活者の平均世帯所得収入が平均所得の56％しかないことを理由として［STOLERU（益戸，小池共訳）・前掲註30）17頁］，「［高齢者は特に］貧困の度合いが高い」と指摘した［同28頁］。

32) 安田・前掲註14）128頁。なお，高齢者に対するセーフティネットの整備と高齢者犯罪の少なさとの関係を指摘したものとして，浜井浩一「日本ではなぜ高齢者を罰するのか――ノルウェーから見えてくる日本の高齢者犯罪増加の原因」同『実証的刑事政策論――真に有効な犯罪対策へ』（岩波書店，2011）288-304頁，古川隆司「オーストラリアにおける高齢犯罪者と日本との比較」オーストラリア研究紀要35号（2009）99-107頁がある。

33) 刑法典222-7条以下によれば，傷害の場合，以下の加重事由が認められた場合に重罪を構成するとされている。すなわち，傷害致死［222-7条］，15歳未満に対する傷害［222-10条1項］，年齢，病気，心身の障がい，あるいは妊娠していることを知りながら行われた傷害［同2項］，尊属に対する傷害あるいは，養子縁組を結んだ父もしくは母に対する傷害［同3項］，一定の公務員に対したなされた傷害［同4項］，民族，国，人種，宗教に所属していることもしくは，所属していないことを理由として行われた傷害，なお被害者がそれらに所属していたか否かが真実か否かは問わない［同5項2］，被害者の性的指向やアイデンティティを理由とした傷害［同5項3］，配偶者，内縁のパートナー，民事連帯契約を結んだパートナーに対する傷害［同条6項］，婚姻関係を結ぶことを強制する目的で，あるいは婚姻関係がないことを理由として行われた傷害［同条6項2］，その公務の執行中に公務員によって行われた傷害［同7項］，性犯あるいは共犯として実行した者が複数の場合［同条8条］。

34) 安田・前掲註14）109頁以下。

35) Compte général de l'administration de la justice 1953-1970をもとに作成した。
36) 安田・前掲註14) 109頁。
37) Annuaire statistique de la justice 1985-2011, Les condamnations en 2012-2014をもとに作成した。
38) L. UBRICH, *Les papys flingueurs——La France vieillit, la delinqunce aussi*, 2009, pp197ets.
39) 安田・前掲註14) 110頁。
40) 安田・前掲註14) 107頁以下。
41) Le Figaro, 16 mai 2006, Les prisons doivent s'adapter au <papy-boom>.
42) この改正は、「幼少期に性犯罪の被害を受けた者が、低年齢であることから、両親や捜査機関等に性犯罪の被害を受けたことを言い出せないまま、期間がいたずらに経過してしまい、結果的に犯人が処罰を免れてしまうという事態を避け」ることを目的としている［法務総合研究所研究部報告38「諸外国における性犯罪の実情と対策に関する研究——フランス、ドイツ、英国、米国」(2008) 15頁］。その一方で、幼少期の経験を成人に達した後に正確に陳述することができるかどうか、といった立証上の問題も考えられる。この点につき、刑事訴訟法典706-48条に未成年である被害者に対する精神鑑定の対象となりうるとし、さらに同706-53条は被害を受けた未成年に対する聴聞において心理学者の立会を認めるとしている。さらに、2000年にPas-de-Calais県Outreauで起きた、性的虐待を受けたという子どもの証言の信用性が問題となった事件を契機として誤判防止のための措置が強化され、2007年3月5日法により刑事訴訟法典706-52条として性犯罪の被害にあった未成年に対する聴聞への弁護士の立会が義務づけられた［ASSEMBLÉE NATIONALE, Rapport n°3125, 6 juin 2006, pp33ets., 白取祐司「ウトゥロ事件と2007年3月5日法」同『フランスの刑事司法』(日本評論社、2011) 99頁以下］。しかしこれらの規定においても、「未成年のときに性的被害を受けた成人」を指す文言はない。そこで、フランスにおけるこの問題への対応については、今後の課題としたい。
43) 各年1月1日段階での刑事施設在所人員［ただし、未決拘禁は除く］を指している。
44) Annuaire statistique de la justice 1991-2011をもとに作成した。
45) ASSEMBLÉE NATIONALE, RAPPORT n°2521, 28 juin 2000, p233.
46) Ibid.
47) 赤池一将「フランスにおける仮釈放改革と司法大臣諮問委員会の提言について」高岡法学14巻1・2号 (2003) 14頁以下。
48) ASSEMBLÉE NATIONALE, loc cit.
49) 性犯罪について有罪宣告を受けた者については、事後的社会内司法監督suivi sociale judiciaireも合わせて言い渡された場合、刑の満了後も継続して監督に付される。この点について、性犯罪につき有罪宣告をうけた高齢出所者のうちどの程度が事後的社会内司法監督措置に付されているかについて示した統計は公表されていない［2012年9月段階］。
50) 治療を理由とした刑の執行停止に関する刑事訴訟法典720-1-1条および高齢受刑者に対する仮釈放の特例刑事訴訟法典720条。

第4章

医療的ニーズを有する高齢受刑者を対象とした早期釈放

　高齢受刑者が増加し，彼らへの対応のあり方が刑事政策上重要な課題となっている点では日本とフランスは共通しているといえよう。しかし，具体的に議論されている課題は日本とフランスとでは若干異なる。フランスにおける高齢受刑者処遇の問題は，重大な犯罪のかどで有罪宣告を受けた者に対して，一市民と同等の医療・福祉的対応をいかにして確保するか，という点にある。その議論の根底にあるのが，非高齢者よりも vulnérable な高齢受刑者の「尊厳 dignité の尊重」である。この視点こそが，まさに日本の高齢受刑者処遇に不足しているものである。

1　高齢受刑者に対する医療・福祉的対応のあり方に関する議論の登場

　SANTÉ 刑務所・拘置所主任医師 V. VASSEUR 氏による著書，『サンテ刑務所 médecin chef à la prison de la Santé』[1]，SÉNAT および ASSEMBLÉE NATIONALE のそれぞれによるフランス国内の刑事施設における拘禁状況に関する調査書[2]，これら3つの文献により，高齢受刑者がおかれた「劣悪な拘禁環境」が明らかになり，それへの対応に関して議論がされ始めた。

■ VASSEUR による劣悪な拘禁環境の暴露

　2000年に発売された V. VASSEUR『サンテ刑務所』は，刑事施設における被拘禁者への対応について大きな議論を引き起こした。著者は刑事施設内で日常的に発生する暴力事件，被収容者の自殺・自傷，管理体制の不十分さ，施設の老朽化，不衛生さ，そして医療体制の不十分さを強烈に批判し「共和国の恥」と評した。このような劣悪きわまりない刑事施設の実情を暴露した同書は，議会[3]および世論[4]に大きな影響をもたらした[5]。

同書において，著者は，自身が勤務していた SANTÉ 刑務所・拘置所に収容される「高齢患者」が増加傾向にあったにもかかわらず，それに応じた医療体制の見直しはなされず，彼らに対する医療的・福祉的対応が不十分であった，と批判している。その拘禁状況の劣悪さを示す具体例として，2つの事例が紹介されている。[6]

　ひとつめは「医療ケア付老人ホーム une maison de retraite medicalisée[7]」において月賦を滞納したため，詐欺で逮捕された76歳の男性のケースである。彼は SANTÉ 刑務所・拘置所に収容されていたが，歩行も呼吸も困難な状態にあった。ある日，彼は「老人性けいれん hypertendu[8]」を起こし，血圧が上昇していたため，VASSEUR は検察官に電話し，刑の執行停止を求めた。さらに，その決定が出るまでの間，代償機能が喪失するおそれがあったため[9]，その男性を受刑者専用の閉鎖型医療施設である FRESNES 病院に入院させることにした。しかしながら，病院側は彼が急患ではないことを理由に彼の入院を拒んだ。最終的には，検察官が彼の釈放を決定した[10]ことで問題は解決した。このケースは刑務所医療の不十分さのみならず，一般病院と刑務所医療の連携の不十分さも示している。

　2つめは FRESNES 病院に移送されていた高齢かつ重病の受刑者2人のケースである。FRESNES 病院は彼らの病状につき「通常の拘禁に耐えられる」と判断し，SANTÉ 刑務所・拘置所に戻した。しかし，その2日後，その2人の受刑者のうちの1人が居室で死亡した。

　VASSEUR は SANTÉ 刑務所・拘置所内におけるこれら2つの事例を通して，刑事施設内における医療体制の不備が高齢受刑者を死亡させることすらあるまでに悲惨であることを強く訴えた。このような問題は SANTÉ 刑務所・拘置所のみならず，フランス国内の他の刑事施設においても生じていたことが，SÉNAT と ASSEMBLÉE NATIONALE よる拘禁状態に関する調査報告書によって明らかになった。

■ SÉNAT と ASSEMBLÉE NATIONALE による報告書が浮き彫りにした高齢受刑者の増加と拘禁状況の悲惨さ

　2000年に SÉNAT と ASSEMBLÉE NATIONALE はフランス国内の刑事施設における拘禁状況に関する調査をそれぞれ実施した。この調査報告書は刑事

施設内処遇に存する諸問題を明らかにし，いくつかの重要な問題提起を行った。その中には医療的・福祉的ニーズを有する高齢受刑者への特別な対応の要請も含まれている。

　両報告書は，まず統計上，60歳以上の高齢受刑者が1988年は254人であったのに対し，1998年には515人，2000年には1350人に増加していることを強調している。この増加傾向について SÉNAT の報告書は，「ここ20年間で16歳から25歳の受刑者は減少し，30歳から40歳の受刑者の数はおよそ2倍，60歳以上は5倍以上に増加している」と述べた。さらに，同報告書は，高齢受刑者が増加したことにより，高齢受刑者の多くが有する重大な医療的・福祉的ニーズへの対応が不十分なものになっているという問題状況も明らかにした。そしてその対応の不十分性から，彼らの刑事施設出所後の社会参加が困難になっていることも，合わせて示した。

　それぞれの調査報告書が指摘した高齢受刑者処遇に存する問題は以下の3点に整理することができる。

　1点目は刑事施設の建物の構造上，介護ケアに十分に対応できていない点である。居室から散歩道までが離れているために，高齢受刑者にとっては散歩道に出ることすら困難である構造となっているため，高齢受刑者の運動の機会が制限されているとした。SÉNAT はこれらの結果を踏まえて，高齢受刑者により適した処遇が必要であると提言した。

　2点目は，ASSEMBLÉE NATIONALE の，刑事施設のハード面に存する問題のみならず，ソフト面，すなわち刑事施設内における医療的・福祉的対応の不十分さについての指摘である。高齢受刑者において心身の健康に何らかの問題を抱えている者が増加しており，彼らは医療的あるいは福祉的措置を必要としているにもかかわらず，彼らの医療や福祉ケアへのアクセスが十分に確保されていないという問題が生じていた。これは，VASSEUR が指摘した問題が SANTÉ 刑務所・拘置所以外の刑事施設でも生じていたことを意味する。

　3点目は，ASSEMBLÉE NATIONALE による高齢受刑者に対する適切かつ十分な医療的・福祉的対応の欠如は，高齢受刑者の健康を害するのみならず，その生命をも脅かす可能性があるとの指摘である。さらに，同議会はこのことは彼らの尊厳をも傷つけるものでもあると，批判した。さらに，要介護状

態にある高齢受刑者が増加しており，刑事施設内における医療的・福祉的対応について見直さなくてはならない状況が生じていたにもかかわらず，司法省行刑局が調査研究を行ってこなかったことに対しても強く批判した。

　このような高齢受刑者処遇の実態を受けて，ASSEMBLÉE NATIONALE は医療的・福祉的ニーズを有する高齢受刑者の早期釈放制度の運用状況についても分析を行った。調査実施当時の法制度において，劣悪な環境である刑事施設からそのような高齢受刑者を釈放する道として，病院への移送と大統領による治療を理由とする恩赦 la grâce médicale があった。前者については，死期が迫っている受刑者については，可能な限り，刑務所職員が利用していたが，後者の運用には，2つの大きな問題点があることが明らかにされた。

　ひとつめは，恩赦申請が少なく，許可もされにくかった点である。同報告書が実際に引用している数値をみると，1999年には申請がなされた33件のうち，実際に恩赦が認められたのは18件であった。ここで問題とされた恩赦申請と恩赦許可の「消極さ」については詳細な言及はなされていない。

　2つめは手続きに時間がかかる点である。同報告書は，AIDS 患者支援に関わるアソシアシオンの一つである，Act-Up の E. COSSE 代表（当時）によるこの制度への批判を引用することにより，手続きの迅速化の必要性を強調している。Act-Up では AIDS を発症したセクシャルマイノリティに対する支援を行っており，その活動の一環として受刑者に対しても支援を行っている[11]。彼女の主張は以下の通りである。「医療を理由とした恩赦を申請する人々は死期が迫っている。それゆえ，手続きの迅速化が必要となる。申請者の中には，決定の前日に亡くなった人も複数いる」。

　以上の問題点を受けて，ASSMBLÉE NATIONALE における調査報告書の作成者も，治療を理由とした恩赦制度の見直しが必要であると指摘した[12]。具体的な解決策として，恩赦は大統領に決定権限があるが，刑罰適用裁判官にその権限を移す，その決定の際に当該受刑者が死の危険をもたらす病気に罹患していることを，医師の診断によって明らかにするといった条件を付すといった改正を提案した。さらにこの手続きは重病の受刑者のみならず，後期高齢かつ要介護状態の受刑者 détenus très âgés et dependants においても非常に重要であるとしている[13]。したがって，彼らに対する早期釈放は，次の2つの視点から

確保されなくてはならないと述べた。すなわち，1つは彼らへの医療的・福祉的対応を確保するため，もう1つは，そのような受刑者の拘禁は「安全」の視点からはもはや正当化されえないため，である。

さらに両報告書は，医療的・福祉的ニーズを有する高齢出所者の社会参加の困難さについて指摘した。SÉNAT は高齢受刑者の多くが長期刑に服していることから，社会から隔離される期間が長く，家族的社会的に孤立していることを指摘した。この点にくわえて，性犯罪につき有罪宣告を受けた高齢受刑者においては，当該性犯罪の被害者が自身の孫や子などの家族であるケースが少なくない[14]ことから，そのようなケースにおいても家族との絆が断絶していることが多いものと思われる。その場合には，より手厚い帰住先の確保や，在宅サービスの確保等の生活支援が必要である。さらに，高齢受刑者の場合には，その他の受刑者と異なり，本人の医療的・福祉的ニーズの状況が帰住先の確保に大きな影響を与えうる。すなわち，医療的・福祉的ニーズが大きい場合には，身の回りのことを自分ですることができる人を入所対象としている施設への入所は非常に困難である。それゆえ，病状や要介護状態が軽いうちに，あるいはより体力があり，病気のリスクが小さいより若いうちに早期釈放する必要がある。これらの状況から高齢受刑者においては，その他の受刑者よりも環境調整が困難であるとされているのである。

■ 高齢受刑者への医療的・福祉制度の脆弱さ

VASSEUR や両議会による調査報告書は，高齢受刑者に対する刑事施設内での医療的・福祉的対応の不十分さから，高齢受刑者が悲惨な拘禁状況におかれているといった問題状況を指摘した。その問題状況について，フランスにおける刑事施設内での医療的・福祉的制度を踏まえたうえで確認する。

フランスの犯罪者処遇においては，対象者が有する医療的・福祉的ニーズに対しては医療制度および福祉制度の枠組みで対応する，という原則[15]がある。この原則に基づいて，刑事施設内における介護ケアについても専門のアソシアシオン[16]によるサービスを受けることができる[17]。それらのサービスでは，当該高齢受刑者の医療的・福祉的ニーズに十分に対応しきれない場合には，治療を理由とする恩赦や仮釈放といった早期釈放制度を用いて，社会で医療的・福祉的サービスを受けることとされていた[18]。このように，受刑者に対しては一般市民

と同じ医療的・福祉的制度枠組みで刑事施設内でもそれらの対応を受けることができる制度が設けられていた。

　この制度の核心には，受刑者処遇の目的の柱のひとつを彼らの社会参加の促進においている点があると思われる。LENOIR の定義によれば[19]，「社会的排除」とは経済的困窮，衣食住が不十分なこと，施設への隔離，医療や教育等へのアクセスの不平等である。この状態を打開するための取組が，社会参加のための取組である。この定義を基礎とすれば，適切な公的サービスの確保は社会参加の促進の第一歩といえよう。

　ここでは，高齢受刑者への医療的・福祉的対応をみる前提として，まずは刑事施設内における受刑者への医療・福祉サービス制度の概要を確認する。フランスにおける刑事施設内での医療・福祉サービスの特徴は以下の2点にまとめることができる。一点は，医療的ニーズは一般医療の領域で，福祉的ニーズは一般福祉の領域で扱われている点[20]，もう一点は医療サービスには医療保険が，福祉サービスには社会的扶助が適用される点である。

■ 受刑者の医療的ニーズへの対応

　刑事施設内医療は，公衆保健衛生および社会的保護に関する1994年1月18日の法律 Loi du 18 janvier 1994 relative à la santé publique et à la protection sociale 以来，保健衛生省 ministere de la Santé の管轄とされている[21]。それゆえ，刑事施設内の「診療と外来室 unité de consultations et de soins ambulatoires: UCSA」は刑事施設と協定を結んだ近隣の病院の出張所として扱われている。基本的な医療ケアとして，UCSA では内科，歯科，婦人科，眼科等の疾患に関して治療，診断，助言が行われる。さらに，様々な疾患の予防および啓発活動[22]も行っている。また，UCSA の医師は新入受刑者の健康診断［刑事訴訟法典 R. 57-8-1条］や出所予定者の支援［2009年11月24日の行刑法53条］も行っている。新入受刑者の健康診断で問題が明らかになった場合には入所時から適切な治療を行うために実施される。なお，継続した治療が必要であると思われるケースに関しては，出所後の治療の確保に関する支援も行われる[23]。

　UCSA では対応が困難な医療的ニーズに関しては他の専門機関が医療的サービスを提供する場合がある。その専門機関としては，FRESNES 病院，「安全病院 Unité hospitalières sécurisées intérregionales: UHSI」，「刑事施設

精神科 Secteurs de psychiatrie en milieu pénitenaire: SPMP」,「特別医療区 Unité hospitalieres specialement aménagées: UHSA」,「処遇困難な疾患に罹患した受刑者のための施設 Unité pour malades difficiles: UMD」がある。FRESNES 病院および UHSI は入院を要する身体の疾患に罹患した受刑者を引受けており，SPMP, UHSA, UMD は精神疾患に罹患した受刑者を引受けている。

　FRESNES 病院は刑事施設被収容者［未決者も含む］を専門的に引受けている病院である。中長期の入院を要する受刑者がフランス全土の刑事施設から患者として移送される。この病院には司法省に所属する病院内の安全確保を職務とする行刑局職員と保健衛生省に所属する医療ないし福祉職員［看護師，医師，ソーシャルワーカー］である。FRESNES 病院のほかに，身体上の疾患に罹患した受刑者を受け入れる施設として UHSI がある。UHSI は大学病院の一部に設けられた安全区画である[24]。UHSI は治療手段の合理化，医療施設の職員と利用者への安心感の付与，そして特別な医療設備の利用を目的として創設された[25]。8施設(TOULOUSE, LILLE, BORDEAUX, NANCY, FRESNES, MARSEILLE, LYON, RENNES) 設けられており，合わせて182床用意されている。これらの施設には，各管区内の刑事施設から48時間以上の治療が必要な受刑者が移送される[26]。

　一方で，精神病患者に治療を提供する施設としては，まず SPMP がある。SPMP は UCSA と同様，刑事施設内に設けられた病院の一部局として扱われている。フランス国内の26の刑事施設に設けられている[27]。SPMP の役割としては，精神病の徴候を発見すること，自殺の予防，一般市民と同質の治療を提供すること，移送後や収容後の継続した治療の提供等が挙げられている。さらに，薬物やアルコール依存者に対する支援も行っている。基本的には昼間に治療を行っているが，必要な場合は夜間の宿泊も可能である。ただし，実際には夜間の治療は対応しきれていないと指摘されている[28]。

　そのほかに，精神病患者を専門的に収容している施設として UHSA や UMD がある。UHSA では長期間の治療を必要とする治療に同意した受刑者および，治療の内容にかかわらず治療に同意していない受刑者を受け入れている。従来，当該受刑者が治療に同意している場合には SPMP における治療が，同意がない場合には職権で外部の医療機関が治療を行っていた。しかしなが

ら，職権での治療の場合には司法警察官や憲兵の付添いが付かないため，医療機関が受刑者の引受けをためらうようになった。そこで，治療への同意がない受刑者を引受ける精神医療施設として UHSA が創設され[29]，フランス全土に17施設705床設けられている。精神病を患っている受刑者の中でも，特に「危険」であると判断された受刑者は，UMD に収容される。UMD は2012年段階で，フランス国内で4箇所（VILLEJUIF, CADILLAC, MONTFAVET, SARREGUEMINES）に設置されており，定員は合計460人である。ASSMBLEE NATIONALE の報告書によれば[30]，2008年には199人の受刑者が UMD に収容されていた。

■ 受刑者の福祉的ニーズへの対応

受刑者に対する福祉サービスについては，2009年11月24日の行刑法50条は以下のように定めている。「公衆保健衛生法典 L. 1111-6-1条が定める障がいの[31]条件を満たす全ての受刑者は自身の選択で援助を受ける権利を有する。行刑局は特別に理由を付した決定によってその選択を妨げることができる[32]」。この条文が規定している通り，福祉サービスを必要とする受刑者に対しては，一般の福祉制度である福祉・医療福祉サービス service social et médico-social が用いられる。この制度は1975年6月30日法律 Loi d'orientation en faveur des personnes handicapées によって創設されたものであるが，個々のニーズに対応すべく具体的なサービスに関する規定は設けられていない。この制度においては在宅サービスと施設サービスがあり，刑事施設に収容されている受刑者については在宅サービスが提供される。このサービスは在宅援助資格証書を持つホームヘルパーが食事の介助，トイレの介助，身体を清潔に保つための介助，寝起きの介助といった軽度の介護ケアを行う[33]。さらに，これらの介護サービスを十分に提供するために，バリアフリー化，介護ベッドの設置，介護スタッフがサービスを提供するのに十分なスペースの確保が試みられている[34]。当該受刑者の福祉的ニーズによっては，より適切な福祉サービスを受けることができる施設へと移送され[35]，施設サービスを受けることがある[36]。これらのサービスはともに，福祉サービスを提供する自治体の組織や民間のアソシアシオンが実施することもあれば[37]，他の受刑者が刑務所内労働として行うこともある。

■ 刑事施設内医療・福祉制度における医療保険と社会扶助の適用

　フランスの刑事施設内での医療および福祉サービスの担い手が当該刑事施設の職員ではない，それぞれの専門家である点にくわえて，刑事施設内でのそれらのサービスには医療保険や社会扶助が適用される点も，特徴的である。

　2009年行刑法には，受刑者に保障される社会的権利に関する規定が設けられている。それらの前提として，刑事施設内の作業は「刑務作業」ではなく，「労働」として位置づけられている。すなわち，2009年行刑法33条は「刑事施設における労働活動への受刑者の参加は，刑事施設において司法省行刑局が作成した取決め un acte d'engagement に基づいて実施される。刑事施設長と受刑者とが署名したこの取決めには，労働上の権利義務ならびに労働条件とその報酬について記載される」。法律上，この報酬には最低賃金 le salaire minimum de croissance: SMIC が適用されることになっているが，しかしながら，実際にはSMICの基準は満たされていない。「労働」に従事している者においては，報酬から社会保険費が天引きされている。さらに，受給資格を持つ高齢受刑者は刑務所に収容されている間も老齢年金を受給することができる。この点について，刑務所への収容前にすでに老齢年金を受給していた高齢受刑者については，継続して受給することができる。個々の財産権保護の観点から，受刑者は年金の振込先として，自身が有する外部の金融機関の口座か，あるいは刑務所内で管理することができる個人口座 compte normatif のいずれかを選択することができる。さらに，拘禁中に老齢年金受給年齢に達した場合，一般の場合と同様に年金を受給し始めることができる。しかしながら，実際には拘禁により保険料拠出や保険加入期間等の受給要件を満たすことはより困難であると指摘されている。

　そこで，高齢や障がいであることを理由として，労働に従事することができず十分な所得がない場合には，成人障がい者手当 allocation adulte handicapé：AAH［以下，AAHとする］，高齢者連帯扶助 allocation de solidarité aux personnes âgées：ASPA［以下，ASPAとする］等の最低所得保障を受けることができる。この手当は，主に食品，衣料等の日用品の購入に充てられ，医療費および福祉サービスには別の手当が支給される。

　疾病に係る医療費についてはすべて医療保険でカバーされる。刑事施設入所

と同時にすべての被収容者が民間企業被用者を対象とする一般制度に加入する。拠出金については，刑事施設内で「労働」に従事している場合にはその報酬から天引きされるが，報酬がない場合には国庫で賄われる。

一方で，福祉サービスを受ける際には，社会扶助 aide sociale を受給することができる。要介護状態にある高齢受刑者に支給されるのは，自立に関する個別的給付 allocation personnalisée d'autonomie: APA である。[48] この APA の受給要件は以下の通りである。①60歳以上であること，②心身の不調を理由に自立が困難な者，③日常生活において重要な行為の実行につき介助を必要とし，日常的な監督を要する者，④フランスに定住している者，⑤外国人においては，フランスの滞在許可を法的に得ていること，の５つである。なお，APAはその収入状況から認められないこともある。[49]

以上のように，フランスの刑事施設内の医療および福祉制度においては，担い手と費用への手当の点で，日本のそれと大きく異なる。フランスにおけるこれらの取組は，塀の外と中の医療的・福祉的対応の格差をできる限り是正するためになされている。一方で，日本では刑事施設内での医療は各刑事施設職員としての医師や非常勤医師によって実施されている。また，看護師については，刑務官が准看護師の資格をとって対応にあたっている場合もある。さらに，福祉的対応については他の受刑者があたっており，刑務所内で外部の介護福祉士等の専門家が対応することはない。この点については介護保険法63条によって，受刑者を介護保険の対象外としていることから法制度そのものがフランスと大きく異なるのである。すなわち，日本とフランスでは受刑者に対する医療・福祉制度の社会化・一般化という点で大きく異なる。これは，受刑者における一市民として医療的・福祉的対応を要求する権利の保障にも大きく影響を及ぼしている。医療的・福祉的部門が刑事施設の指揮系統下におかれている限り，制度上運用上，統制あるいは安全の視点から受刑者の医療的・福祉的対応を求める権利を制約するおそれを払拭することができないだろう。

■ 高齢受刑者の医療的および福祉的ニーズへの対応の資源の不足

1994年に刑事施設内医療を司法省ではなく，保健衛生省の管轄においたことにより，フランスの制度は受刑者に対する医療的・福祉的対応を確保することを可能とする構造となっている。しかしながら，人的資源や医療設備の不足等

ゆえに、実際には医療的・福祉的対応の十分な質の確保は非常に困難であるとされている。

2000年に出されたASSEMBLÉE NATIONALE報告書は、2000年当時、これらのニーズに対処することができる刑務所職員は少なく、設備も乏しく、これらの人々に対応しきれていなかった、と指摘している。さらに、Observatoire International de Prison: OIPが2010年9月に実施した調査によれば、53のUCSAが要介護・介助状態にある受刑者の受け入れに対応していないと回答した。さらに回答した60％のUCSAが、そのUCSAが設置されている刑事施設にはバリアフリーに対応していないと回答した。

この問題を象徴的に示すものとして複数の文献で紹介されている事例がある。高齢受刑者が多く収容されていたLIANCOURT刑務所に、前立腺がん、腎臓不全および心不全を患った半身麻痺の83歳の受刑者が収容されていた。そこで彼は移動に関しては車いすの貸与といった措置が取られていたが、半身麻痺への治療は何ら行われていなかった。その後、FRESNES病院に移送されたが、そこでも半身麻痺に関しては何ら治療が行われず、世話もなされずに、寝たきり状態にされ、彼は自身の尿で汚れた状態で放置されていた。そのように、適切な対応がなされなかった結果、自身で身の回りのこともできなくなり、トイレにすら一人では行くことができなくなった。

これらの問題状況を受けて、高齢受刑者に対する刑務所内医療・福祉サービスの充実が試みられてきたものの、いまだその試みは不十分であるといえよう。Mission régionale Rhone-Alpes d'Information sur l'Exclusion［以下、MRIEとする］による「刑務所、保健そして高齢化」と題された報告書（2010）は、高齢受刑者自身も医療・福祉的対応が不十分であると感じ、不満に思っている者がいることを示した。

MRIE調査の対象となった133人の高齢受刑者の医療的・福祉的ニーズの状況についての調査結果をみる。健康上の問題に関する問いに対して「ひとつもない」が16％、「1または2つ」が24％、「3または4つ」が22％、「5つ以上」は38％であった。すなわち、約8割の高齢受刑者が、睡眠、腰痛、不安、物事への集中および記憶に関する問題などの健康上の問題を抱えているという結果が示された。さらに、実際に日常動作に関する介護を必要とする者は、全体の

52％（69名）を占めた。

　これらの健康上の問題について，刑事施設に入ってから「悪化した」と答えた者が全体の56％を占めていた。ついで，「ほぼ変わらない」が34％，むしろ「改善された」が10％であった。ただし，この現象は刑事施設内での医療的・福祉的対応の不十分さのみから生じるものであるのか，一般的に高齢化に伴う不調から生じるものであるのかについては定かではない。それは，「年齢を考慮するとあなたの健康状態はどうですか？」という問いに対して「優れているexcellent」は5％であったものの，「良好 bon」は28％，「ふつう moyen」は50％であったからである。この点については，さらに一般の高齢者や非高齢受刑者における健康に関する意識調査との比較，さらに医師や介護サービスの専門スタッフからの一般の高齢者と高齢受刑者との健康状況の比較調査を行う必要があろう。さらに，「社会と刑事施設を比較してあなたの健康状態に関するニーズにあった介助はなされていると思いますか？」といった問いに関しても「はい」が63％を占めている。その一方で，必要とする介助そのものがなされていないと回答したのが21％，必要とする程度までは介助を受けていないと回答したのが11％であった。すなわち，同調査の対象となった高齢受刑者の約3分の1が，適切かつ十分な医療的・福祉的対応を受けていないと感じている。

　以上から，刑事施設内における高齢受刑者に対する医療的・福祉的対応は不十分と言わざるを得ない。この背景には，フランス政府の財政が逼迫している点や，医療や福祉を外部機関に任せたことによる地域差が生じている点があると考えられる。すなわち，フランス財政の逼迫により，行刑施設における備品の確保やバリアフリー化等の対応が非常に困難な状況にある。それゆえ，これらの点については十分な対応ができていない。さらに，サービスの地域差については，福祉サービスを提供するアソシアシオン自体が少ない県や福祉機関や医療機関が刑事施設から遠いという事情がある。この問題状況は，刑事政策の領域内で解決することは非常に困難である。

　この医療的・福祉的対応の不十分は，高齢受刑者の病状や要介護状態を悪化させるおそれがある。さらに，適切な介護の欠如は認知症を引き起こす可能性もある。したがって，刑事施設出所時には医療的・福祉的ニーズがより重大になっている高齢受刑者が少なからずいる。彼らに対しては，出所直後からの医

療的・福祉的対応が必要となる。そこから，高齢受刑者に対する社会的参入の困難性が生じている。

■ 医療的・福祉的ニーズの重大さから生じる高齢受刑者への社会参加の困難さの実態

　フランスでは，「刑事司法におかれた者 personne placée main de la justice: PPMJ」に対する環境調整は，Service pénitentiaire d'insertion et de probation: SPIP が行っている。SPIP は対象者と面接を行い，彼らのニーズを把握した上で，宿泊所，就労支援，薬物依存プログラム，医療サービス，福祉サービス，公的扶助等適切な社会的資源をコーディネートする役割を担っている。SPIP のほかに，民間の各種アソシアシオンも環境調整において重要な役割を担っている。[58]

　SPIP やアソシアシオンが対応している，高齢受刑者の環境調整に存する困難として以下の2点が指摘されている。1点目としては，高齢受刑者と家族とのつながりがより途切れやすいという点である。未成年に対する性犯罪のうち，特に自身の子や孫に対して行っているケースにおいては，当該高齢受刑者の家族は加害者の家族であると同時に，被害者の家族でもある。一度切れてしまったつながりを修復するのは非常に困難であり，出所後家族のもとに帰ることができないケースは多々ある。このことから，社会復帰に向けて，家族と受刑者とのつながりを維持するためのより充実した支援が必要であると指摘されている。[59] 出所後，家族のもとに帰ることが困難な場合には施設や居宅で一人暮らしとなる。前出の MRIE 調査においても，受刑者本人としては，一人暮らしを考えている割合が多い。すなわち，「出所後，自分に適した帰住先はどのような住居ですか」との問いに対して，一人暮らしが81％，家族の家が27％，宿泊施設が7％であり，老人ホームは1％（1人）のみ［複数回答あり］であった。さらに出所後年金による収入で生計を立てる予定であると回答したものが全体の89％にも及ぶことから，出所後のひとり暮らしの資金があるものと思われる。また，年金が不十分であっても，フランスでは高齢者に対して充実した最低所得保障制度がある。そこから，そもそも高齢者に対しては充実した所得保障制度が設けられている。それゆえ，出所者の所得保障はそれほど大きな問題となっていないものと思われる。ここではむしろ，高齢出所者の「孤立」と

いう意味で社会参加が阻害されうる。

　一方，一人暮らしが難しい場合，たとえば日常的かつ専門的な医療・福祉サービスを必要としている場合には，環境調整の問題が生じうる。この点が，高齢出所者の環境調整について困難とされる２つめの点である[60]。しかし，それらのニーズに対して専門的な対応を行うことが可能な老人ホームはそもそも少なく，かつ多くが小規模である，という物的な問題と，出所者を受け入れることに対して，安全の視点から抵抗が根強いという主観的な問題があり，環境調整が非常に困難であると指摘されている[61]。したがって，フランスでは，出所後の環境調整について，金銭的な問題への対応よりも，むしろ医療ケアや福祉的介護の確保に関する問題のほうがより深刻なものとしてとらえられている。

2　ヨーロッパ人権裁判所2001年６月７日決定による勧告

　緊急の対応が必要な，あるいは日常的な対応を必要とする医療的・福祉的ニーズを有する高齢受刑者が十分かつ適切な対応を受けることができず，劣悪な拘禁状況におかれているという事実を受けて，両議会では，そのような高齢受刑者を保護するための手段として新たな早期釈放制度を整備することを検討し始めた。この動きを加速させたのが2001年６月７日のヨーロッパ人権裁判所による M. PAPON c France 決定である[62]。同決定は，フランスにおける高齢受刑者への早期釈放制度の創設に大きな影響をもたらしたのみならず，その見解においてヨーロッパ人権条約から導かれる高齢受刑者処遇に関する議論の核となる理念を示した。

■ 事実の概要[63]

　原告はフランスの元政治家 M. PAPON（1910-2007年）である。PAPON は1942年，ジロンド県の事務局長に就任した。彼が県事務局長を務めた1942年から1944年の間に，ジロンド県在住の1560人のユダヤ人をドイツ当局に引き渡したとされる。この1560人には高齢者や子どもも含まれていた。彼らはドイツ当局に引き渡された後，PARIS 北部の収容所を経由し，多くがアウシュビッツで亡くなった。PAPON はこの件について訴追されることなく，その後もパリ警視総監，シェール県議員，そして R. BARRE 政権下での予算相を務めるなど，政治家として活動していた。しかしながら，1981年に le Canard enchaîné

紙がフランス在住のユダヤ人が強制収容所に送致されたことにPAPONが深く関わっていたことを暴露したことを一つの契機として，1983年1月にユダヤ人被害者の遺族がPAPONに対して私訴権を行使した。なお，「人道に対する罪」は戦争及び人道に対する罪に対する時効不適用条約1条により時効は成立しない。1996年9月，「人道に対する罪」でジロンド重罪院はPAPONに対する裁判開始を決定した。PAPONは，1983年，第2次大戦中多くのユダヤ人を強制収容所に送還を黙認したことにつき，人道に対する罪が成立する可能性があったとして，検察は逮捕，監禁，殺人関与の3つの犯罪に対して，重罪禁錮20年を求刑した。1998年，ジロンド重罪院において，陪審は公訴事実のうち逮捕，監禁を認定し，重罪禁錮10年を言い渡した。量刑に際して，陪審はPAPONが審理中主張し続けた，「高齢」と「健康状態」の2つの因子も考慮されたとされる。

　この有罪宣告に対してPAPONは破棄院に破棄申立てを行ったが，破棄院の審理前日になり，スイスへと「逃亡」した。旧刑事訴訟法典は，被告人は破棄院での審理前日に拘置所に宿泊しなくてはならない旨を規定していた。「逃亡」によりPAPONがその規定に違反したことから，破棄院は1999年10月21日に，事前準備手続きの不備から原告の破棄申立てを退ける決定を下した。これにより，PAPONに対して重罪拘禁10年が確定した。その決定後，PAPONは逮捕され，そのままFRESNES病院に収容された。

　PAPONは逮捕後，1999年10月22日から1999年11月13日まで，FRESNES病院の隔離区にある単独室に他の受刑者と同様の拘禁状態で収容されていた。1999年11月13日，PAPONの拘禁状況，特に単独室の気温がとても低い点は「容認しがたい」とする代理人からの申請を受けて，行刑局は，より適した拘禁環境のもとに原告を置くべく，SANTÉ刑務所・拘置所に彼を移送することを決定し，ただちに移送された。移送先のSANTÉ刑務所・拘置所では，PAPONは所内に一部屋しかない呼び鈴付の「VIP」室に収容された。

　その後，PAPONは医師による診察を受けて，1999年12月23日と2000年10月24日の2度にわたり当時のシラク大統領に治療のための恩赦を申請するも，その申請は却下された。その一方で，PAPONは自身の拘禁状況について，2000年3月19日，4月21日，7月1日の3度，同刑務所所長に手紙を送った。彼は

その手紙を通して,夜間から朝4時あるいは5時ごとに何度も光が点灯していることを訴え［3月19日と4月21日に同所長に出された手紙］,せまい廊下での散歩も見張られていることに対する不満を訴えた［7月1日に同所長に出された手紙］。これらの訴えにもかかわらず,拘禁状況がいっこうに改善されないと感じたPAPONは上記3点および,高齢かつ心臓病歴のある自身の健康状態に合った医療的・福祉的対応が十分になされていない点について,これらの扱いはヨーロッパ人権条約3条が禁止する「非人道的かつ品位を傷つける」ものであるとして,2001年1月10日にヨーロッパ人権裁判所に訴えを提起した。[68]

PAPON側が主張した彼の健康状態および拘禁環境は以下の通りである。

1996年,PAPONは86歳のときに3本の冠動脈バイパス手術を受けた。恩赦申請の際に検事総長に送付された2000年1月4日付の診断書には,拘禁の継続により彼の心臓の状況が悪化するとし,ペースメーカーを即座に取り付けるために心臓専門医療機関に緊急に移送すべきとの所見が記載されていた。この心臓病の治療のために,PAPONは1999年,2000年,2001年[69]に計3回入院した。3回目の退院の直後に,PAPONが入院していたCOCHIN病院内科医局長SICARD医師が診断書を作成した。この診断書は以下のようにまとめることができる。すなわち,①日常生活の妨げとなるほどの疼痛があり,近時は面会室に行くために必要な階段（1階から2階まで）を自力で登ることですら非常に困難な状況になっている。この階段の上り下りに関する困難は「障がい」有無の判断の境目とされているようである。②普段の調子は良く,意識もはっきりしている。脈拍,血圧,肝機能等に関する数値も異常はない。③タリウム注射24時間後の心臓のシンチグラフィによれば,心臓の前方と後方において,2つの定集積領域が,心筋炎が生じる可能性があった。これらのPAPONの状況について,SICARD医師は,①の疼痛は3本のバイパス手術に由来するものである。さらに,現在,体調は安定しているが,現在罹患している進行性の冠状動脈における疾患は,必ず心臓発作が起こるリスクを危惧させるものであり,拘禁中の急死が突然起こりうる事態は避けられないとした。その上で,「心臓や冠状動脈に疾患を有する90歳［近く］の男性を拘禁し続けることは,本質的に急死のリスクを軽減するものではないことは明らかなように思われる」と,拘禁の継続を否定する所見を示した。

PAPONの主張に対し，フランス政府は刑事施設に拘禁されているとしても，PAPONへは一定の医療サービスは確保されているとした。具体的には，刑事施設内には，診察と治療のための医務部が設置されており，そこで医師と看護師によって一般的な診察，1日に2回の看護師による介助，生化学的な検査，週に一度の心電図を受けることができる。くわえて，COCHIN病院の心臓の専門家の診察，心血管検査が実施されていた。

■ ヨーロッパ人権裁判所の検討および判断

　PAPONの訴えに対して，ヨーロッパ人権裁判所はヨーロッパ人権条約35条に基づいて不受理の決定を下した。同35条は「裁判所は，一般的に認められた国際法の原則に従ってすべての国内的な救済処置が尽くされた後で，かつ，最終的な決定がなされた日から六箇月の期間内にのみ，事実を取り扱うことができる」と規定している。まず，同条前段について，ヨーロッパ人権裁判所は，PAPONは施設長に手紙を送ったのみであり，裁判所に訴えを起こしてはいない点から「国内的な救済処置が尽くされた」とは言えないと判断した。さらに，同条後段についても，「2001年1月10日に提起されたこの訴えにおいて，原告は上記期間を超えてから訴えを起こしており，ヨーロッパ人権条約35条4項を適用して棄却されなくてはならない」として，PAPONの訴えを不受理としたのである。

　しかしながら，ヨーロッパ人権裁判所は，両者の主張を整理した上で，PAPONへの対応がヨーロッパ人権条約3条に反するものか否かについて見解を示した。

　まず，同裁判所は被告であるフランス政府の主張を以下のように整理した。

　原告はいかなる緊急事態にも対応しうる治療体制のもとに置かれていた。彼が受けていた医療の質は十分なものであり，被告はSICARD医師の診断書が原告の通常の健康状態は良好としていることから，被告はPAPONの健康状態について，宣告刑の執行に耐えることができるものであると考えていた。さらに，刑事施設長への手紙の中で原告が訴えた不服についてはすでに解決されていた（開閉式小窓に取り付けられた鎖の交換，シャワールームへのいすの設置等）。以上から，PAPONの拘禁を継続することは「拘禁に伴う不可避の苦痛」を超えるものではなく，彼をSANTÉ刑務所・拘置所に拘禁し続けることは「非

人道的な扱い」を構成しない。したがって，ヨーロッパ人権条約3条には反しない。

次に，同裁判所は原告PAPONの主張を以下のように整理した。

PAPONは2000年に出されたSÉNATおよびASSEMBLÉE NATIONALEによる報告書および，元司法大臣のR. BADINTERのコメントに基づいて，いかなる状況であれ，90歳以上の人物の拘禁はそれ自体，本質的にヨーロッパ人権条約3条に違反するものである，と主張した。くわえて，PAPONの健康状態について現時点では良好であるが，いつ心臓発作が生じてもおかしくないとしたSICARD医師の所見に基づいて，共和国大統領に恩赦の申請を2回した事実を強調した。この所見からPAPONの拘禁を継続し，その突発を助長しうることは死刑を実現させるものとなるに等しいと強調した。最後に，原告は自身の拘禁状況の様々な点について不服を述べ（加湿器から出る熱い蒸気，短すぎる小窓の鎖，その鎖が短すぎて窓を開けるときにはいすに登らなくてはならないこと，シャワーに取手がないこと，夜間に照明が点灯すること，行くまでの道が険しすぎるために散歩スペースで散歩できないこと等），拘禁による継続的なストレスから自身の病状がより悪化したと，病理学的見地に基づいて詳細に説明し，被告の主張に反論した（心臓，肺，脚，ヘルニアのリスク等）。また，フランス政府が主張する医療サービスの提供について，PAPONは意義を唱えた。以上から，PAPONは自身の年齢と病気の状況から拘禁制度は彼自身にとって非人道的かつ品位を汚すものであると主張した。

両者の主張を受けてヨーロッパ人権裁判所はPAPONの拘禁状況について以下の事実を認定した。

PAPONはSANTÉ刑務所・拘置所の「VIP室」と呼ばれる区画の単独室に収容された。その単独室は12平米で，ベッドが1つ，テーブルが2つ，たんすが2棹，椅子2脚，テレビが1つそして，医局の要請により，車いす，自動加湿器が置かれていた。さらに，呼び鈴がPAPONのベッドの上に置いてあり，隣には監視係が常駐する丸い部屋があった。トイレスペースには便器と洗面台が，シャワースペースには特別な椅子が置かれていた。外部交通については，PAPONは日常的に家族や弁護人と面会をしていた。

PAPONは週に1回，他の受刑者の助けを受けながら居室のメンテナンスを

自身で行うほどの体力はあった。しかしながら，居室から散歩道までの道のりは遠く，散歩道にまで出るほどの体力はなく，彼は1日2回，せまい廊下を散歩することしかできなかった。

■ ヨーロッパ人権裁判所によるヨーロッパ人権条約3条の解釈の蓄積における本事案の位置づけ

　本事案における同裁判所の判断をみる前に，まず，同裁判所による受刑者処遇へのヨーロッパ人権条約3条の適用に関する判例の変遷をみる。

　ヨーロッパ人権条約3条は，非人道的もしくは品位を傷つける取扱いおよび刑罰を禁止している。刑罰の内容が同条に違反する場合，あるいは刑罰の内容は3条に違反しないが，刑罰執行途中の処遇において非人道的もしくは品位を傷つけられる取扱いがなされる場合が問題となる。ここでは，自由刑において拘禁の長期間の継続や劣悪な環境下での拘禁により，受刑者の心身の完全性 intégrité が侵害されるか否かが検討される。具体的には，当該処遇により侵害される権利および自由の程度が自由刑の執行に伴う不可避の程度を超えていないか［以下，この基準を侵害最小基準とする］，という点について検討される。この侵害最小基準の評価は相対的なものであり，訴因，処遇の状況，刑の執行形態，その期間，刑の執行による心身への影響，性別，年齢，被害者の健康状況といった因子を総合的に考慮する。具体的には，同3条は各政府に以下3点を義務付けているとする。すべての受刑者が人間の尊厳を尊重された状況で拘禁されなくてはならない，対象者に拘禁から生じる不可避の程度を超える苦痛を与えるものではならない，拘禁から生じる弊害を考慮して受刑者の健康と心身の充足感は特に要求されるケアに関わる行政によって適切な方法で確保されなくてはならない。この侵害最小基準は，判例の蓄積によって形成されてきた。

　受刑者処遇へのヨーロッパ人権条約3条の適用について，ヨーロッパ人権裁判所が最初に自身の見解を示したのは，1961年3月8日の Ilse KOCH c. RFA 判決であった。ヨーロッパ人権裁判所は KOCH の拘禁状況がヨーロッパ人権条約3条には違反しないことを確認したうえで，補論として以下の点を強調した。「原告が人間の最も根本的な権利を無視する永続的な犯罪を理由とした有罪宣告を執行されている受刑者であるとしても，ヨーロッパ人権条約にお

いて定める人権と自由の保障を彼女から奪うものではない」。この文言こそが，受刑者に対するヨーロッパ人権条約3条の適用に関する同裁判所の見解を象徴的に示しているとされている。同裁判所は，劣悪な拘禁状況が3条違反を構成するとした上で，「ヨーロッパ人権条約が定める受刑者から人権と自由をはく奪してはならない」という消極的義務 obligation négative を引出した。この消極的義務により，同3条は人間の尊厳を尊重する拘禁状況を「間接的に」保護する機能をも持つことが確認された。この意味で KOCH c. RFA 判決は重要な意味を持つ。この判決を契機として，自由刑の執行方法や期間に関して，ヨーロッパ人権条約3条の観点から争うことが可能となった。その後，ヨーロッパ人権裁判所は当該処遇が「受刑者の品位を傷つける処遇か否か」を判断する基準として，「当該刑罰の執行に不可避に伴う侵害」か否か，を検討するようになった。

　KOCH 判決では，そもそも受刑者の品位を傷つける処遇を禁止する国家の消極的義務は拘禁環境に内在する暴力を減らす意図で示されたと分析されている。しかしながら，ヨーロッパ人権裁判所は，vulnérable な受刑者については，消極的義務のみならず，受刑者の心身の完全性を積極的に保障する必要性をも強調するようになった。そこで，ヨーロッパ人権裁判所はヨーロッパ人権条約3条から消極的な義務のみでなく，受刑者の人権および自由を保障する積極的義務をも引出した。それを明示したのが，2000年10月26日の KUDLA c. Pologne 判決である。すなわち，この判決において，ヨーロッパ人権裁判所は穏当かつ適切な状況のもと拘禁されていないという事実がヨーロッパ人権条約に直接違反する，とした。この見解は消極的義務を超えるものであるとされる。このように，ヨーロッパ人権裁判所は積極的な受刑者の人権および保護の義務をも政府に課した。この義務には政府は当該受刑者の尊厳を傷つけない場所に被拘禁者を置くことも含まれる。この義務が守られているか否かを判断するにあたり，ヨーロッパ人権裁判所は当該受刑者を基準とするのではなく，「行刑機関の努力」の有無およびその内容を基準とした。この原則は，KUDLA 判決以降も採用されており，PAPON 決定においても採用されている。

　この原則に基づき，ヨーロッパ人権裁判所は当該受刑者の尊厳を尊重する行刑システムの整備を各国政府に要求した。さらに各国の財政状況にかかわら

ず，各国政府には受刑者の尊厳を尊重することを確保する行刑システムを構築する責任があるとした。この見解は拷問防止条約をも念頭においたものであるとされている[83]。

その後，ヨーロッパ人権裁判所はより客観的な事柄をより重視しつつある。2001年3月6日および4月19日の DOUGOZ et PEERS c. GRECE 判決[84]までは，ヨーロッパ人権条約3条違反の判断基準として，当該処遇が意図して行われたものであるかどうか，拘禁状況は客観的に不適当なものであるかの2点が重視されていた。すなわち，ここでは行刑機関の主観をも考慮されていた。しかしながら，それ以降，ヨーロッパ人権裁判所は拘禁の客観的な状況のみに着目し，侮辱する故意はもはや不必要であると主張した[85]。したがって，「客観的に不当な処遇[86]」がヨーロッパ人権条約3条違反を構成する。

「客観的に不当な処遇」であるか否かを検討するための基準が前述の侵害最小基準であるとされる[87]。ここでは，受刑者に対してなされうる自由と人権の侵害が「当該刑罰の執行にあたり不可避に伴う弊害」であるかどうか，が考慮される。この基準は当該ケースに存する諸事情を総合的に検討した上でケースごとに具体的な基準が設定され，その最低基準を超える侵害がなされていたかどうか，相対的な判断される[88]。この判断基準は，「自由を剝奪された」時点で，要求される保護のレベルがさらに高められてきたことにより，ヨーロッパ人権裁判所が要求する基準は，徐々に厳格なものとなってきているとされる[89]。具体的には，ヨーロッパ人権裁判所は，対象者から自由を奪うのに不必要な，過度の強制力の行使，および苦痛を禁止した。したがって，健康な受刑者が釈放時に負傷していた場合には，国家の代理人はその負傷の理由に対して合理的な説明を示さなくてはならない。フランスでは，この判例はまず警察留置に関して影響を及ぼし，その後受刑者にも拡大された[90]。ただし，その一方で，この受刑者において，侵害最小原則への違反を認めやすい流れを受けて，3条違反の「通俗化[91]」も指摘されている。その結果対象者の基本的人権について，ヨーロッパレベルでの保護が低下することになる，と批判されている[92]。

■ PAPON の拘禁状態へのヨーロッパ人権条約3条適用の可否に関するヨーロッパ人権裁判所の判断

高齢受刑者の拘禁について，ヨーロッパ評議会加盟国において，未決および

既決の拘禁を妨げる要素として高齢を設定している国はない[93)]。したがって，年齢は健康状況等のその他の要素とあわせることにより，刑の宣告のあり方あるいは，その執行のあり方が検討されうる。ヨーロッパ人権条約において一定の年齢を超えたものに対する拘禁を禁じる条文がないとしても，同裁判所は，一定の条件において高齢者の長期間の拘禁の継続がヨーロッパ人権条約3条の観点から問題となりうることを指摘した。しかしながら，長期刑の執行という事情のみからただちに3条違反を認めるのではなく，各事例における特殊な事情を考慮することが適切であるとした。

ヨーロッパ人権裁判所は，本案においてもこの慣習に従い，両当事者が提示した事情を総合的に判断した。

まず，PAPONの健康状態については以下のように認定した。90歳を越えるPAPONは健康，とりわけ心臓に問題を抱えており，その問題は，彼の移動の自由を制限している。彼はSICARD医師から，「意識ははっきりして」おり，「良好」との診断を受け，かつ要介護の兆候もなかった。また，刑事施設の医療スタッフと看護師により，あるいは，外部医療機関において，彼は日常的に医療的監督と治療を受けることができる状態であった。すなわち，この段階でのPAPONの健康状態については，被告の見解を支持した。

さらに，PAPONに対する医療的・福祉的対応に関しては以下のように判断した。PAPONが釈放された場合に受けることができるであろうものと同等の質の生活を受けることができなかったことが明らかであったとしても，刑事施設は可能な限り，彼の健康状況と年齢を考慮した対応を行っていた。このことは，原告が主張した諸問題（シャワー室に手すりがないこと，窓の鎖が短すぎること，散歩道に行くのに道が険しすぎること）に対して，政府が解決策（シャワー室への椅子の設置，鎖を長くすること，原告が狭い通路を散歩できるようにしたこと）が提示されたという事実からも明らかであった。PAPONが主張したその他の不便さ（夜間見回りの終わりに刑務官が照明を点灯すること）については，治安維持を理由として被拘禁者すべてに対して課されうる強制の一部であったとした。すなわち，同裁判所は被告がPAPONの医療的・福祉的ニーズを考慮して，可能な限り対応していたと認定した。

上記諸事情を総合的に判断し，ヨーロッパ人権裁判所はPAPONの拘禁状

況は侵害最小基準を満たすものではなかったと判断した。このような判断を示した一方で，ヨーロッパ人権裁判所は，PAPON の健康上の問題が年を経るごとに，深刻化するとして，フランス法において用意されている措置——治療を理由とする恩赦[94]あるいは，治療のための仮釈放[95]——を適用し，PAPON を釈放するようフランス政府に勧告した。

■ 本事案に対する評価

　PAPON 決定以前は，ヨーロッパ人権裁判所に提起された拘禁環境に関する訴えの多くが身体的な虐待や暴行行為に関するものであった。それゆえ，本件の高齢者に対する長期の拘禁に関する訴えは，その点で異例のものであるとされた[96]。その中で，PAPON が「高齢であること」のみを自身の訴えの根拠とするのではなく，先例がある健康の侵害をヨーロッパ人権条約3条違反の根拠とするという「合わせ技」については数人の論者が肯定的に評価している。その理由としては，以下のような点が挙げられている。すなわち，ヨーロッパ評議会の加盟国の中で，年齢は起訴や拘禁を妨げる要素とはされていない。さらに，決定当時フランスには PAPON とほぼ同年代の被収容者［一方が1910年生まれ，他方が1909年生まれ］がいたため，「高齢」のみを理由として3条違反としても説得力をもたなかったであろうとされている[97]。

　実際，本決定において，裁判所は受刑者が刑事施設内で治療を受ける権利を尊重した。その上で90歳以上の高齢者の拘禁はそれだけでは非人道的な処遇は構成しない[98]一方で，裁判所は決して「高齢」という因子を3条違反の根拠として全面的に否定はしていないという点には注目すべきであろう。すなわち，同裁判所は「長きにわたる高齢者の拘禁が3条に関する問題を提起しうることについては否定しない」と述べた。この裁判所の見解に対して CÉRÉ は以下のように述べている。すなわち，本決定は高齢受刑者の拘禁状況へヨーロッパ人権条約3条を適用することについて一貫した拒絶を示しているわけではない[99]。その一方で，RENUCCI は，同裁判所の消極的な見解を批判した。すなわち，高齢が拘禁を妨げる事情とされていないとしても，やはりその健康状況といった他の要素と併せて年齢を検討することができ，その意味で年齢は特別な状況に含まれなくてはならない。すなわち，実際には「高齢」受刑者の特性として，他の受刑者よりも多様かつ重大な医療的・福祉的ニーズを有する点があ

り，「年齢」と「健康状況」は切り離せない関係にある，と。ニーズが異なれば，必要な対応も異なる。それゆえ，高齢受刑者に対して設定される侵害最低基準と，その他の受刑者に対するそれとは異なるのである。

ただし，本事案において PAPON が日常的かつ適切な治療を受けていた点については疑いの余地は全くなかった。さらに，刑事施設においてさえ，彼は治療（医師の診察，1日2回の看護師の訪問，週1回の病理学の専門家と心電図の専門家の診察）を受けることができ，外部の病院で数回にわたり治療を受けてもいた。[100] BOITARD はそのような PAPON の個別的な事情を斟酌したうえで，同裁判所は「原告の状況は，3条の適用範囲に含まれる侵害最小の十分なレベルに到達していない」と考えたと，指摘した。[101]

CÉRÉ はこの点につき，拘禁中の治療を受ける権利とヨーロッパ人権条約3条の関係性についてさらに検討を掘り下げている。[102] PAPON は，高齢に加えて，いくつかの疾患を有していた。すなわち，心臓病の病歴，そして，本決定時においても進行している冠状動脈の病気である。ヨーロッパ人権裁判所は KUDLA 判決においても，重大な病気にかかっている者の拘禁がヨーロッパ人権条約3条に関する問題を提示しうることを認めていた。重病にかかっている被拘禁者に残された実質的な選択肢は，刑事施設内にとどまるかあるいは，外部の病院に移送されるかの2つである。ただし，刑事施設内に留まることを選択したとしても被拘禁者は何人も，刑務所内において適切な治療を受ける権利を有する。そこで，CÉRÉ は本案において提示された基本的な問題は，PAPON がその健康状態につりあう十分な医療的援助を受けていたか否か，であるとした。その上で，この点について，全ての受刑者に共通の解決策を引き出し，刑務所において提供される治療に関する一般原則を立てることは非常に困難であるとする。そこから，PAPON の「年齢」および「病気」の両方を含む健康状態と彼が置かれていた拘禁状況に関して個別具体的に判断しなくてはならない，としている。この点に関して，ヨーロッパ人権裁判所は，判例の蓄積により各国に対して，自由を奪われた人々の身体的な完全さを確保するという「積極的義務」を課している。そこから発展して，各国政府は病気の受刑者への治療を確保することも義務付けられている，とする。国がヨーロッパ人権条約3条に従っているか否かは，この義務を果たしているか否かで判断され

る。したがって，重篤な病人の拘禁は，この人物が刑務所で治療を受けており，諸機関が必要な場合には病院に入院させる義務を果たしている場合には，非人道的かつ劣悪な処遇とはみなされえない。

さらに，高齢受刑者においては時間を経るにつれて，体力の減退から健康状況が悪化することはあっても，その医療的・福祉的ニーズが劇的に減少する，あるいは軽くなることはない。この点に高齢受刑者と非高齢受刑者の違いがある。ヨーロッパ人権裁判所はこの点についても検討し，フランスはこの状況を人道化するための介入方法を整備しなくてはならないと勧告したのである。この勧告について，CÉRÉ は「高齢者の拘禁に固執した国家に実際上の有罪宣告を言渡した」ものとし，重く受け止めている[103]。したがって，フランス国内における課題は，その健康状況が拘禁と相いれなくなるほどに進行した場合，あるいは，行刑局が有効な医療的援助を彼にもはや確保できない場合に，PAPON に用いられるであろう実際上の解決策の整備であると CÉRÉ は主張した[104]。ヨーロッパ人権裁判所はこの点について，フランス国内法においてすでに用意されている措置――仮釈放および憲法17条および19条が定める恩赦――を用いて PAPON を釈放するよう勧告した。RENUCCI は実際，PAPON の拘禁はヨーロッパ人権条約３条に反するものはないが，しかしながら，彼の健康状況が悪化しつつある場合には早急に同３条違反に当たるとし，将来的な PAPON の釈放については賛成している[105]。ただし，PAPON の場合被害者遺族がまだ生存していることから，即座の釈放は時宜を得ないとしている。この点で RENUCCI は，CÉRÉ よりも PAPON の釈放に対してやや消極的であるが，いずれも重大な医療的ニーズを有する高齢受刑者の釈放に対しては肯定している点では共通している。

3　治療を理由とする刑の執行停止措置の創設

尊厳の尊重を核とする高齢受刑者処遇理念の具現化の第一歩として2002年３月４日の法律により「治療を理由とする刑の執行停止」が創設された。これにより，「受刑者」というアイデンティティではなく，「医療的ニーズを有する市民」としてのアイデンティティに基づいて適切かつ十分なケアを求める権利が法的に認められたといえよう。

■ **法案の萌芽**

　2000年に公表された刑事施設における劣悪な拘禁状況に関する調査報告書を受けて，まずは SÉNAT において高齢受刑者処遇のあり方について議論され始めた。この議論は2000年11月30日に SÉNAT へ提出された同院議員 J. J. HYEST および G. P. CABANEL による「刑事施設における拘禁状況および刑務所における統制に関する法案」に端を発する。2001年4月17日に提出された同法案に関する報告書[106]は，その背景について以下のような説明をしている。すなわち，2000年の SÉNAT の報告書により明らかになった刑事施設の劣悪な拘禁状況に対しては早急な対応が必要であったが，当時進められていた行刑法の準備作業は難航していた[107]。そこで，行刑法よりも小規模なこの「刑事施設における拘禁状況および刑務所における統制に関する法案」において，本来行刑法で規定すべき項目のうち，特に緊急の対応が必要な項目について対応しようとした[108]。同法案3条は執行されている刑罰にかかわらず「刑罰適用裁判官は『死の危険をもたらす病気にかかっていること』あるいは『その健康状態が完全に拘禁の継続と相いれないこと』を異なる医師の2つの所見により明らかにされた場合に刑事訴訟法典720-1条が定める刑の執行停止を命じることができる」と規定した[109]。つまり，HYEST と CABANEL は高齢受刑者への対応のうち，医療的ニーズへの適切かつ十分な対応が最優先であると考えたのである。すなわち，2000年の SÉNAT 報告書が指摘した，刑事施設の過剰収容に伴い高齢受刑者および病人も増加している事態への対応が必要である[110]，と。

　高齢受刑者への即座の対応が必要であるとされながらも，この法案は提出後審理されない状態が続いた。そんな中，2001年1月10日に PAPON がヨーロッパ人権裁判所に訴えを提起した後に，その状況に変化が生じた[111]。

　PAPON による申立ての後，まず法案委員会により上記法案に関する報告書が作成された。2001年4月17日に公表されたこの報告書は3条が設けられた背景に関して以下の通りに説明した[112]。刑事訴訟法典720-1条は「残刑が1年以下の軽罪禁錮刑にのみ刑の執行停止は適用可能である」と規定していた。この場合，治療命令，家族関係，職業関係あるいは社会的な理由があることが明らかにされ，かつ執行停止の期間は3年未満とされていた。同報告書はこの条件が狭すぎると指摘している。その他の刑罰が科されている者あるいは，3年を超

える期間の刑の執行停止を求める場合においては，大統領の裁量に委ねられ，さらにはその手続きの期間が長期にわたる治療のための恩赦が唯一の釈放の手段であった。2000年のSÉNATの拘禁状況に関する報告書では，治療を要する重大な病人が数多く存在しており，彼らには適切な医療的・福祉的ケアを提供することが必要である。そして，そのケアが刑事施設内では提供できない状態にある。そこで，ASSEMBLÉE NATIONALEの拘禁状況に関する報告書における提案から着想を得て，刑罰適用裁判官に治療を理由とした刑の執行停止を言い渡す権限を与える制度を検討したとされる。

　このような背景のもと挿入された同3条は以下の通りである[113]。すなわち，2人の異なる医師によって当該受刑者が死をもたらしうる重大な病気に罹患していることを証明した場合，および対象者の病気が完全に拘禁の継続と相いれないものであることが明らかにされた場合に，その刑罰にかかわらず刑の執行停止を言い渡すことができる。同法案では，その重大な病気としてアルツハイマーを挙げている。すなわち，アルツハイマーはただちに死の危険をもたらすものではないが，刑事施設内では十分な対応を採ることができない。このような病気に対しても刑の執行停止を言い渡すことができる。

　前述のASSEMBLÉE NATIONALE報告書における提案では「後期高齢者で要介護状態にある受刑者あるいは死の危険をもたらす病気にかかっている受刑者」に対して，刑罰適用裁判官が恩赦を言い渡すことができる制度を提唱していたが，SÉNATはより広い範囲の受刑者を対象とし，かつより手厚く手続きが保障される刑罰の修正の枠内に入れることを提案した。すなわち，2000年6月15日の無罪推定法において，刑の執行停止も仮釈放と同様，刑罰適用裁判官の面前における対審を経て決定がなされることとなった。さらに，その措置に対する刑罰適用裁判官の決定に対しては上訴が可能である。刑の執行停止措置の停止についても，同様の手続きを経て行われる。この手続きを用いることにより，恩赦の欠点を克服することを目指した。

　さらに，この法案委員会は3条案について，制度の適正な運用のために，刑罰適用裁判官が刑の執行停止が認められ釈放された対象者において，病状の診断を新たに実施することを認める規定をも取り入れるべきである[114]，と提案した。同報告書を受けて，同26日に開催されたSÉNAT全体での同法案に関す

る第一読会では,元司法相 BADINTER が修正すべき点を2点指摘した[115]。1点目は,3条案における「2人の異なる医師による所見」との文言を「医師会が作成した所見」に改正すべきというものであった。その根拠として,対象者が重大な病人でありできるだけ早く対応するため,および「所見」の客観性公平性の確保の点の両方を満たすため,と説明した。2点目は,この措置の2つ目の要件である「健康状態が拘禁の継続と完全に totalement 相いれないこと」につき,「完全に」ではなく,「明らかに manifestement」に変更すべきとしている。これは,完全に拘禁の継続が不可能ではないが,拘禁の継続が難しい場合も含むべきであるとの主張である。

これら2点の主張は,法案作成者および司法大臣も同意を示し採用され,SÉNAT において2001年4月26日に可決された。

> 宣告された刑罰にかかわらず,医師会が作成した所見により,当該受刑者が死に危険を及ぼしうる重大な病気に罹患している,あるいはその健康状態が拘禁の継続と明らかに相いれないことが明らかにされた場合には,刑罰適用裁判官は治療を理由とした刑の執行停止を命じることができる[116]。

この3条を含む「刑事施設における拘禁状況および刑務所における統制に関する法案」は SÉNAT において可決された後,ただちに ASSEMBLÉE NATIONALE に付託された。しかし,同議会では本法案は議題にも挙げられず即廃案とされた[117]。政府はこの法案の中で「治療を理由とする刑の執行停止」に着目し,戦略指針委員会において作成された行刑および行刑公役務に関する法律の草案において上記規定を挿入した。しかし,その草案自体が制定に至らず,ここでも「治療を理由とする刑の執行停止」措置は実現しなかった。

これらの挫折にもかかわらず,SÉNAT はなお高齢受刑者を釈放する道を模索し続けた。その背景には,廃案とされた後の2001年6月7日にヨーロッパ人権裁判所がフランス政府に対して PAPON の釈放を勧告したことがあるように思われる[118]。SÉNAT の努力は2001年11月20日に提出された「高齢受刑者の釈放」と題された調査報告書 Les documentation de travail de SÉNAT にも示されている。この報告書では,年齢と健康状態が仮釈放審査の一つの基準となり得るかどうかについて,各国の制度を参照しながら検討がなされている。こ

こでは，「裁量により決定されうる恩赦はここでは検討しない」としていることから，SÉNAT が対象者の釈放措置に関する手続きの上での権利保障をも確保することができる制度を求めていたことがうかがえる。2001年6月7日決定でヨーロッパ人権裁判所が言及している通り，SÉNAT が求める制度のモデルとなりうる高齢者をただちに仮釈放に付す規定を設けている国がなかったことから[119]，SÉNAT はこの時点では仮釈放とは別の道を探求しようとしたものと思われる。

■ 2002年3月4日法の制定

SÉNAT において議論が進められた「治療を理由とする刑の執行停止」案は2度にわたり廃案とされたが，2001年9月に大きな転機を迎え，2002年3月に創設に至った。

2001年9月5日，ASSEMBLÉE NATIONALE において「病人の権利と保健衛生制度の質に関する法案」が提出された。そこでは，「保健衛生に関する情報へのアクセスと自身の意見を表明する権利」[120]を確保するために，地域保健衛生制度，保健衛生制度の質の向上，保健衛生上のリスクへの備え，および保健衛生制度の利用者と各保健衛生機関の職員の双方が参加する協議体制の整備を目的とされた。

本法案の第1章では，諸規定の前提となる保健衛生法典が定める病人の本質的かつ不可侵の権利が示されている。まず保健衛生法典 L. 1110-1条は，患者の権利として，その提供が可能なサービスのうち，何人も自身の健康状況に応じた最も適切な保健衛生サービスを受けることができることを明記している。続く同 L. 1110-2条は「病人は自身の尊厳を尊重される権利を有する」，同 L. 1110-3条につき，「何人も予防医療あるいは治療へのアクセスにつき差別をされてはならない」としている。さらに，同 L. 1110-4条は「予防医療もしくは治療に関わる専門家，施設，医療ネットワークあるいはその他全ての諸機関によるサービスを受けている者は全てそのプライバシーや自身の保健衛生上の情報を保護される権利を有する」としている。この条文は，関係諸氏および関係諸機関の守秘義務の根拠となる病人の権利について定めている。

上記諸条文に見出すことができるように，この法案はすべての市民に対して保健衛生上の権利を確保することを大きな柱としている。本法案は2001年10月

4日にASSEMBLÉE NATIONALEにおいて可決された後に，SÉNATへと付託された。SÉNATに同法案が付託された時点では受刑者に関する規定は設けられていなかった。SÉNATは法案が確認した病人の権利を保障するための措置として，治療を理由とする刑の執行停止措置の挿入を決定した。同議会におけるこの法案の第一読会において可決された同法律案5条は，そこで，当初示された草案では，SÉNATにおける2001年4月の草案と同趣旨の規定が設けられた。すなわち，「刑罰適用裁判官および仮釈放に関する地方裁判所が，死の危険をもたらす病気に罹患している者，あるいはその健康状態が拘禁の継続と相いれない者に対して，刑の執行停止を宣告することができる」。

しかしながら，同年10月には，2001年9月11日に起きたアメリカ同時多発テロの影響を受けて「社会の安全」がより強調されるようになり，治療を理由とする刑の執行停止に伴いうる「危険」も法案審議の際に懸念された。そこで受刑者の「危険」への対応として，まず「宣告された自由刑が10年未満，あるいは，最初に宣告された刑罰にかかわらず，残刑が3年以下の場合」との対象に限定が設けられた。さらに，手続きの迅速化の観点からBADINTERが主張した「医師会が作成した所見」について，本法案では再び「2人の異なる医師」に戻され，「検察官もこの所見に対して，意見を述べなくてはならない」として，検察官の介入についても加えられた。また，「治療の必要性」という観点を強調するために釈放後の刑罰適用裁判官による健康診断受診命令についても規定された。この命令に従わない，あるいはこの診断の結果上記条件がもはや満たされない状況にあるとの判断がなされた場合には，刑罰適用裁判官は執行停止措置を終了することができる，とした。

すなわち，「安全」の視点から，塀の外での治療が必要であり，かつ釈放しても社会に害を及ぼさない者を厳密に選定することが要請されたといえる。この治療を理由とした刑の執行停止に関する規定は，2002年2月6日にSÉNATにおいて病人一般の権利に関する法案に挿入され，可決された。同法案は，2002年2月8日に，SÉNATとASSEMBLÉE NATIONALEから同数の議員が代表として参加した合同委員会において審議がなされた。そこでは，「治療を理由とした刑の執行停止」において，病気の受刑者のみならず，高齢受刑者を念頭に置かれていることが改めて述べられている。そこで，受刑者に関する

規定を，病人一般の権利に関する法律に挿入することについて，両議会議員から同意が得られた[124]。その後，同法案は ASSEMBLÉE NATIONALE において同12日，SÉNAT において同19日に可決され，2002年3月4日に施行された。

　　刑罰の内容もしくは残刑期間にかかわらず，かつ刑期が確定されていなくとも，以下の条件を満たしている場合には，刑の執行停止をも宣告することができる。すなわち，生死に関わる病気に罹患している場合，あるいはその健康状態が拘禁の継続と相容れないものである場合である。ただし，精神疾患に関する医療施設における受刑者への治療は除く。
　　刑の執行停止は，以下の場合にのみ，言い渡すことができる。すなわち，異なる2人の医療の専門家が両方とも，当該受刑者が前項において定める条件のうちいずれかの状況におかれていることを示した場合。ただし，生死に関わる病気が確認された場合には，急を要するとして，刑の執行停止は受刑者の引き受けをしている保健衛生機関の責任者である医師，あるいはその代理人によって作成された診断書を検討して，刑の執行停止を命じることができる。
　　宣告された自由刑が10年以下，あるいは，最初に宣告された刑罰の内容にかかわらず，残刑が3年以下の場合，刑の執行停止は刑事訴訟法典722条に従って，刑罰適用裁判官により言い渡される。
　　そのほかの場合には722-1条が定める方法に従って地方仮釈放裁判所により言い渡される[125]。
　　本条の規定を適用して刑の執行停止を認める裁判所は，刑法典132-44条および132-45条に定める遵守事項の1つ以上を受刑者に課す決定をすることができる。
　　刑罰適用裁判官は，本条を適用して刑の執行停止措置をうけた受刑者については，常に診断を命じることができ，その遵守事項がもはや満たされない場合には，刑の執行停止措置を終了することを命じることができる。
　　本条の諸規定が適用される場合，720-2条は適用できない。

　この条文の創設により，フランスにおける高齢受刑者処遇理念の方向が間接的に示された。すなわち，高齢受刑者は自身の一市民としての権利として適切かつ十分な医療的・福祉的ケアを要請することができる。それは，彼らの尊厳を尊重するために第一に優先されるべきこととして規定された。しかしながら，当初の法案よりも「安全」の視点からいくつかの制約が付け加えられた点

には留意する必要がある。

■ PAPON の釈放

「治療を理由とした刑の執行停止」の創設により高齢受刑者処遇理念の方向性が示され，この方向性は，PAPON の釈放をもってより強化された。

2001年6月7日，ヨーロッパ人権裁判所は，高齢受刑者の尊厳を尊重するために，刑事施設内で適切な措置が採れない場合には釈放するよう，フランス政府に勧告した。新聞報道を見る限り，少なからず PAPON の釈放に対して肯定的な政治家および研究者もいたようである。しかしながら，その一方で，世論においては PAPON の釈放を反対する声がなお大きかった。この声はしばしば，ヨーロッパ人権裁判所によるこの勧告が「有罪宣告 condamner」と表された点からもうかがえる。このような衝突がある中で，2002年3月4日に上記法案が公布され，治療を理由とした刑の執行停止措置の申請が可能となった。実際の立法過程を見ると，PAPON 決定は議論の契機にすぎないように思われるが，世論においては，この法律は PAPON の釈放を可能とすべく可決されたのだ，という思いが根強かったとされている。[126]

2002年3月4日の法律により，治療を理由とする刑の執行停止措置が導入されると，PAPON の代理人はただちにこの措置の申請を試みた。申請書類には刑事訴訟法典720-1-1条が要求する2名の医師による PAPON の健康状況が拘禁の継続に耐えることができないものである旨の意見書も添付された。この申請に対して，刑罰適用裁判官は2002年7月24日に棄却の決定を下した。[127] この決定について，同裁判官は PAPON の健康状態が拘禁の継続と相いれない点については認めつつも，「社会参加の十分な担保がない」と説明した。[128] 当時91歳の PAPON に要求された「社会参加の十分な担保」とは，「被害者への賠償」であった。この決定[129]については，PAPON の釈放に対してより批判的な記事を掲載してきた Libération 紙ですら批判している。

棄却の決定が下された翌日，PAPON の代理人は PARIS 控訴院に控訴した。この際，PAPON の健康状態の深刻さを示す医師の所見を4通，彼の健康状態が拘禁の継続に耐えうるものではないとする医師の所見を1通提出した。さらに，被害者への賠償については，「PAPON には1年前から年金が支給されておらず，さらに被害者には既に数百フラン賠償金を支払った」と主張した。[130] さ

らに，2002年9月4日に開かれた第一回目の聴聞においても，代理人はPAPONの健康状態が芳しくなく，治療を理由とする刑の執行停止の要件を満たしていると強調した。さらに，世論が「公共の秩序への動揺」をもたらしうるとしてPAPONの釈放を反対していることに対して，代理人は条文には「公共の秩序への動揺」との文言は書かれていない[131]，かつ何人も人権を有する，と主張した[132]。

　2002年9月18日にPARIS控訴院は，PAPONが高齢でかつ，日常生活に影響を及ぼしうる心臓病に罹患していたこと，そして，彼らの抱える問題に対応することができる刑事施設がないことを理由として，治療を理由とした刑の執行停止措置を認め[133]，PAPONは同日中に釈放された。SANTÉ刑務所・拘置所から出てくるPAPONの姿が大きく報道された[134]。この報道を受けて，PAPON裁判の私訴原告人および彼らの支援団体は遺憾の意を表明した[135]。彼らはその理由として，PAPONの行為が重大であること，釈放の上申を繰り返し行った彼の頑固さ，そして反省の意を示さない彼の人となりを挙げた[136]。さらには，元首相であるJOSPINら政治家にもPAPONの釈放を批判した者がいた[137]。2002年3月4日法成立のイニシアチブをとった当時の雇用・社会政策相付保健大臣KOUCHNER[138]は受刑者においても適切かつ十分な医療的ケアを受ける権利があることを認めた一方で，PAPONは治療を理由とする刑の執行停止の対象外であったと批判した。

　PAPONの釈放をうけて，他の高齢あるいは病気の受刑者にも，この治療を理由とする刑の執行停止措置を活用すべきとの声が出始めた[139]。PAPONが釈放された2002年9月18日に当時の司法相PERBENは以下のコメントを発表した。すなわち，「刑事施設内の医療制度がその人生の終わりまで受刑者に寄添うようには整備されていないというのは事実である。しかしながら，PAPONの大変特殊なケースを一般化できるかどうかは不確かである」。このコメントを受けて，受刑者の中にはPAPONよりも重篤な病状の者——特にエイズや末期癌——がおり，彼らにおいてもこの措置が適用されるべきだ，との主張もなされた[140]。このような主張は，特に2001年1月のBADINTERのPAPON釈放を支持するコメントに賛同する論者によって示された[141]。すなわち，治療を理由とした刑の執行停止は，仮釈放と恩赦制度のデメリットを克服するために作

られたものである。そのため、仮釈放の要件として定められている残刑期間の制限を満たしていなくとも受けることができ、恩赦制度とは異なり迅速な手続きが可能である。[142] この治療を理由とした刑の執行停止の活用は、受刑者の尊厳ある死を保障する点でも必要であり、かつ刑事施設を「ホスピス」や「老人ホーム」化させないためにも必要であるとされた。[143]

　さらに、この見解はヨーロッパ人権裁判所によって後押しされた。MOUISEL c. FRANCE に対する2002年11月14日決定〔Requête no 67263/01, ARRÊT, 14 novembre 2002〕において、同裁判所は「ヨーロッパ人権条約が自由を剥奪された人の扱いに関する特別な規定を設けていないとしても、それでもこのような人々に対して国がヨーロッパ人権条約3条の規定を遵守しなくてはならない」と述べた。前述のようにヨーロッパ人権裁判所は、受刑者処遇の局面において消極的義務と積極的義務の2つを各国政府に課していた。MOUISEL 決定において、同裁判所は上記消極的義務を発展させ、病気の受刑者に対して拘禁代替策を設ける義務をも各政府に課した。[144] さらに、同裁判所は、特に制度上可能な刑の執行停止措置を被拘禁者が受けることができない、あるいはそれらの措置が適切に用いられなかった場合に、病気の被拘禁者における不服申立ての権利を確認した。[145]

　これらの流れに後押しされて、治療を理由とした刑の執行停止を申請する受刑者が増加したとされている。[146] しかしながら、その増加は一時的なもので、次第に申請する受刑者は減少していった。[147] そこには、4つの理由が指摘されている。うち2点は、制度から生じる問題である。ひとつはその基準の厳しさである。立法過程においても強調されていた通り、治療を理由とした刑の執行停止は「外部の病院における重篤な病気の治療」と「社会で死ぬ権利の保障」を核としている。それゆえ、この措置が認められるのは、その病気が「生死に関わる」場合に限定されているようである。[148]

　2つめは、手続きに時間がかかる点である。この措置の審査にあたっては医師の専門的な鑑定が提出されていなくてはならない。しかし、この鑑定の実施のために、まず当該施設が刑罰適用裁判官に鑑定医を派遣するよう通告し、鑑定医が派遣され、鑑定が実施され、その結果を受けて、執行停止措置の可否についての判断がなされる。この措置の対象は重篤な病気にかかっている病人で

あることから，これらの手続きの間に，対象者が死亡してしまうケースもある[149]。この措置が創設された背景には，恩赦や仮釈放の手続きの遅さがあったにもかかわらず，この新たな制度の創設によっても，この問題は克服されなかった。

3つめは，釈放後の受け皿の確保である。対象者は外部の機関において，適切かつ十分な医療的・福祉的ケアをうけるために釈放される。しかしながら，実際には「重大な犯罪を行った受刑者」を引き受ける施設はごく限られていることが指摘されている[150]。

最後に，刑罰適用裁判官の裁量に関する問題がある。すなわち，治療を理由とした刑の執行停止であるにもかかわらず，刑罰適用裁判官はこの措置の可否を判断する際に「社会への危険」という因子も考慮するようになった[151]。この点については，PAPONの代理人の「『公的秩序への動揺』という文言は刑事訴訟法典720-1-1条にはない」との発言を受けて，立法レベルで検討された。その結果，同条は2004年，2005年，2009年，2010年の4度にわたって，「改正」がなされた。まず，司法制度における新たな犯罪への対応に関する2004年3月9日の法律［いわゆる，Perben Ⅱ法］Loi du 9 mars 2004 portant l'adaptation de la justice aux évolutions de la criminalité 192条は刑事訴訟法典720-1-1条に，この措置の対象者を社会内で統制・監視するため文言を挿入し，保護観察付き執行猶予 sursis mise à l'épreuve に関する規定を準用して，刑罰適用裁判官が対象者に対して遵守事項および禁止事項を課すことができるようになった[152]。さらに，刑罰適用裁判官は対象者がこれらに違反した場合には対象者に医師の診断を受けるよう命令することができる，とされた。この観点は徐々に強調されていった。2005年12月12日の累犯者処遇法 Loi du 12 décembre 2005 relative au traitement de la récidive des infractions pénales 10条により，申請時点で「再犯 renouvellement de l'infraction の重大なリスクがある［と判断された］場合」はこの刑の執行停止措置の対象から外す，とされた。さらに同11条により，重罪につき有罪宣告を受けた受刑者が治療を理由とする刑の執行停止により釈放された場合には，6ヶ月ごとの医師の診断が義務づけられた。対象者はこの診断結果をうけて，再度刑罰適用裁判官に治療を理由とした刑の執行停止を申請しなくてはならない。さらに，重罪累犯のリスクを減じるための2010年3月10日の法律 Loi du 10 mars 2010 tendant à amoindrir le risque de récidive criminelle 14条により，刑の執行停止中に「再犯の重大なリスクがある［と判断された］場合」には刑罰適用裁判官は対象者に医師の診断を受けるよう命令することができるようになった。

　これらの「改正」は治療を理由とする刑の執行停止措置による釈放の道を狭めた。特に，2005年法により導入された半年に1度の措置の「更新」制度は，長期間にわたる治療を必要とする場合において，何度も申請をしなくてはならず，それが対象者に大きな負担をかけているとされた[153]。これらの度重なる修正にも現れている通り，「再犯リスク」の観点は次第に強調されつつある。「再犯リスク」は特に性犯罪の場合に問題視される[154]。高齢受刑者においては，性犯罪のかどで有罪宣告を受けている者が多いため，再犯リスクがないほどまでに体力が衰えたほぼ「寝たきり」の病人に対象が限定されていった。それゆえ刑事施設内で医療的・福祉的サービスを十分に受けることができず，外部での医療を受けるために釈放を望む高齢受刑者の多くは，この措置ではなく仮釈放を申請することが多かったと指摘されている[155]。

　以上の問題点から，治療を理由とした刑の執行停止措置は申請すらほとんどなされなくなっていった。この状況を受けて，医療的・福祉的ニーズを有する高齢受刑者を釈放する制度の整備作業と並行して，刑事施設内での医療的・福祉的ケアを確保するための計画も立てられた。そこでは，受刑者の家族，社会福祉士，福祉サービスを提供しているアソシアシオンによって刑事施設内で医療・介護サービスが提供されることとなった。この家族や外部のスタッフの受刑者の医療・介護ケアへの積極的な参加には，受刑者が家族や社会との関係を維持する，というねらいもある[156]。しかしながら，フランスの逼迫した国家予算では，新たな刑事施設を建設・整備することは非常に困難な状況にあった。さらに，高齢受刑者においては，バリアフリーの建物や医療・介護サービスへのアクセスを確保する必要もあり，一般的な刑事施設よりもさらに予算が必要になる[157]。そこで，高齢受刑者を釈放して，外部の機関に対応を任せるための措置が再び模索されるようになった。

〔註〕
  1) V. VASSEUR, *Médecin-chef à la prison de la Santé*, 2000. 本章では，2002年に日本で出

版された。V. VASSEUR（青木広親訳）『パリ・サンテ刑務所——主任女医7年間の記録』（集英社）を参照した。
2） ASSEMBLÉE NATIONALE の報告書は L. MERMAZ=J. FLOCH, La situation dans les prisons française, ASSEMBLEE NATIONALE, N°2521, SÉNAT の報告書は J. J. HYEST= G. P. CABANEL, Les conditions de détention dans les établissements pénitentiaires en France, Rapport de commission d'enquête N°449（1999-2000）である。
3） この著書により、フランスにおいて刑事施設に関する諸問題は「すぐれた政治的問題」となったと指摘されている［赤池一将「フランスにおける仮釈放改革と司法大臣諮問委員会の提言について」高岡法学14巻1・2号（2003）8頁］。
4） VASSEUR（青木訳）・前掲註1）24頁以下には、「訳者あとがき」として本書がフランスで出版された際の後日談が掲載されている。VASSEUR 氏のもとには、読者から誹謗中傷する手紙と、彼女を支持する手紙が数多く寄せられたとのことである。後者の方が圧倒的に多く、それらは特に受刑者とその家族、医師と看護師、政治家、刑務所付司祭から送られてきているとのことである［同251頁, Libération, 7 août 2000］。
5） Le Monde 紙が出版前に抜粋を掲載したため、出版前から注目の的となっていたとのことである［VASSEUR（青木訳）・前掲註1）251頁］。
6） VASSEUR（青木訳）・前掲註1）229頁以下。
7） 青木訳では、「介護養老院」と訳されているが、'maison de retraite' は松田晋哉「フランスにおける医療と介護の機能分担と連携」海外社会保障研究156号（2006）など、「老人ホーム」と訳されることが多いため、ここでは「医療ケア付き老人ホーム」と訳した。
8） 日本では「老人性てんかん」と呼ばれることが多い。
9） 刑事訴訟法典720-1条に規定する刑の執行停止を指す。これは「治療を理由とする刑の執行停止 La suspension de peine pour raison médicale」とは別の制度である。
10） 具体的にどの措置によって、彼が釈放されたのかについては言及されていない。
11） http://www.actupparis.org/.
12） ASSEMBLÉE NATIONALE, op. cit., p253
13） 老年医学においては、65歳から74歳までを前期高齢者、75歳以上を後期高齢者と定義されている。さらに後期高齢者のうち、85歳以上を超高齢者と定義がなされている。同報告書には、具体的な年齢区分については触れていないが、'trés［とても、大変］' という形容詞から「後期高齢者」と訳した。
14） Le Figaro, 16 mai 2006. Les prisons doivent s'adapter au <papy-boom>.
15） この点に関する議論は遅くとも1975年に開催された、第5回国連犯罪予防と犯罪者処遇会議においてなされた。以下、B. BOULOC, Droit de l'exécusion peine（2011）, pp 336ets, R. GASSIN, Criminologie（1994）, pp600ets, J. SACCOTTE, Le V congres des nations unies pour la prévention du crime et le traitement des delinquants, RSC1975, pp1066ets. に基づいて、犯罪予防活動および犯罪を行った人の社会参加を促進する役割が刑事政策から社会政策に重点が移った流れを示す。この会議において、「犯罪予防には社会福祉活動を用いるべきである」と明言された。この会議を受けて、当時の大統領 GISCARD D'ESTAING により暴力に関する研究委員会［以下ペルフィット委員会とする］が設置された。その会長に任命されたのは、当時の司法大臣 A. PEYREFITTE であった。ペルフィット委員会による1977年7月27日報告でなされた105の提案には犯罪予防に国家レベルの犯罪予防のための組織創設に関するものも含まれていた。それは、当時は犯罪予防の任務を負った様々な組織があり、ばらばらに活動していたため、それらの組織の連携や犯罪予防活動の推進を行う必要があった

からである。この提案を受けて、1978年2月28日のデクレ Décret portant création d'un comité national et de comités departemanetaux de prévention de la violence et de la criminalité により「暴力と犯罪防止のための国家委員会・県委員会」が設置された。その後、1981年に左派政権にかわり、それは司法大臣が BADINTER にかわり、刑事政策の方針にも大きな転換があったため、国家委員会は活動休止となる。この委員会は社会政策による犯罪予防について明言したが、他方でこれらは社会的予防に基づいた具体的な制度ではない、との批判がなされた。そこで、この批判を受けて、新たに犯罪予防に関する委員会が創設された。当時、ASSEMBLÉE NATIONALE 議員であったフランス社会党の G. BONNEMAISON を議長とする「安全のための市長委員会」である。この委員会が1982年に首相に提出した報告書が基となって、1983年6月8日のデクレ Décret portant création d'un conseil national et relatif aux conseils départmentaux et communaux de prévention de la délinquance により犯罪予防国家委員会、犯罪予防県委員会、犯罪予防市町村委員会が創設された。ペルフィット委員会のもとで創設された委員会から変更されたのは、名称と市町村レベルでの委員会の新設という点であった。1986年3月にシラクが大統領に就任し、再び右派政権へとかわった。1986年9月9日のアレテ Arrêté portant nomination de membres su conseil national de prévention de la délinquance により、国家委員会の名目上の構成を変更したにとどまり、1981年から1982年に実施された政策と大きな構造の変化はなかった。1988年にミッテランが再選したころから犯罪予防のための政策も大きく変更された。そこで社会政策による犯罪予防について1988年10月28日のデクレ Décret portant création d'un conseil national et d'un comité internministériel des villes et au développement social urbain et d'une délegation interministerielle a la ville et au développement social urbain が制定された。同デクレにより都市部の社会的発展に関する全国会議（Coseil national des villes et du développement social urabin: C. N. V.）、都市部の社会的発展に関する委員会（Comité interministériel des villes et du développement social urabin: C. I. V.）、都市部の社会的発展に関する行政委員会（Délégation interministérielle à la ville et au développement social urabin: D. I. V.）が創設された。これらの組織は排除された状態にある人々および排除のリスクをもった人々の社会参加のために、都市部の人々の生活環境のひどさに対応するために創設された。これらの組織が展開する7つの都市政策の1つは犯罪および薬物依存の予防である。具体的にはまず、犯罪の要因となる都市事情や経済的困窮を分析し、その次に具体的な対応策を講じる。また、同デクレにより変わりやすい諸事情を経験に基づく分析により指摘することができる。このような社会政策による犯罪予防を都市政策に組み込む、という方法は現在まで変わっていない。さらに、1991年5月13日の法律 Loi instituant une dotation de solidarité urbaine et un fonds de solidarité des communes de la région d'Ile-de-France, reformant la dotation globale de fonctionnement des communes et des départements et modifiant le code des communes と1991年7月13日の法律 Loi d'orientation pour la ville が、自治体への国からの財源支給制度についての規定を設けた。これは自治体ごとで社会政策を行う場合生じうる、地域格差をなくすための制度である。自治体の財源に応じて国からの支給額が調整され、次に文化、年齢、人種による差別に対する努力を行うことが明示された。これは市民すべてに社会的援助を提供し、生活水準に格差を生じさせないことで、これらの差別が根源にある犯罪を予防する、というものである。これらの方針は1997年まで大きな変更はない。その後、現行法である2003年8月1日の法律 Loi d'orientation et de programmation pour la ville et la rénovation urbaine においても、社会的犯罪予防は都市政策の一つとして位置づけられている。現在、犯罪に関する都市政策としては一般的な犯罪

予防,薬物依存予防,再犯予防,被害者支援といったものがある。以上のように,社会政策,特に都市政策において,犯罪予防は一つの対象であり,社会的支援によって犯罪を予防するという方針が明示されてきた。このような都市計画に犯罪予防を組み込む方針に対して,「刑事政策と都市政策を混同したものである」といった批判がなされている。しかしながら,社会的予防の定義が社会保護サービスを提供することで犯罪を予防する,というものである以上,都市政策が進められた,同政権下において,社会保護サービスの多くが地方自治体に管轄権限をうつしていることからしても,この方針はむしろ,適切であるように思える。

16) 社会内処遇においても一般の医療機関あるいは福祉機関が出所者のニーズに対応している。この意味で日本の「更生保護」制度のような司法と福祉の両方の性質をもつ制度はないといえる。この点について,出所者支援を活動の中心においているアソシアシオンもある。それらのアソシアシオンの中には外部施設への収容措置に付される受刑者を引き受けているものもある。この措置に付された対象者には,刑罰適用裁判官が定めた遵守事項が課されている。これらの点から,実質的には更生保護施設と似た性格を有しているように思われる。

17) 他の受刑者が無料奉仕活動として介護にあたっている場合もある［M. HERZOG-EVANS, *Droit pénitentiaire 2012/2013*. (2012)., p365.］。

18) 現行制度のもとでは,医療的・福祉的ニーズを有する高齢受刑者に対しては治療を理由とする刑の執行停止ないし高齢受刑者に対する仮釈放の特例を適用して,早期釈放することができる。

19) LENOIR, Les exdus. Vne Française sur dix（1989)., p37ets. なお,同書31頁以下において,LENOIRは社会から排除された人の一例として「犯罪者」を挙げているが,この議論はその対象を犯罪者に限定してなされたものではない。

20) 以下,HERZOG-EVANS, op. cit (2012)., pp349ets., OIP, Le guide du prisonnier (2012)., pp148ets., 赤池一将「フランス刑事施設における医療のあり方とわが国での議論」高岡法学15巻1・2号（2004）1-33頁を参照した。

21) UCSA付きの医師は刑事施設の指揮命令系統が外れ,施設運営に関する守秘義務が課されなくなった。そこで独立した立場から,受刑者の尊厳を侵害する一切の行為を告発する義務を担うことになったとされる［赤池・前掲註20）7頁］。

22) この点については,医師のみならず外部のアソシアシオンが行うこともあるようである。たとえば,Lot-et-Garonne県の刑事施設においては,アルコールや各種薬物の依存症者への支援を行っている。L'Association Nationale de Prévention en Alcoologie et Addictologieが啓発活動を行っているとのことである。なお,薬物依存症患者へはUCSAはSPMPと協力して治療にあたっているとのことである［HERZOG-EVANS, op. cit (2012)., p355.］。

23) ただし,実際にはこの継続した治療はあまり行われていないとの指摘がある［HERZOG-EVANS, loc. cit (2012).］。

24) 病院内に行刑局職員を配置した保安区を作ることにより,司法警察官policeおよび憲兵gendarmerieの付添いなしで外部機関の医療サービスを受けることが可能となった［被非収容者の受け入れを目的とした保安病院の設置に関する2000年8月24日のアレテ Arrêté relatif à la création des unités hospitalières securisées interrégionales déstinées à l'accueil des personnes incarcerées 5条］。ただし,刑事施設とUHSI間の移送の際には,司法警察官と憲兵の付き添いが必要とされている。

25) このUHSIの創設の目的には,「特別な治療を必要とする受刑者は,その治療が刑事施設内でなされえない場合に,特別な医療施設あるいは民間医療機関に移送されなくてはならない」とするヨーロッパ刑事施設規則46.1条への対応もあった［ASSEMBLÉE NATIONALE,

Rapport N°1811, 8 juillet 2009, p27.〕。
26) TOULOUSE管区のUHSIを参観した際に，平均収容期間は5日間であるとの話を伺った。この点からすれば，重篤なケースはあまりこのUHSIに移送されていないように思われる。さらに，合わせて「大学病院の機器を用いて検査を行い」，「環境を整えて他の病院へ連絡，橋渡しすることもある」との話を伺った。すなわち，UHSIは治療するのみならず，対象者の医療的ニーズを評価し，適切な機関へとつなぐ「振り分け機関」的役割をも有していると思われる。この点に関連して，OIP, op. cit (2012), p165はMARSEILLE管区のUHSIの自由剥奪区域管理官 le contrôleur général des liex de privation de libertéによるコメントを紹介している。「このUHSIの局長は対象者の事前の治療状況に関する情報がないために，多くの入院許可を取消す決定をしている。拘禁されている患者 le patient détenuは常に自分がこれから受ける治療について知らされているとは限らない」。
27) 近時SPMPにおいては深刻な精神科医不足の問題があると指摘されている〔ASSEMBLÉE NATIONALE, Rapport N°1811, 8 juillet 2009, p29.〕。
28) Ibid., p29.
29) 司法制度の方向付けと編成に関する2002年9月9日の法律48条。
30) Ibid., p30.
31) 同条は「身体障がいに関連した両腕の機能制限により，医師に処方された治療に関連した行為の実現が長期間，妨げられている身体障がい者は，自身の自立を容易にするために，それらの実現にあたり，身内のヘルパーもしくは自身の選択によるヘルパーを指名することができる。障がい者および指名人物は，医療関係者から，その障がい者に対するそれぞれの行為への援助の実施に対する知識および必要能力を獲得するために，適切な事前教育および実習を受けるものとする。この援助が看護ケアに相当する場合，この教育と実習は医師あるいは看護師によって実施されなくてはならない」と規定している。
32) HERZOG-EVANS, op. cit (2012)., p365は，どのような場合に刑務所職員が反対しうるのかについてデクレに明記されていない，と批判している。
33) Ibid., M. BOURGETTO=R. LAFORE, Droit de l'aide et l'action sociales (2004), pp311ets.
34) P. DARBED, *La programme 4000 : des prisons sûretés et humaines*, RSC 2003, p. 396.
35) Ministere de la justice, Droits et Devoirs de la personne détenos (2009), p43.
36) 施設サービスを利用するケースとしては，より専門的な福祉ケアを必要とする場合のほかに，外出・外泊制度を用いて，出所後に入所を希望する施設に体験入所する場合がある。この体験入所は刑罰適用裁判官および刑罰適用裁判所が刑罰修正の可否を検討する際に重要な要素となる，「社会復帰への意欲」の有無を判断する材料となる〔E. ALFANDARI, *action et aide socials* (2006), pp668ets.〕。
37) R. ALLIOT, *Établissements sociaux et médico-sociaux prive*, Rép. pén. Dalloz, p2. なお，これらのサービスは措置ではなく，すべてサービスを提供する側と受ける側との契約が必要になる〔BORGETTO=LAFORE, *Droit de l'aide et l'action sociales* (2004), p327〕。
38) 2009年行刑法32条はこの点につき，「刑事訴訟法典717-3条は以下の文言が挿入される。『被拘禁者の労働賃金はデクレが定め，かつ労働法典L. 3231-2条に定める最低賃金SMICを下回ることはできない。ただし，この額は被拘禁者が従事する労働の種類ごとで異なる』」としている。
39) Cour des comptes, *Garde et réinsertion La gestion des prisons* (2006), p55. この点につき，なお，TOULOUSE-SEYSSES行刑センターを参観した際には，受刑者の作業報酬は月

400-550ユーロと伺った。
40) フランスにおける受刑者の多くが禁錮刑を宣告された者であり、刑務作業が課されていない。2009年刑事施設法により、受刑者は何らかの活動に従事することが義務付けられた。その中には労働、文化活動、教育、運動、専門プログラム等が含まれている。労働については、受刑者は刑務所長と労働契約に類似した取決めをかわし、労働法典の規定が準用される。それゆえ、労働の報酬としては、日本のような作業報奨金ではなく賃金が支払われる。労働に従事する受刑者についてはそこから保険料を拠出する。保険料を拠出できない場合においては退職していること、あるいは失業や廃疾 invalidité であること等を理由に一定の期間の拠出免除を申請することができる。後者について、免除期間は加入期間に参入される。なお、未決拘禁の場合においては「本人が意欲しなかった、かつ手当の給付がない失業 chômage involontaires non indémnisee」とみなされ、拘禁機関が保険加入期間に参入される［OIP, op. cit., p202］。
41) 報酬の1割程度の額が天引きされているとされている［赤池・前掲註20）24頁］。
42) 旧刑法典においては体刑および名誉刑 une peine afflictive ou infamante を宣告された官吏は刑が執行されている間、自身の年金受給権が剥奪される、とする規定があった。すなわち、人道に対する重罪につき正犯および共犯として有罪を宣告された官吏は民事賠償および被害者への支払いをすでに支払っていた場合、年金の一部あるいは全部を差し押さえられえた。この規定は1994年新刑法典によって削除された。
43) 赤池・前掲註20）24頁。なお、日本の場合は受刑者の金銭は領置される［処遇法47条］。自弁物品等の購入時等には受刑者が申請し、必要な金額の現金の使用が許される［処遇法49条］。
44) OIP, op. cit., p203.
45) 年金を受給している、あるいは年金受給年齢に到達している高齢受刑者については、「労働」作業の対象から除外されていることが多い。それは、作業に従事する体力を考慮し、その健康を保護するために当然に正当化されるとされる。一方、年金受給年齢に到達していても年金を受給していない場合、最低生活保障を受けることができるが、そこから私訴原告人へ賠償をすることができないため、刑罰修正措置が認められにくいという問題が生じている［HERZOG-EVANS, op. cit., pp272-273.］。
46) 2009年行刑法31条は「その資産 les ressources が規則 réglementaire が定める金額を下回る被拘禁者は、国家から現在の金銭状況を改善するための扶助を受けることができる。この扶助についてはデクレが定める条件のもと金額を算出し支払われる」と規定している。
47) 赤池・前掲註20）13頁。
48) Ministère de la justice, droits et devoirs de la personne détenue（2009）, p39.
49) 社会扶助と家族法典 R. 232-58条。
50) Dedans-Dehors, Vieillissement de la population carcérale: Quel accompagnement pour les détenus？
51) HERZOG-EVANS, op. cit., p361.
52) 前掲註20）参照。
53) 通常、何らかの福祉的・医療的ニーズを有する受刑者の介護・介助は刑事施設内における「活動」として、他の受刑者が従事していた。この報酬 tarif の額は徐々に高くなっているとのことである。さらに受刑者が高齢受刑者の介護をすることの問題点として、赤池一将「フランスにおける長期受刑者処遇の現状と課題」龍谷大学矯正・保護研究センター研究年報3号（2006）64頁は以下の点を指摘する。「問題は、必ずしも親切であるはずもない他の受刑者

の援助を受けることが，一種の謝礼，見返り，形を変えた強請り等の行為に直結しうる点である。これが，高齢者の人としての尊厳を大きく損なうことにもなろう」。

54) 設備の乏しさの例として，同報告書は TOULOUSE の MURET 刑務所 maison d'arrêt の状況を紹介した。すなわち，同刑務所では，70歳以上の高齢受刑者の4人が車いすを使用しており，2人には呼吸を手助けする装置 assistance respiratoire がつけられていた。さらに，高齢受刑者が健康維持のために散歩や軽い運動をする場所の確保が不十分であることも指摘されている。

55) OIP, op. cit.（2012），loc. cit.

56) HERZOG-EVANS, op. cit（2012），p365, OIP, op. cit.（2012），p169.

57) Mission régionale Rhone-Alpes d'Information sur l'Exclusion, Prison, SANTÉ et vieillissement: Enjeux et impacts de la detention pour les personnes de plus de 60 ans, 2010, http://www.mrie.org/docs_transfert/publications/RAPPORT-DETENUS-AGES. この調査は Mission régionale Rhone-Alpes d'Information sur l'Exclusion［ローヌ・アルプス地方社会的排除に関する調査団：以下 MRIE と省略する］がフランス行刑局から受託して，高齢被拘禁者［受刑者と未決拘禁者の両方を含む］の状況に関する調査を実施した。この調査は，MRIE が活動を行っている RHONE-ALPES 地方，およびそこに隣接する AUVERGNE 地方において実施された。この2つの地方には，23の刑事施設がある。この内訳は以下の通りである。14施設が拘置所，2施設が拘禁センター centre de détention, 2施設が半自由センター centre de semi-liberté，1施設が地方医療刑務所 unité hospitalière sécurisée interrégionale, 1施設が少年のための刑事施設 établissement pénitentiaire pour mineurs, 2施設が行刑センター centre pénitentiaire，最後の1施設には中央刑務所 maison de centrale と拘置所が併設されている。このセンターの敷地には拘置所と拘禁センターの区画が設けられている。MRIE はこれらの刑事施設に収容されている者のうち，2010年1月段階で60歳以上の高齢被拘禁者を対象として，上記問題関心に基づいて質問票を作成し，返信された質問票を集計，分析，そして統合する作業を行った。同4月，行刑局は MRIE が作成した調査票を対象となる全ての被拘禁者に送付した。送付した209通の質問票のうち，返信されたのは137通であり，有効回答数は133通であったとされる。なお，同調査において，コントロールグループとしての非高齢受刑者に関する調査は行われなかった。それゆえ，同調査結果からは高齢受刑者に関して得られた特徴が非高齢受刑者と比較して有意なものと言えるのかどうかについて知ることはできない。

58) たとえば，フランス北部 SOMME 県 AMIENS では APRÉMIS というアソシアシオンが非刑事施設への委託の委託 placement exterieur も受けているほか，刑事施設，SPIP，県議会，そして労働局等と連携し，対象者のニーズに応じた支援を行っている。すなわち，フランスでは対象者のニーズに柔軟に対応するための仕組みが設けられている。この仕組みは，日本における地域生活定着支援センターによるコーディネート業務に近いものといえる。

59) SÉNAT, loc. cit., ASSEMBLÉE NATIONALE, loc. cit. しかしながら，その一方で MRIE の調査によれば，家族や友人といった近しい人々との関係を維持している受刑者は87％（115名）いる。その115名の89％（102名）は近しい人々と1年に数回面会している。その約半数（46名）は少なくとも週1回面会している。面会しているのは家族（80％，83名），友人（34％，33名），アソシアシオンのスタッフ（27％，28名）である。

60) この点について，福祉的ニーズが必要であるにもかかわらず，本人が福祉的支援を拒むケースがあることも指摘されている。その具体例として SÉNAT 報告書では以下のようなケースが紹介されている。すなわち，CLAIRVAUX 中央刑務所において，72歳男子受刑者

は老人ホーム maison de retraite を帰住先として出所することを拒んだ [SÉNAT, RAPPORT N° 2000, p45]。

61) 2013年2月にOIPの事務所に聞き取り調査を行った際，この困難について話を聞いた。高齢社会のフランスにおいて，施設入所を希望する高齢者がそもそも多く，「犯罪者」でない高齢者ですら，入所待ちの状態である。また，施設における「犯罪者」に対して「危険」であるとのイメージが根強く，同じ施設に「犯罪」を行った高齢者とそうでない高齢者を住まわせることに対しては施設や利用者の抵抗が強いとのことである。

62) この PAPON c. France 判決はヨーロッパ人権裁判所において，高齢受刑者処遇に関する判断をした最初のケースである。その後，同裁判所が高齢受刑者の拘禁の継続について判断を示したケースとして2004年12月2日に FARBTUHS c. Littoni 判決がある。同ケースでは84歳の高齢受刑者の拘禁の継続がヨーロッパ人権条約3条に違反するとされた [CEDH 2 décembre 2004, no 48799/99]。

63) 本事案の事実の概要についてはヨーロッパ人権裁判所決定7 juin 2001（no64666/01）および25 juillet 2001（no54210/00）を参照した。前者は本事案であり，後者の概要は以下のとおりである。すなわち，PAPON は破棄院における審理前日に拘置所に宿泊しなければ，訴えを棄却する，という刑事訴訟法典の規定は防御権の行使を妨げるものであり，ヨーロッパ人権条約6条が定める公平な裁判の保障に違反するものであるとして，ヨーロッパ人権裁判所に訴えを提起した。ヨーロッパ人権裁判所はこの訴えを受理し，フランスに対して上記規定が「違法」である旨を宣告した。なお，この規定は2000年6月15日法，いわゆる無罪推定法によって削除された。

64) 同条約1条は以下のように定めている。すなわち，「次の犯罪にはその犯行の時期に関係なく時効は適用されない。(a)1945年8月8日のニュールンベルグ国際軍事裁判所条例において定義され，かつ国際連合総会の1946年2月13日付決議3(I)及び1946年12月11日付決議95(I)により確認された戦争犯罪，特に戦争犠牲者保護のための1949年ジュネーヴ諸条約に列挙された「重大な違反」。(b)戦時に犯されたか平時に犯されたかを問わず人道に対する罪，それは，1945年8月8日のニュールンベルグ国際軍事裁判所条例において定義され，かつ国際連合総会の1946年2月13日付決議3(I)及び1946年12月11日付決議95(I)により確認された人道に関する罪，武力攻撃又は占領による追立て及びアパルトヘイト政策に基づく非人道的行為，並びに1948年の集団殺害罪の防止及び処罰に関する条約において定義された集団殺害罪。右の行為はその犯行の行われた国の国内法の違反を構成するか否かを問わない」。

65) PAPON はこの点につき「逃亡」ではなく，ヨーロッパ人権条約に精通しているスイス在住の弁護士に助言を求めに行ったと主張している [Libération, 25 octobre 1999, Pourquoi Papon a choisi la Suisse. Hubert de Beaufort, qui l'a aidé, revient sur onze jours d'exil.]。なお，具体的な相談内容および助言の内容については確認できていない。

66) VASSEUR（青木訳）・前掲註1）231-232頁。

67) 後述のとおり，シラク元大統領は犯罪者に対して「厳しい態度」をとっており，この決定後も PAPON の釈放に難色を示していた。

68) OIP: Observatoire international des prisons は被拘禁者向けに刑事施設および非収容者の諸権利に関わる法制度をまとめて，ガイドブックを出版している。PAPON が収容されていた時期の法制度を掲載している le nouveau guide du prisonnier (2001), p384 は，被収容者が自身の拘禁状況がヨーロッパ人権条約3条に違反すると思われる場合にはヨーロッパ人権裁判所に訴えを提起することができるとしている。

69) SICARD 医師によれば PAPON は2001年3月20日から28日まで入院したとのことである。

したがって，PAPON は本案審理中に入院していた。

70) C. GUASTADINI, *Droit pénal et droits de l'hommes–La dignité en prison : genèse et avènement* (2010), pp45ets. E. E. AKSOY, *La notion de dignité humaine dans la sauvegarde des droits fondamentaux des detenus* (2004), http://www.ladocumentationfrancaise.fr/var/storage/rapports-publics/044000133/0000.pdf#, P. J. P. TAK=Manon. JENDLY, *Prison Policy and Prisoners' Rights* (2008), p55.

71) 原語は 'minimum de gravité' であり，直訳すると「最小の重大さ」である。本章では，この原則の内容をより具体的に示すため「侵害最小基準」と意訳した。

72) République fédérale d'allemagne［ドイツ連邦共和国］。ここでは当時の西ドイツを指す。

73) Requete N 1670/61, Ilse KOCH c. RFA, Annuaire n°5, p126 ets によれば，本決定の事実の概要は以下のとおりである。本案原告の KOCH は Buchenwald 強制収容所初代所長 K. O. KOCH の妻であり，自身も同収容所において看守を務めていた。その中で，被収容者に対して残虐な行為を繰り返したことにつき，アメリカ占領軍に逮捕された。彼女は戦争に関する制定法および慣習法に違反するとして，終身刑が検討されたが，証拠不十分につき懲役4年に減軽された。1947年に有罪判決が宣告されたのち，彼女は1949年には恩赦により釈放された。この2年弱の拘禁に対して，西ドイツでは「短すぎる」として批判的な世論が高まった。これを受けて，西ドイツは KOCH を再逮捕し，再び裁判を行った。1951年1月15日に終身刑が言い渡された。一見，一事不再理の原則に反するように思われるこの裁判について，裁判所は以下のように説明している。すなわち，1947年に確定した判決は1939年9月1日以降に行われた「外国人に対する犯罪」を対象としたが，その一方で本判決は1939年9月1日以前およびそれ以降に行われたドイツ人およびオーストリア人に対する残虐な行為につき訴因としたものである。KOCH は連邦司法裁判所 federal court of justice に上訴するものの，この訴えは棄却され，1952年4月には終身刑が確定した。KOCH は無罪を主張し続け，同時にたびたび，バイエルン州司法局に恩赦を申請したが，その申請が認められることはなかった。そこで，KOCH はヨーロッパ人権裁判所に対して，自身の拘禁がヨーロッパ人権条約3条に違反するものとして訴えを提起した。

74) AKSOY, op. cit., p56.

75) Ibid.

76) Ibid.

77) F. TULKENS, *Droit de l'Homme et prison——Les développements récents de la jurisprudence de la Cour europeenne des droits de l'Homme*, CREDHO, La France et la cour europeenne des droits de l'Homme, La jurisprudence de 2001 (2002), p49. たとえば，IRLANDE c. Rayaume-Uni［英国］, 18 janvier 1978, GUZZARDI c. Italie, 6 novembre 1980, SOERING c. Rayaume-Uni, 7 juillet 1989においてこの基準を用いている。

78) Ibid.

79) Ibid.

80) KUDLA c. Poland, 26 octobre 2000, CEDH n°30210/96によれば，本事案の概要は以下の通りである。原告である KUDLA は1991年8月8日に詐欺および偽造につき，Cracovie 地検に召喚され，未決拘禁に付された。その後ただちに KUDLA は自由刑を宣告され，Cracovie 拘置所に収容された。KUDLA は1991年8月21日に Cracovie 地裁に上訴したが，KUDLA が当該諸犯罪を行ったことについては有力な証拠があることから棄却された。さらに同裁判所は，KUDLA が有罪であることを前提として，治療を理由とした釈放が認められるかどうかについても検討した。その結果この点については，彼の健康状態にかんがみれば認めること

ができない，と判断した。KUDLA はその後も上訴を繰り返し提起するが，すべて棄却された。その中で，1991年11月4日に自殺願望を抱くようになり，ハンガーストライキを実施した。その自殺未遂を受けて，刑事司法機関は KUDLA に対し診察を受けるよう命じた。KUDLA を精神医療設備が充実した医療刑務所に移送する必要がある，との精神科医たちの診断を受けて，Bytom 医療刑務所に移送された。1992年1月および2月には，治療を受ける必要はあるものの，医療刑務所に収容する必要はない，との医師の所見が出された。さらに，1992年4月30日に，明らかになった38件（うち9件は共犯事案である）の余罪について起訴された。この時点においても，なお KUDLA には強い自殺願望があり，拘禁の継続は彼の生命に対する重大な危険をもたらすものであるとの精神科医の所見を受けて，1992年7月27日に拘禁命令が破棄された。その後，1995年6月1日に Cracovie 地方裁判所は同年4月の起訴をうけて詐欺および偽造 faux につき彼に6年の拘禁と5000ズウォティ［2016年8月段階のレートでは1ズウォティ＝約27円であった。このレートで概算すると約14万円である。なお，2012年にユーロが導入された］の罰金が言い渡された。1996年2月22日，Cracovie 控訴院は手続きが多くの規定に違反していることを理由に原審を破棄した。この判決を受けて，同年4月11日，地裁に差戻された。1996年10月29日，KUDLA は家族が保釈金1万ズウォティを支払った後に釈放された。1998年12月4日，Cracovie 地方裁判所は，検察の求刑を受けて，6年の自由刑を KUDLA に宣告した。KUDLA の控訴を受けて，Cracovie 控訴院は，1999年10月27日に5年の自由刑を言い渡した。この決定に対して KUDLA は最高裁に破棄申立てを行った。KUDLA は拘禁中の1995年4月12日にヨーロッパ人権裁判所に対し，自身の病状に合った処遇を受けることができなかった事実がヨーロッパ人権条約3条に違反していると訴えを提起した。その訴えは部分的に受理され，2000年10月26日に KUDLA の意見書が受理された。

81) AKSOY, op. cit., p57.
82) Ibid.
83) Ibid.
84) この事件は1994年に Korydallos 男子刑務所に収容された原告の拘禁状況がヨーロッパ人権条約3条違反であるとする訴えによるものである。ヨーロッパ人権裁判所は特に以下の点を問題視した。すなわち，少なくとも2ヶ月間，猛暑の中原告は1日の大半を窓も換気設備もない単独室の中で，自身のベッドの上ですごさなくてはならなかった。さらに，原告は元ヨーロッパ人権委員会事務局からの手紙を行刑局職員に無断で開封されたことにつきヨーロッパ人権条約8条違反をも訴えた。なお，原告は1998年に国外退去処分となった。後者については，国内法での対応が勧告された。前者については，原告の精神的苦痛につき，ギリシャ政府に損害賠償5000.000ドラクマ（2001年のユーロ加盟直前のレートによれば日本円にしておよそ140万円）の支払いが命じられた。さらに，この原告への扱いについてはヨーロッパ拷問および非人道的かつ品位を傷つける刑罰ないしは取扱い禁止委員会 Comité européen pour la prévention de la torture et des peines ou traitements inhumains ou dégradants から被収容者の拘禁状況の改善に関する勧告を受けた。
85) AKSOY, op. cit. p58.
86) 「客観的に不適当な拘禁」の具体例としては，異性の立会いの下での被拘禁者の身体検査と生殖器の検査（VALASINAS c. Lituanie, 24 juillet 2001），年齢の考慮（PAPON c France, 7 juin 2001），投票権を行使する前に刑務官の集団の前で裸にさせる行為（IWAN-SUCK c. Pologne, 15 novembre 2001）が挙げられる［ibid.］。
87) TULKENS, loc. cit.

88) J. P. CÉRÉ, *Article 3 de la Convention européenne et détention prollongée d'une personne âgée et malade*, Dalloz（2001）, p2338.
89) AKSOY, loc. cit.
90) Ibid.
91) J. F RENUCCI, *Droit européen des droits de l'hommes*, Dalloz（2002）, p684.
92) Ibid.
93) ヨーロッパ人権裁判所はこの点について，より詳細に述べている。すなわち，「ヨーロッパ評議会加盟国において，対象者の高齢が刑罰について訴追あるいは未決若しくは既決拘禁を妨げることを定めている国はない。しかしながら，年齢は刑の決定において他の要素（特に医療ニーズと精神状況）と同様，検討される。特にアンドラ公国において，3年未満の刑罰につき処罰される軽罪に対しては，裁判所は被告人の人格，一般的な状況を考慮して，自由刑をその他の刑罰に変更することができる。3つの国々は，以下のような規定を有している。すなわち，無期懲役は60歳以上（ルーマニアとロシア），あるいは65歳以上（ウクライナ）の高齢者には科しえない。刑の執行に関して，年齢はほとんど検討されない。しかし，健康状況と併せて検討される。しかし，ルクセンブルグでは，軽微な犯罪に対して，対象者が70歳以上の場合には自由刑は科されえない（重大な犯罪に対しては，半拘禁制度のもとで刑罰が執行される）。2つの国（イタリア，サンマリノ共和国）は，以下のような規定を設けている。すなわち，対象者が60歳以上あるいは65歳以上で，一部障がいを有している場合には，裁判官は自由刑を居住指定に変更することができる。ドイツ法は特に病気の場合には，刑の執行停止あるいは宣告猶予を認めている。年齢はいくつかの国において，仮釈放に関する措置において検討されることもある。そこでは，通常，対象者が一定の年齢に到達した場合（スペイン，ギリシャ70歳，ルーマニア男性は60歳，女性は55歳）に一般的に認められる。あるいは恩赦が認められる場合もある。最後にいくつかの国において，被拘禁者は一定の年齢を超えると，もはや労働の対象ではない」。
94) 共和国憲法1条および19条。
95) 刑事訴訟法典29条。
96) CÉRÉ, op. cit., p2336.
97) Ibid.
98) AKSOY, op. cit., p60.
99) CÉRÉ, op. cit., p2337.
100) この点について，ヨーロッパ人権裁判所は「確かに，原告にとって釈放されたときに受けることができる医療ケアと同等の質のものは刑務所の中では受けることができない」としているが，しかしながら，それでもPAPONに対して提供されていた医療的・福祉的措置は「非人道的かつ品位を傷つける取り扱い」とはいえない，との指摘がある［É. BOITARD, *La situation des détenus âgés au regard de la convention européenne des droits de l'hommes*, Petites affiches, 20 septembre 2001, N°188, p22.］。
101) Ibid.
102) CÉRÉ, op. cit., p2337.
103) CÉRÉ, op. cit., p2338.
104) Ibid.
105) RENUCCI, loc. cit.
106) SÉNAT, Rapport N°271, 17 avril 2001.
107) ヨーロッパ議会が1998年12月17日に行った決議により，被拘禁者の権利及び義務を規定す

る法的な枠組みを定める「行刑基本法」を作るよう促された［Projet de loi pénitentiaire, n°495, déposé le 23 juillet 2008, p3］。さらに、2000年のSÉNATとASSEMBLÉE NATIONALEの拘禁状況に関する調査を受けて、2000年11月には当時のJOSPIN首相が国立行刑学校 École Nationale Administration Pénitentire: ENAPにおいて行刑法の制定を宣言した。この宣言を受ける形で行刑法案が準備され、提出されるも可決されなかった。

108) この法案は全12条のものであった。
109) SÉNAT, Rapport N°271, 17 avril 2001, p3.
110) SÉNAT, Proposition de loi N°115 relative aux conditions de détention dans les établissements pénitentiaires et au contrôle général des prisons, 30 novembre 2000.
111) SÉNAT, Avis presante par M. Pierre FAUCHON, 16 janvier 2002, p38. L. MORTET, *La suspension medicale de peine*, 2007, p19. さらに、Le Monde, 20 septembre 2002はBADINTERのPAPON釈放を支持するコメントがこの法案に大きな影響を与えたとしている。
112) MORTET, op. cit., p16.
113) Ibid.
114) Ibid. p17.
115) 2001年4月26日の議事録 http://www.SÉNAT.fr/seances/s200104/s20010426/sc20010426006.html を参照した。
116) この法案につき、CÉRÉは死期が迫った受刑者の処遇のあり方は大きな課題であり、この法案は「必ず可決されるだろう」、と述べた［CÉRÉ, op. cit., p2338］。
117) SÉNAT, Avis présante par M. Pierre FAUCHON, op. cit., p35. なお、この「刑事施設における拘禁状況および刑務所における統制に関する法案」に関する一連の議論には少なからず政治的意図があったと思われる。このことは、SÉNATにおいて行刑法案準備作業が難航し2002年の大統領選挙に間に合わない、という趣旨の説明がなされている［SÉNAT, Rapport N°271, 17 avril 2001, p3］ことからも明らかである。この法案が審議された、2001年は1997年ASSEMBLÉE NATIONALE選挙における左派の勝利を受けて、いわゆるコアビタシオンの状態にあった。大統領は右派共和国連合のシラクが、首相は左派社会党のL. ジョスパンが務めていた。VASSEURの著書を受けて、刑事施設問題が政治的な問題になっていたこと［赤池一将「フランスにおける仮釈放改革と司法大臣諮問委員会の提言について」高岡法学14巻1・2号（2003）8頁］と併せて考えると、この法案は2002年の大統領選のためのキャンペーンの一つであったように思われる。2002年の大統領選は、ジョスパンも有力視されていたものの、第一回投票で敗れた。決勝投票はシラク対ル・ペンという右派対右派で争われ、シラクが勝利した。なお、本法案を作成した議員は、右派共和国連合所属J. J. HYESTと左派民主社会欧州連合グループ所属G. P. CABANELであった。
118) G. LORHO=P. PÉLISSIER, *Droit des péines*, 2003, p41も、「［刑事訴訟法典720-1-1条は］Maurice PAPONのケースを考慮した状況法 loi de circonstanceである」と評価している。MORTET, op. cit., p132はこのような指摘は複数の論者によってなされていたと指摘する。
119) Les documentation de travail de SÉNAT, 20 novembre 2001はヨーロッパ諸国の高齢受刑者の釈放に関する制度として以下の制度を紹介している。スペイン、イタリアでは決定にあたり受刑者の年齢も考慮される処分を採用している。イギリス、デンマークでは高齢受刑者はその健康状況にかんがみて刑の執行形態が修正される可能性がある。最後にベルギーには、満期釈放前の高齢受刑者に対してなされうる措置は恩赦以外ない。
120) ASSEMBLÉE NATIONALE, Projet de loi N°3258, relatif aux droits des malades et à

la qualité du système de santé, 5 septembre 2001, p6.
121) ASSEMBLÉE NATIONALE, SÉNAT, Rapport, 8 fevrier 2002, p160. この背景には，当時行刑法の立法作業が困難を極めていた点があると思われる。FAUCHON は死期が迫った受刑者に対しては即座の対応が必要であったため，いつ制定されるか予想できない行刑法に本規定を入れることは適切ではないと判断した [ibid. p22, M P. FAUCHON SÉNAT 議員発言]。
122) MORTET, op. cit., p128.
123) Ibid. p22, ASSEMBLÉE NATIONALE, M. C. EVIN 議員発言。
124) Ibid.
125) 2004年3月9日の法律（2005年1月1日施行）により，刑罰適用裁判所 tribunal d'application des peines に改組された。
126) C. A. SCHMANDT, *La suspension de peine pour raisons medicales*, Memoire présenté et soutenu en vue de l'obtention du Master Droit <recherche>, mention <droit pénal> (2006), p81. しかしながら，この措置が最初に用いられたのは HIV に感染しており，かつ右半身まひの患者であった [JAP, Toulouse 23/05/2002, n° de décision 2002/00269.]。トゥールーズにあるミュレ拘禁センターに収容されていた彼は権力を有する者による強姦のかどで重罪禁錮8年を言い渡されていた。彼に対しては，刑の執行停止中に遵守しなくてはならない遵守事項として以下の点が設定された。すなわち，居住先あるいは GIRONDE 県にある医療施設に自身の居所を定めること，刑罰適用裁判官が命じた全ての診断を受けること，SPIP 職員の訪問を受け，遵守事項の遵守状況を確認することができるような資料を提供すること，外出できるほどの健康状況になった場合には刑罰適用裁判官あるいは SPIP 職員の召喚に応じること，の4点である。
127) 検察官は PAPON に対する「治療を理由とする刑の執行停止」の適用に肯定的であったとされている [Libération, 5 septembre 2002]。
128) Libération, 25 juillet 2002.
129) この判断については，PAPON の「社会参加」を個別的に考慮したのではなく，世論の「我々は彼の釈放を望まないし，私訴原告人をあざけ笑うことはできない」，という PAPON への非難の声を代弁したものであるとも評されている [Ibid.]。
130) Libération, 25 juillet 2002. MORTET, op. cit., p134.
131) PAPON の代理人のこの言葉が後の立法に大きな議論を生ぜしめる [MORTET, op. cit., p134]。まず，2003年5月7日の通達によって以下のような規定がなされた。すなわち，治療を理由とする刑の執行停止措置が取られる場合，最も危ない場合を想定して，公共の秩序へ生ぜしめうる影響については司法省刑事事件および恩赦局へ事前の報告書を提出しなくてはならない。さらに，2009年11月24日の行刑法により改正された刑事訴訟法典729条に「公共の秩序への動揺」という文言が入れられた。
132) Libération, 5 septembre 2002.
133) Cour d'appel Paris, 18 septembre 2002, DALLOZ 2002, p2893. E. BONIS-GARCON=V. PELTIER, *Droit de la peine* (2015), p560 では，「拘禁と相いれないこと l'incompatibilité」とは，受刑者のケアへのアクセス状況から考慮されなくてはならないとし，その例としてこの PAPON のケースを引用している。
134) 出所する PAPON に対して，沿道から「刑務所に戻れ！」，「対独協力者！ 独裁主義者！ 人殺し！」という罵声が浴びせられたとのことである [Le Monde 20 septembre 2002]。さらに，自力で歩行して出てくる PAPON の姿をうけて，彼の健康状態への治療のための刑の

執行停止の適用は正当なものであったのかという議論が引き起こされた［SCHMANDT, loc. cit.］。

135) Le Monde, 19 septembre 2002.
136) MORTET, op. cit., p133.
137) Le Monde, 20 septembre 2002.
138) B. KOUCHNER, Le premiere qui dit la vérité…. (2002), p204.
139) Le Monde, 20 septembre 2002., Libération, 19 septembre 2002.
140) 当時の l'Observatoire international des prisons の代表 T. LÉVY も「この措置が全ての受刑者に適用されると期待する」とコメントしている［Libération, 19 septembre 2002］。さらに、Act-Up はこの点について以下のコメントを発表している。すなわち、「PAPON の釈放の後に他の病気の受刑者の釈放もなされなければ、この決定は世間のひんしゅくを買うものとなるだろう」［Libération, 19 septembre 2002］。
141) Le Monde, 20 septembre 2002.
142) 末期癌の高齢受刑者が行った恩赦申請について、彼が死亡後もなお審理が継続されていたケースもあったと紹介されている［Le Monde, 20 septembre 2002］。
143) Le Monde, 20 septembre 2002. この観点は、まさに現在の日本の刑務所における高齢受刑者処遇を考える上で重要な視点となるように思われる。
144) SCHMANDT, op. cit., p18.
145) Ibid.
146) Le Monde, 5 novembre 2002.
147) TOULOUSE 管区保安病院において聞取り調査を行った際に、以下のような運用についても話を伺った。入院を要する場合であっても、治療を理由とした刑の執行停止措置を認めて入院させるか、あるいは入院中の病室に監視をつけて刑の執行を継続するかは担当の刑罰適用裁判官の判断による、とのことである。この場合、客観的には同様の医療的措置が取られている。ただし、死期が迫っている場合には、本人が望む場所で死期を迎えることができるよう釈放することが多い、とのことであった。
148) Le Figaro, 16 mai 2006., SCHMANDT, op. cit., p83.
149) J. BÉRARD, Démagogie pénal, mesure inhumanitaires, Dedans-Dehors (2007) p42, 赤池・前掲註53) 65頁。
150) BÉRARD, op. cit., p21, 赤池・前掲註53) 65頁。
151) SCHMANDT, op. cit., p115.
152) ただし、この Perben Ⅱ法による改正ではまだ、刑事訴訟法典720-1-1条に「危険性 la dangerosité」、「秩序あるいは公共の安全 l'ordre ou de la sécurité publique」、「累犯あるいは再犯のリスク le risque de récidive ou de renouvellement de l'infraction」といった文言は挿入されなかった［M. HERZOG-EVANS, La suspention médicale de peine et la sécurité publique état des lieux, Révue pénitentiaire et de droit pénal, 2005 n°2, 311ets.］。
153) Le Figaro, 16 mai 2006.
154) Ibid.
155) Le Figaro 16 mai 2006, Les prisons doivent s'adapter au <papy-boom>.
156) DARBED, op. cit., p396.
157) Cour des comptes, Garde et réinsertion La gestion des prisons (2006), pp137ets.

第 5 章

高齢受刑者に対する早期釈放制度の対象の拡大

　アメリカ同時多発テロの衝撃が根強い中で PAPON を釈放したという事実は，高齢受刑者においては適切な医療的・福祉的サービスを確保しなくてはならないという点での合意の萌芽を示すものであるように思われる。さらに，この影響は世論にも及んでおり，戦犯ですらその尊厳を尊重して釈放するのであるから，より積極的に高齢受刑者を釈放すべきである，との意見が見られるようになった。その流れを「再犯リスク」あるいは「社会への危険」といった因子がなおブレーキをかけている状態にある。そこで，治療を理由とした刑の執行停止の問題点を克服するための方策について議論が重ねられている。

1　MARIANI による 2 度の議員立法草案
　治療を理由とした刑の執行停止の運用が消極的なものにとどまり，かつ刑事施設の改築も進まない中，再び医療的・福祉的対応を確保するために高齢受刑者を釈放する措置が提案された。2002年11月28日と2004年9月22日に提出された ASSEMBLÉE NATIONALE の MARIANI 議員による議員立法草案は，治療を理由とする刑の執行停止とは異なり，過剰拘禁対策としての高齢受刑者の釈放というコンセプトを全面に押し出した。これらは可決に至らなかったが，後の2009年行刑法82条に影響を与えたと思われる。
　MARIANI が高齢受刑者に目を向けた理由は，両草案ともに共通している。2002年9月1日段階，フランスの刑務所において60歳以上の高齢受刑者は1683人にまで増加しており，うち411人が70歳以上，最年長者は92歳であった。当時のシラク政権はこの状況を緩和するために数年をかけて新たに拘禁センターと拘置所を新たに建設することを決定した。しかし，この問題状況への対応は

急を要するものであるとして，施設の増設ではなく，禁錮刑の対象そのものを見直すことにより対応する必要があるとMARIANIは主張した。そこで，社会に対して危険を及ぼしうる一定の犯罪類型及び累犯者を除いた高齢者に対しては軽罪に対する刑罰の執行を免除することを本法案において提示している。2002年草案の趣旨は，軽罪に対する拘禁に関する年齢制限を設けるよう，刑法典を改正し，73歳以上の高齢受刑者については釈放する，というものである。拘禁に年齢制限を設定する，という解決は，2001年6月7日決定の中でヨーロッパ人権裁判所も言及しているところのものである。さらに，2001年にSÉNATも一定の年齢に到達した者を仮釈放に付す，といった措置を模索した。MARIANIの草案はこれらのSÉNATのアイディアを立法化しようとしたものである。そこで，法案では，「自然人に科される軽罪の刑罰は，1°禁錮刑，2°罰金刑，3°日数罰金刑，4°公益奉仕命令，5°131-6条の定める公民権剥奪もしくは制限，6°131-10条の定める補充刑とする」とする刑法131条のあとに，以下の文言を挿入することを提案している。すなわち，「軽罪の刑罰に関して，判決時に73歳を超えた者が，閉鎖施設への禁錮刑を宣告された場合には，前項に定める刑罰の執行を免除する。ただし，法律上の累犯ではないこと，あるいは暴行，性的暴行及び攻撃，薬物使用，テロリズム，犯罪組織 association de malfaiteursへの参加，売春斡旋，財物強要，もしくは組織化徒党により実行された犯罪を行ったことがない場合に限る」。さらに，「刑事訴訟法典464-1条及び465条に定める諸措置は前段に定める者に適用することができない」との文言も付け加えるとしている。

さらに，法案ではその法的な性質についても言及している。すなわち，法案における131-3-1条は禁錮刑の執行を免除するものであって，刑事責任を阻却するものではない。高齢犯罪者は完全責任能力を持ち，自身の行為に対して責任を有さなくてはならない。ゆえに，判決裁判所が言い渡した罰金刑及び補充刑については執行されなくてはならず，さらに私訴原告人に対する賠償もなされなくてはならない。禁錮刑の執行のみを免除の対象とする理由として，MARIANIは既存の刑務所において「高齢」という特性に合った処遇を行うことが非常に困難であることを指摘している。すなわち，高齢受刑者に十分な予防医療を提供する体制は整備されていない。これは，高齢者にとって，禁錮

刑が自由を剥奪するだけでなく，余命まで縮めることになりかねない。さらに既存の刑事施設は，若い受刑者を想定して作られている。そのため，階段を上ることができない，長い距離を歩きまわることができない高齢受刑者は受刑者の中で孤立している。さらに，刑事後見の際に生じた問題状況，すなわち，行刑局は高齢受刑者を社会復帰に向けた処遇の対象として想定していなかったために，刑事施設内での高齢受刑者処遇が不十分なものとなっている状況があることを指摘した。

　MARIANI は既存の刑事施設における高齢受刑者の孤立状況および，対応の不十分さはその社会復帰をより大きく阻害しうるものであるとして，高齢受刑者が73歳に到達した時点で釈放すべきであると提案した。しかしながら，本法案は立法には至らなかった。その理由として以下の2点が指摘されている。1点目は受刑者を年齢のみを理由として，何も付けずに釈放することに大きな抵抗があったという点，もう1点は実際の対象者がほとんどいなかったという点である。すなわち，MARIANI の法案では性犯罪や法律上の累犯といったいわゆる「危険な犯罪」とされる犯罪類型を適用対象外としていた。それゆえ，この規定の対象となりうるのは初犯あるいは，法律上の累犯ではない盗罪や詐欺といった犯罪となる。前にみたとおり，統計上，それらの犯罪につき有罪判決を受ける高齢者自体がごく少数である。したがって，この制度によっても MARIANI が説明した「過剰拘禁の緩和」という目的は果たされえないとされた。

　2004年，MARIANI は2002年に廃案となった法案に修正を加え，再び提出した。この法案の趣旨は刑事訴訟法典723-7-1条の後に723-7-2条を追加するというものである。刑事訴訟法典723-7-1条は「残刑としての1個又は数個の自由刑の合計が1年を超えない場合，又は試験観察的に半自由の処遇の下に置くことを条件に受刑者に仮釈放が許可されている場合，刑罰適用裁判官は，半自由の処遇の下で刑に服すべき旨を決定することができる」と定めている。この後に，723-7-2条として，「軽罪に関して自由刑を言渡す場合，刑罰適用裁判官は判決言渡し時に70歳以上の者全てに対し，刑法典132-26-1条の定める電子監視措置のもとで刑罰を執行することができる。ただし，法律上の累犯者，暴力犯罪，性犯罪，薬物濫用，テロリズム，犯罪集団の組織，売春斡旋，財物強

要,および徒党により行われた犯罪の場合を除く。464-1条[6]および465条[7]の定める処分は本項に関する者には適用できない」という文言を挿入することを提案した。2002年に提出した法案との違いは,年齢と電子監視措置に付す点である。理由づけについては,2002年とほぼ同じ文言が使われた[8]。この法案では電子監視が一つの担保となり,制度自体に対する議会の抵抗はそれほど強くなかった。しかしながら,近年フランスにおいて増加している高齢受刑者は,性犯罪者のかどで有罪宣告を受けた者あるいは,重罪もしくは法律上の累犯ゆえに長期刑を宣告された者であり,この法案の対象となる高齢受刑者はほとんど存在しない。それゆえ,「過剰拘禁の解消」を強調したこの法案は立法には至らなかった[9]。

2　高齢受刑者の処遇に関する国内人権諮問委員会による意見書

　MARIANIの2度にわたる法案が廃案となると,議会において高齢受刑者処遇に関する議論は下火になった。それゆえMARIANIが指摘した問題状況に対して何ら手当がなされず,釈放される高齢受刑者も増加しないため,高齢受刑者数はなお増加傾向にあった。その状況を痛烈に批判したのが,国内人権諮問委員会 La Commission nationale consultative des droits de l'homme: CNCDH[10]がフランス政府に対して送付した意見書である。そこでは,なお高齢受刑者に対する医療的・福祉的対応の不十分さが指摘された。

　同委員会は被拘禁者の医療的・福祉的ケアへのアクセスについて検討し,2006年1月19日には意見書が可決された[11]。この意見書では,高齢受刑者の多くが医療・福祉ニーズを有している現状があり,そのような受刑者はなお増加しているにもかかわらず,彼らのニーズに対応しきれていない点を問題視している[12]。施設設備に関する問題としては,階段が多くエレベーターやスロープがないために,医務室や散歩道に行くのが非常に困難であり,車いすも走行することができない点を指摘している。一方,人的問題としては,多くの刑務所において,専門家ではなく若い受刑者が高齢受刑者の世話をしている点を問題としている。それらの問題を指摘した上で,刑事施設内での適切かつ十分な医療・福祉ケアが難しい場合に用いられるべき治療を理由とする刑の執行停止がほとんど用いられていない,といった点を批判した。

そこで，国内人権諮問委員会はフランス政府に対して以下の点を勧告した。

> 勧告13：国内人権諮問委員会は障がいを有するあるいは要介護状況にある受刑者に対する非拘禁的措置ないし刑罰修正措置を即座により充実させるよう勧告する。
> 勧告14：国内人権諮問委員会は刑事訴訟法典720-1-1条の見直しを勧告する。また，本委員会は「拘禁措置の継続が適さない永続的な（芳しくない）健康状況」をより考慮すること，そして治療を理由とした刑の修正を受ける病人を外部で受け入れる特別な機関を充実させることも勧告する。

しかしながら，SÉNAT および ASSEMBLÉE NATIONALE の双方において，この勧告への対応はなされなかった。

3　2009年11月24日の法律82条の制定

　国内人権諮問委員会の勧告が2006年になされて以降，高齢受刑者処遇はしばらく立法課題に上がらなかった。再び，高齢受刑者処遇に関する議論がなされるようになったのは，2008年以降のフランス刑事政策の長年の課題であった行刑法の立法過程においてである。そこでの議論を経て，高齢受刑者における仮釈放の要件を緩和する規定が2009年11月24日の行刑法82条に設けられた。

> 刑事訴訟法典729条を以下のように改める。
> 1°　1項2文は以下の通りに定めた6項に変更する。
> 「1つ以上の自由刑に科されている受刑者は，社会復帰に向けた熱心な努力を示し，以下の事柄についての取組みが確認された場合には，仮釈放が認められうる」
> 「1°　労働，セミナー，臨時雇用への従事，学科教育あるいは職業訓練を欠かさず受けること」
> 「2°　家族生活において重要な行事への参加」
> 「3°　治療を受ける必要性」
> 「4°　被害者への賠償の努力」
> 「5°　その他社会参入計画の結果」
>
> 2°　以下の項を挿入する。

「以下の条件を満たす, 70歳以上の受刑者においては, 本条が定める仮釈放の条件とされている受刑期間は適用されえず, 仮釈放が認められうる。受刑者の社会復帰が確保され, 特に刑事施設出所にあたり, 自身の状況に適した支援の対象となっている, あるいは宿泊先がある場合。ただし, 再犯の重大な危険性がある, もしくはこの釈放が社会に重大な動揺を引き起こしうる場合を除く。」

　この条文の制定をもって, 高齢受刑者のための仮釈放の特例制度の創設に至った。しかしながら,「再犯の重大な危険」,「重大な動揺」といった文言に示されている通り, この条文の生成過程においても高齢受刑者に対する「支援」と「保安」の対立を見出すことができる。この対立に着目して, 本条の生成過程を示す。

　1998年にヨーロッパ評議会から,「行刑基本法」を整備するよう勧告をうけ, フランスではたびたび行刑法の草案を作成してきた。2007年夏, 当時の司法大臣 R. DATI が行刑基本法の整備を宣言したことを受けて, 2008年に草案が作成された。そこで強調されたのは, 受刑者の高齢化, 刑の長期化, 刑の修正の多様化, 拘禁措置に関わる人々の多様化への対応であった[13]。そこで, 行刑法の柱として, ①被拘禁者の人権の保障, ②非拘禁措置の強化と社会参加の促進による再犯予防, ③拘禁措置に関する法制度の整備が設定された。

　行刑法法案は, まず2008年 7月28日に SÉNAT に提出され, 仮釈放の基準の拡大に関する47条において, 高齢受刑者の特例について規定が設けられた。当時の刑事訴訟法典729条は仮釈放の要件について, 形式的要件としては残刑が執行されるべき刑の半分以下であること, 法律上の累犯の場合にはすでに執行された刑罰が残刑の 2 倍であること, 実質的要件としては社会復帰の真摯な努力を示していること[14]と定めていた。この規定を基準として, 受刑者が75歳以上であるときには, 形式的要件を満たしていなくとも, ①受刑者の社会参加が確保されている, ②自身の状況に適した支援の対象となっている, ③帰住先がある, ④釈放後社会に重大な動揺を生ぜしめうる場合は除く[15], の 4 つの実質的要件を満たしていれば仮釈放することができる, とした。なお, この「75歳以上」という年齢の設定については, 再犯の可能性が低く社会に及ぼしうる危険がより少ない, と説明された。

この規定に対して，国内人権諮問委員会は2008年11月6日に意見書を出している[16]。同委員会はこの高齢者への仮釈放の特例について賛同を示しつつも，「社会への重大な動揺を生ぜしめうる場合」という例外事由の設定についてはこの規定を本質的に意味のないものにしているように思われる，と批判し[17]，以下のように勧告した。

> 勧告55：刑の執行途中にある75歳以上の高齢者に対して仮釈放の可能性を開くことに関して，本委員会は，「この釈放により社会に重大な動揺を生ぜしめる可能性がある場合は除く」という文言を追加することを要請する。

　2008年12月17日にSÉNATで行われた議論[18]では，この仮釈放の特例について，一定の年齢を仮釈放の要件とすることについては，対象者の健康状況が治療を理由とする刑の執行停止を認めるほど深刻ではないが，その高齢から拘禁を継続することが難しい者をも対象として，非拘禁措置に付す可能性を広げていると，評価された[19]。しかしながら，それでも，この特例を実際に高齢受刑者にとっては積極的に適用することは困難であるとした。そもそもすべての受刑者にとって，出所時点で帰住先や宿泊先を見つけるのが困難であり，くわえて一般の高齢者の多くが老人ホームの少なさから，入所することができず，在宅ケアを受けるにとどまっている状況をも合わせて考慮すると[20]，高齢受刑者が老人ホームに入所することは非常に困難であるように思われる[21]。そこで，75歳という要件を70歳以上の高齢受刑者へと拡大することが提案された。その背景には，聴聞において，複数の論者が「刑務所は，数年の拘禁を通して50歳の高齢者を70歳と見まがうほどに衰弱させる」との点を強調したこと，くわえて，「老人ホームは75歳以上よりも［若い］70歳の高齢者の方を受け入れやすい傾向がある」ので，「出所後の引受先の面からみても，70歳とするのが妥当だろう」と説明された。それ以降，この規定については「70歳以上」の高齢受刑者を対象とすることが議論の前提とされた。
　また，国内人権諮問委員会が問題視した「社会へもたらしうる動揺」という文言については見解が分かれた。刑事手続きの均衡を強化するための2007年3月5日の法律においても同じ文言を用いて重罪に対する未決拘禁を強化したと[22]

して，拘禁を強化するための口実としてこの文言を用いていると批判的な見解が示される一方で，「犯罪の危険性が減少するのは高齢になるからではない。さらに，高齢受刑者の多くが，性犯罪のかどで自由刑を宣告された」として，肯定的な見解も示された。そこで，高齢受刑者に対する仮釈放をめぐる議論は，彼らに対する「弱い存在」というイメージと，性犯罪者という「社会の敵」というイメージを前提として，「支援」と「安全」のバランスをどう考えるかという点が議論の中核に置かれた。

2009年2月9日に提出されたSÉNATの補足報告書によれば，N. BORVO COHEN-SEAT議員から47条案を65歳以下へと引き下げることが提案された。[23] この提案を受けてASSEMBLÉE NATIONALEでは2009年9月8日に議論がなされた。[24] まず，前提として，47条案の趣旨について，治療を理由とする刑の一時執行停止を受けるまででもないが，高齢であるがゆえに拘禁の継続が困難な者を釈放するための法規定である，との確認がなされた。この規定の柱は，刑事訴訟法典729条が定める，形式的要件——有期刑の場合には刑期の半分以上の期間（15年未満），法律上の累犯の場合は刑期の3分の2以上，無期の重罪懲役刑の場合には18年以上（法律上の累犯の場合は22年以上）の執行が終了していなくてはならない——を満たさなくとも，高齢受刑者が仮釈放されうる，という点である。

そこで，根本的に47条案が対象とする「高齢受刑者」の年齢の設定の基準および根拠について検討が加えられた。まず，形式的要件を70歳から65歳に引き下げたBORVO COHEN-SEAT案は「行き過ぎ」であると批判し，却下した。その上で，SÉNATにおいて，高齢受刑者における再犯の重大な危険の不在という見解と，高齢者において絶対に危険性が少なくなるのは，その年齢ゆえではないとの見解について検討を行った。しかし，そもそも社会への動揺や再犯の危険性という根拠の正統性については疑問が残るとコメントするにとどまり，この点に関する結論は出さなかった。

ASSEMBLÉE NATIONALEにおける議論では，47条案につきSÉNATが論点とはしなかった点についても議論を行っている。たとえば，J. A. BENISTI議員は47条案について刑事施設内の秩序維持の観点から非常に保守的な意見を述べている。すなわち，「47条は受刑者が社会復帰への真摯な努力を示し

ていることを条件として仮釈放を認める条件を拡大している。この修正は，47条案は行刑局から刑務所における秩序維持において有効な手段を奪うことになるので，刑務官にとっては一層重要である。受刑者の振る舞いがもはや仮釈放の許可基準たり得ないのであれば，拘禁に関する諸規則の遵守を促進する機能は減少し，行刑局はより懲罰を用いることになろう。これは，本法案の精神とは矛盾している」[25]。しかしながら，このコメントは若干的外れなように思われる。47条案は高齢受刑者において出所後の受け皿が確保されていることを実質的要件としている。就労の機会が制限され，もっぱら年金および社会扶助の対象としてとらえられる高齢者において，出所後の老人ホーム等の福祉施設を含む居所を探すことは刑事訴訟法典729条がいうまさに「社会復帰に向けた真摯な努力」にほかならないのではなかろうか。このような批判は議会資料には記録されていないが，しかしながら，この発言が議会において大きく取り上げられず，記録にとどまっている点にかんがみれば，医療的・福祉的ニーズがより大きい高齢受刑者に対しては，拘禁を継続するよりも釈放したほうが好ましいという点そのものについては，争いはないように思われる。

　D. RAINBOURG議員はこの仮釈放の特例により生じうる弊害について言及している。すなわち，高齢受刑者においては75歳という年齢を形式的要件に入れることにより，一般的な仮釈放の形式的要件を外していることから，本規定の導入は，短期収容を強調することになる，と。確かに，「短期刑の弊害」は刑事政策上の重要な論点の一つであり，それを避けるために非拘禁措置が発展してきた。とするならば，高齢になってから有罪宣告を受けた者に対しては，そもそも短期刑の弊害を生ぜしめないダイバージョンや非拘禁措置をより積極的に活用することが好ましいという主張に帰結するように思われる[26]。しかしながら，RAINBOURGはそこまでは主張していないようである。

　2008年8月に本行刑法案が提出されてから，1年以上にわたり両院において議論が重ねられ，2009年10月8日の行刑法案に関する両院合同委員において，ついに47条案の規定が可決された。可決された条文では，SÉNATが提示した通り「70歳」案が採用された[27]。その後，本行刑法案に関する憲法院の審理においても，47条案は論点とされなかった[28]。その後，本行刑法案は2009年11月24日に制定され，2009年11月26日[29]に施行された。施行から約1年後，行刑法の諸規

定について簡単な注釈を掲載した通達が出された[30]。刑事訴訟法典729条は，刑法典132-23条が定める拘禁最低期間 une période de sûreté[31] 中は適用することができないとしている[32]。すなわち，刑事訴訟法典729条は70歳以上の高齢受刑者においては仮釈放における形式的要件を満たさなくとも，実質的要件を満たしていれば仮釈放が認められると，定めている。しかしながら，70歳以上の高齢受刑者において，有罪宣告時に拘禁最低期間が設定された場合には，その期間は仮釈放に付されえないとするものである。拘禁最低期間は謀殺（刑法典221-2条），加重事由のある故殺（刑法典221-4条），加重事由のある傷害致死（刑法典222-8条），強姦（刑法222-23条）[33]，加重事由のある強姦（222-24条）などの犯罪類型に設けられている。すなわち，刑事訴訟法典新729条は犯罪類型による制限を設けていないが，しかしながら，実質的にこの拘禁最低期間の設定により，「危険な犯罪」については仮釈放の適用が制限されると思われる[34]。

さらに，仮釈放の決定は刑罰適用裁判官の裁量による。Juris Crasseur の注釈刑法典は，「70歳以上の高齢受刑者に適用可能な基準として『保障された』社会再参加［のみ］を必要とする」ことから，この基準は一般的な仮釈放措置における基準よりも「より広い」と評価している。しかし，上記制約があることからこの評価には疑問が残る。

以上から，フランスにおける高齢受刑者処遇に関する議論ないし制度は未だ発展途上であるといえよう。高齢受刑者の尊厳を尊重するための処遇は，「処罰」ないし「安全」の観点から大きな制約を受けている[35]。しかしながら，高齢受刑者が有する医療的・福祉的ニーズへは対応しなくてはならないというコンセンサスは形成されているようである。

4　高齢受刑者に対する早期釈放制度の消極的運用

治療を理由とする刑の執行停止と70歳以上の高齢受刑者に対する仮釈放の特例，という2つの早期釈放制度は，高齢受刑者処遇の理念を象徴するものといえよう。すなわち，一般に高齢者は非高齢者よりも医療的・福祉的ニーズが大きいために，特別に医療ないし福祉制度が設けられている。同様に，高齢受刑者も非高齢受刑者よりも大きなニーズを有する。それゆえ，彼らの健康そして生命を保護するためには，それらのニーズへの適切かつ十分な対応が必要とな

る。したがって，高齢受刑者に対する処遇はその尊厳を尊重するためには量的質的に他の受刑者に対する処遇とは異なるのである[36]。そして，禁錮刑が彼らの健康ないし生命を剝奪する性格を有さない以上，これらの対応は受刑者が自身の権利に基づいて請求することができるものであり，政府はその請求にこたえる義務を有するのである。高齢受刑者処遇のあり方に関するこのような認識は，2001年6月7日のヨーロッパ人権裁判所決定によって方向づけられ，フランス国内におけるこれらの早期釈放制度を創設する際の議論によって基礎が固められてきた。

そのような理念が示されつつも，これらの早期釈放制度の運用は積極的とは言えない。この理念と運用のズレこそが，フランスにおける高齢受刑者処遇に対する合意と抵抗の衝突点であるといえよう。

消極的な運用にとどまっている点については，治療を理由とする執行停止については手続きの複雑さ，および基準の厳格さから申請そのものが控えられている，70歳以上の高齢受刑者に対する仮釈放の特例についてもやはり基準の厳格さが指摘されている。フランスでは，軽微な高齢犯罪者については，非高齢者よりも非拘禁的措置が用いられやすい傾向にある。それゆえ，実際に拘禁的措置に付されるのは高齢有罪人員の10％にも満たない。すなわち，拘禁されている高齢受刑者の多くが「社会にとって危険な犯罪」を行ったとされる長期受刑者や性犯罪のかどで有罪宣告を受けたものである。そこから，彼らを釈放すれば社会に動揺をもたらすとして，「処罰」ないし「安全」の視点から彼らの釈放に対して強い抵抗がなされている。

2012年7月4日に開かれた，「2009年11月24日の行刑法の適用状況に関する法律の適用状況監査に関するSÉNAT委員会」[37]では報告者から行刑法の適用状況と改善のための勧告についての説明がなされ，それを受けて議論がなされた。

70歳以上の高齢受刑者に対する仮釈放の特例については，「適用の困難に直面している」と指摘されている。適用を阻む要素として，「最低拘禁期間」に関する規定が挙げられている[38]。この問題状況をうけて，同委員会では，報告者からこの制度に対しては「最低拘禁期間」の適用を除外する旨の勧告がなされた[39]。さらに，すでに「最低拘禁期間」の適用から除外されている治療を理由と

する刑の執行停止制度が消極的運用にとどまっている点について批判した[40]。
　その一方で，高齢受刑者における仮釈放の特例があまり適用されていない背景として，彼らの「危険性」が重要視されている点を指摘している[41]。
　高齢受刑者の多くは長期受刑者および性犯罪のかどで有罪宣告を受けた者である。社会にとって「危険」な犯罪を行った者とみなされうる。そこで，実際にはいくつかの留保ゆえに，仮釈放の道は広がっていないようである[42]。この点につき，同委員会報告書では「立法者意思に反している」とされている[43]。報告者の一人である J. R. LECERF 議員はこの点について，「世論の不安」が大きいと発言した[44]。高齢受刑者の尊厳を尊重するための処遇をどのように確保するかについては，なお議論が展開されているところ[45]であり，今後の議論ないし制度の変遷についても継続的にみていく必要があろう。
　フランスにおいても高齢受刑者処遇に関する課題は少なからずある。しかしながら，高齢受刑者に対してはその特性を考慮した支援がなされなくてはならない，という点にコンセンサスが得られている点は注目すべきである。そのような処遇こそが彼らの健康，生命，そして尊厳を守るために必要なものと考えられるからである。さらにそれらの保障こそが，まさに社会参加の第一段階である。それゆえ，高齢受刑者処遇としては，彼らの特性を理解し，彼らの尊厳を尊重するためにそれらに応じた適切かつ十分な対応を実施することが目指される必要がある。それにもかかわらず，フランス以上に高齢受刑者への対応が問題となっている日本においては，このような議論はほとんど展開されていない。

〔註〕
1） ASSEMBLÉE NATIONALE, N°406, Proposition de loi, 28 novembre 2002, p3, ASSEMBLÉE NATIONALE, N°1805, Proposition de loi, 22 septembre 2004, p3.
2） MARIANI の高齢受刑者を釈放する，というアプローチは PAPON の釈放から着想を得たと指摘されている〔H. CLÉMENCE, La prise en charge des détenus âgés (2010), http://droit-prive-et-contrat.oboulo.com/prise-charge-detenus-ages-118136.html, p1〕。
3） 本法案理由書には，対象を「73歳以上」の高齢受刑者とした理由については明記されていない。しかしながら，当時のフランスの平均寿命が73歳であったことから，MARIANI は平均寿命を参考にしたものと指摘されている〔CLÉMENCE, loc. cit.〕。
4） Ibid. ここに，なお高齢受刑者に対する手厚い対応への抵抗を見出すことができる。ただし，MARIANI の法案では性犯罪や法律上の累犯といったいわゆる「危険な犯罪」は適用対

象外とされている。すなわち，この規定の対象となりうるのは初犯あるいは，法律上の累犯ではない盗罪や詐欺といった犯罪であり，これらの犯罪につき実刑判決を受ける高齢受者は非常に少ない［赤池一将「フランスにおける長期受刑者処遇の現状と課題」龍谷大学矯正・保護研究センター研究年報3号（2006）64頁］。

5） 赤池・前掲註4）64頁。

6）「勾留されている被告人に対しては，裁判所は事件のいかなる段階においても，特別の保安処分の延長を正当化する種類の要素が存するときは，理由を付した特別の決定をもって，勾留を継続することができる。この決定の執行のために，令状はその効力を継続する」。

7）「第464条1項に定める場合において，それが普通法の軽罪に関するものであり，かつ，言い渡した刑が執行猶予を付さない禁錮刑であって，しかも特別の保安処分を正当化する種類の要素が存するときは，裁判所は，理由を付した特別の決定をもって，被告人に対して勾留状又は勾引勾留状を発することができる。勾引勾留状は，異議の申立を受けた控訴院が刑を1年未満の禁錮刑に減軽したときも，なおその効力を継続するものとする。軽罪裁判所の発した勾留状も，控訴の申立を受けた控訴院が禁錮刑を1年未満に減軽したときも，なおその効力を有する」。

8） 裏を返せば，2002年から2004年のおよそ2年間で高齢受刑者の処遇環境において大きな変化がなかったことを意味する。確かに，この時期において高齢受刑者に対するよりよい処遇を実現するための試みは行われた。2002年法により，「治療を理由とする刑の一時執行停止」が創設され，それにより，刑の執行よりも外部の医療機関での治療が優先されることが明らかにされた。しかしながら，実際には，生死にかかわる重篤な場合以外ほとんど認められず，又認められたとしても半年ごとに刑罰適用裁判官による一時執行停止延長に関する審査を受けなくてはならず，それゆえこの制度はあまり使われなくなっている［Le Figaro 16. mai. 2006. Les prisons doivent s'adapter au <papy-boom>.］。さらに，刑事施設内において介護や医療サービスを提供することができるよう，刑事施設の改築や専門スタッフ，家族，ボランティアの介護のための訪問を可能とするといった措置が採られた［P. DARBED, *La programme 4000 : des prisons sûretés et humaines*, RSC 2003, p396］。しかしながら，これらの試みは期待していた結果を残すことができなかったといえよう。

9） J. BÉRARD, *Démogogie pénal, mesures humanitaires*, Dedans-Dehors, *Vieillir et mourir en prison*, http://www.oip.org/nos-publications/dedans-dehors/doissier-vieillir-et-mourir-en-prison, 赤池・前掲註4）64頁。

10） 国内人権諮問委員会は，人権の促進と保護に関するフランス国内の組織である。立法や政策等における人権上の諸問題の解決を政府に勧告する役目を有している。http://www.cncdh.fr.

11） Etude sur l'accès aux soins des personnes détenues, http://www.cncdh.fr/IMG/pdf/Etude_soins_personnes_detenues_190106.pdf.

12） Ibid, p14.

13） SÉNAT, Projet de loi pénitentiaire, N°495, 28 juillet 2008, p4.

14） 同条文には，具体例として労働活動への参加，学科教育もしくは職業訓練への参加，就労セミナーへの参加，一時的な就労 un emploi temporaire，家族行事への参加，治療の受診，被害者への賠償を行った場合が挙げられている。

15） PAPON判決の影響を多いに受けたものであろうと指摘されている［Avis sur le projet de loi pénitentiaire, http://www.cncdh.fr/IMG/pdf/08.11.06_Avis_sur_le_projet_de_loi_penitentiaire-2.pdf Ibid.］。

16) Ibid.
17) さらに，この留保は，一件でもトラブルが生じてしまうと裁判官が仮釈放に対して消極的になる可能性があることを考慮して入れたものであるとも批判している［ibid, p14］。
18) SÉNAT, Rapport de commission, N°143, 17 décembre 2008, p55ets.
19) SÉNAT の行刑法案に対する社会問題委員会では，この仮釈放制度の創設のみでは「高齢受刑者がおかれている劣悪な拘禁環境」が改善されていないことを示唆している。2009年2月17日の同委員会において，まずは，刑事施設内で高齢受刑者に対して日常生活動作について必要なケアの提供についても行刑法に規定を設けるべきであるとの見解を示した。また，仮釈放の特例を設けるならば，高齢受刑者を釈放し，外部の医療・福祉機関につなぐための措置の前提となる社会の受け皿を見直す必要があるとした。
20) それゆえ，現在，施設利用者の多くが，家族の手には負えない重度の介護を必要とする80歳以上の超高齢者であるとされている［F. TUGORES, *La cliéntele des étabilissements d'hébergement pour personnes agées*, Études et Résultats N°485, DRESS, p2］。
21) それでも，刑事施設を出所した後に高齢出所者の多くが入所する施設は老人ホームであると指摘されている［E. ALFANDARI, action det aide sociales (2006), pp668ets.］。
22) 刑事訴訟法典144条は，未決拘禁が命じられうるあるいは，延長されうる条件について規定している。すなわち，手続きから生じる明確な状況や要素に関して示された場合，以下に列挙する１つ以上の項目を満たした場合，司法監督処分および電子監視付き居住指定処分に付されえない場合。7項「犯罪の重大性，その犯罪状況，引き起こした侵害の重大性から生じる例外的かつ継続的な社会への動揺を終結させること。この動揺は事件に関するメディアの影響のみからは生じえない。従って，本項は軽罪には適用されえない」。
23) SÉNAT, Rapport suplementaire, N°201, 7 février 2009, p11.
24) ASSEMBLÉE NATIONALE, Rapport d'information, N°1900, 8 septembre 2009, p329.
25) この BENISTI 議員発言の根底には「高齢受刑者は危険な存在であり，受刑者の人権および自由は刑事施設内の秩序維持を理由として制限することができる」，といった考え方があるように思われる。それゆえ，仮釈放はあくまでも善行保持した受刑者への「恩恵」に他ならない。この考え方は，現在の日本の刑務所運営においても支持されているようである［たとえば，林眞琴，北村篤，名取俊也『逐条解説　刑事収容施設法』（有斐閣，2010）309頁など］。このような意見が議会において多数派として扱われない点が日本とフランスの大きな差であるように思われる。
26) 前述のとおり，60歳以上の高齢者においては非高齢者よりも，非拘禁措置が多く言い渡される傾向にある。
27) SÉNAT, ASSEMBLÉE NATIONALE, Cpmmissions mixtes paritaires, p20.
28) Décision du Conseil constitutionnel, N° 2009-593 du 19 novembre 2009.
29) 行刑法のうち，一部を除いて2009年11月26日に施行された。たとえば，未決拘禁代替策として導入された電子監視付居住指定 assignation résidence avec surveillance électronique に関する規定については2010年４月１日のデクレ Décret N° 2010-355 du 1er avril 2010によって施行された。
30) Circulaire du 10 novembre 2010 relative à la présentation des dispositions de la loi pénitiaire. N° 2009-1436 du 24 novembre 2009 relatives au prononce des peines et aux aménagements de peines, NOR: JUSD1028753C.
31) 刑法典132-23条の規定は以下の通りである。
「法律で特別に定められた諸犯罪のかどで施行猶予なしの10年以上の自由刑を宣告された場合

には，一定の拘禁最低期間 une période de sûreté の間，刑の執行停止もしくは分割，外部施設への収容，外出許可，半自由および仮釈放の措置を受けることができない。拘禁最低期間は執行されるべき刑罰の半分あるいは，重罪の無期懲役刑を宣告された場合には18年とする。

重罪院もしくは軽罪裁判所は特別な決定をもって，その期間を刑罰の3分の2まで，あるいは重罪の無期懲役を宣告された場合については22年まで延長することができる。

その他，執行猶予なしの5年を超える自由刑を宣告された場合には，裁判所は被告人が1項に定める刑罰の執行形態のうちいずれも受けることができない拘禁最低期間を定めることができる。その期間は宣告刑の3分の2を，あるいは重罪の無期懲役刑の場合には22年を超えることができない。

拘禁最低期間の間に認められた刑の減軽 les réductions de peines にはこの期間を除く刑期のみが参入される」。ただし，治療を理由とした刑の執行停止については，受刑者の生死にかかわる緊急事態であるため，この規定は適用されない。

32) なお，この通達には以下の点も言及されている。すなわち，「この規定は，15年を超える拘禁最低期間が設定された有罪宣告の場合，仮釈放は対象者が半自由あるいは電子監視に1年間から3年間付されるまでは認められえないとする刑事訴訟法典［旧］720-5条の規定の適用を妨げない」。刑事訴訟法典［旧］720-5条は以下の通りである。

「15年を超える拘禁最低期間が設定された有罪宣告の場合，1年から3年の半自由もしくは電子監視に付されるまでは仮釈放は認められない。

残刑が3年未満の場合を除いて，刑事訴訟法典712-7条に定める条件を満たす場合に，刑罰適用裁判所 le tribunal de l'application des peines: TAP は半自由もしくは電子監視を命じることができる」。なお，この規定は2012年1月1日に削除された。

33) なおフランス刑法典において，「強姦 viol」は男性が女性に対して行う行為のみを指すのではない。すなわち，刑法典222-23条は「暴力，強制 contrainte，脅迫もしくは不意打 surpris を用いてなされた，性的な挿入行為 acte de pénétration sexuelle はすべて強姦である」，と定義している。

34) この点については2012年7月4日に行われた SÉNAT の2009年行刑法の適用に関する委員会で J. R. LECERF 議員も指摘している［SÉNAT, Rapport d'information, n°629, 4 juillet 2012, p83］。

35) N. M. HUR=VARIO, Dignité du détenu et conscience d'exister, P. V. TOURNIER, Enfermements（2014）, pp302ets. 同書はその背景には，行刑局の予算の不十分さを指摘している。

36) フランス司法省行刑局では被疑者，被告人，受刑者，保護観察対象者当「刑事司法の手中に置かれた人 PPSMJ: personnes placées sous main de justice」がそれぞれのニーズに応じて受けることができる社会福祉・社会保障サービスに関するガイドブック Guide des droits sociaux accessibles aux personnes placées sous main de justice を発行している。同ガイドブックでは，とりわけ高齢者と障がい者に対する各種社会的サービスについて詳細に触れている。本書では，2015年12月版を参照した。

37) SÉNAT, Rapport d'information, N°629, pp58ets. 高齢受刑者における仮釈放の特例は刑事施設の過剰収容対策の一つとしての側面をも有する。そのため，この措置があまり用いられていない，という事実はフランス刑事政策上の重要な問題とされている。この委員会での議論を経て，活用状況がどのように変わっていくのかについては，今後も注目すべき点であろう。

38) Ibid., p59.
39) Ibid.
40) Ibid.
41) Ibid., p78.
42) 特に重大な性犯罪のケースは仮釈放が認められにくい上に，刑期満了後も社会内司法監督 suivi socio-judiciaire の名の下で司法機関による「監視」がなされることもある。[BOULOC, op. cit., p325ets., 末道康之「フランスの再犯者処遇法について」南山大学ヨーロッパ研究センター報13号（2007）12頁以下，を参照した]。
43) Ibid.
44) Ibid., p83.
45) 近時では高齢受刑者の早期釈放制度の利用について，見方が徐々に変わってきているようである。治療を理由とする刑の執行停止について，前フランス司法省行刑局長補佐（医療担当）医師 D. GALARD 氏によれば，この措置は受刑者が塀の外で死を迎えるため，あるいは終末期医療を外部の医療機関で受けるために用いられてきたが，現場ではより積極的な運用をする方向に向かいつつあるとのことである。また，70歳以上の高齢受刑者に対する仮釈放について，パリの secours catholique という民間機関で高齢受刑者に対する支援を行っている担当者から，未だ件数は少ないが早期釈放を獲得するために用いることができる措置が増えたという点は現場においては重要な意味を持つとの話を聞いた。このように現在高齢受刑者をより早期に釈放しようという風潮が徐々に強くなってきている。

第 6 章
刑罰修正手続きと措置

　治療のための刑の執行停止と70歳以上の高齢者に対する仮釈放の特例の創設をめぐる議論においては，当事者の手続き保障の面から，恩赦ではなく，刑罰修正 aménagement de peine が選択された。ここで，これら 2 つの早期釈放制度の手続きと措置の内容について示す。

1　刑罰修正措置

　刑罰修正により認められうる措置としては，外出・外泊，刑期の短縮，半自由，外部施設への収容，仮釈放，刑の執行停止，電子監視がある[1][2]。そのうち，外部機関で医療的・福祉的サービスを受けることを目的として認められうる措置が半自由，外部施設への収容，仮釈放，治療を理由とした刑の執行停止である。半自由および外部施設への収容は拘禁刑の一執行形態である[3]。刑罰適用裁判官より刑罰執行前に言渡される場合と，刑罰の執行途中に言渡される場合とがある。これらの措置は，夜間は施設に宿泊しなくてはならないが，昼間は施設外部において，就労，就学，職業訓練，求職活動，治療等の活動に専念することができる。これらの 2 つの措置に付された場合には，刑罰適用裁判官から労働時間および労働への従事，被害者への賠償，一定の人物との頻繁な交際の禁止等の遵守事項が課される。なお，半自由措置の場合には「半自由センター」という刑事施設で，外部施設への収容の場合には行刑局から委託を受けた民間のアソシアシオンが管理する宿泊施設で寝泊まりをすることになる。これらの特徴から，半自由と外部施設への収容は「開放環境での処遇 le milieu ouvert」と呼ばれる。一方，刑の執行停止と仮釈放については半自由および外部施設への収容のように宿泊先および居所の指定がない，という点で「社会内

処遇 le milieu libre」と呼ばれる。これらは両方とも刑の執行途中に認められうる措置である。すなわち，病院，自宅，家族や知人宅，福祉施設等が出所後の居所となる。

2　刑罰修正の許可に向けた手続き[4]

　日本では自由刑の執行停止は検察官が，仮釈放は地方更生保護委員会がその決定権限を有している。一方，フランスでは，刑罰修正は行政処分ではない。対審を経て，裁判官が決定を下している。医療的・福祉的ケアを求めるのは受刑者の権利であり，それを実現するための手続きにおいても本人の権利が保障されなくてはならない。

　手続きはいずれも当事者の申請を受けて開始される。治療を理由とする刑の執行停止については，最低拘禁期間が設定されていても，重篤な病気に罹患していれば申請することができる。UCSA の常勤医，必要がある場合には他の医療機関の医師は受刑者の健康状態にかんがみて，治療を必要とする刑の執行停止措置が認められうる場合には，その旨を当該受刑者に伝えなければならない。[5] 一方で仮釈放制度については，70歳以上で，かつ最低拘禁期間が宣告されている場合にはその期間の執行が終了している者が対象となる。

　これらの条件を満たし，かつ刑罰修正を希望する受刑者は申請の準備作業をするために，まず社会復帰と保護観察に係る行刑局職員 Service Pénitentiaire d'Insersion et de Probation ［以下 SPIP とする］と面談する。[6] 受刑者は SPIP と協力して，[7] 自身の家族，就労，金銭等の状況に基づいた刑罰修正計画書を作成する。この計画書が刑罰修正の可否判断の重要な資料となる。このとき，仮釈放審査において刑の修正措置を認めるにあたって刑罰適用裁判官および刑罰適用裁判所がもっとも重視するのは，当該受刑者本人の「社会復帰」の意欲とされている。[8] その意欲を具体的に示すために，仮釈放の申請をする際には，受入れ先を確保するために，病院あるいは福祉サービスを提供しているアソシアシオン[9]に打診する。その際，外出・外泊制度を利用して入所を希望する施設に体験入所として短期間滞在[10]をすることもある。[11] 刑事訴訟法典729条[12]は，高齢受刑者に対する仮釈放の要件として出所後の引受先および宿泊先が決まっていることを挙げているため，この外出制度は，受入れ先を確保する以外にも，仮釈放

を言渡す前の一定の短期間，施設外でどのような振る舞いをするかを評価するために必要とされる場合もある。

　刑罰修正計画書が出来上がると，対象受刑者は刑罰適用裁判官あるいは刑罰適用裁判所に刑の修正を申請する[13]。申請をするにあたっては[14]，申請者自身と選定している場合には弁護人の署名がなされた申請書をまず刑務所長に提出し，それを刑務所長が確認，署名した後に刑罰適用裁判官の書記官に送付する。直接対象者が刑罰適用裁判官と面会をすることも可能であるが，この場合にはあらかじめ理由書を送付しておく必要がある。

　ただし，これらの申請書の形式および提出方法に関する条件を満たしていても，以下の場合には刑罰修正の申請が認められない。①被有罪宣告者が法律で定められている刑罰執行期間を満たしていない，②裁判所が定めた不受理期間に申請書を提出した場合である[15]。不受理となった場合，24時間以内に申請者にその旨が通知される。対象者は不受理について不服申立てをすることができる。申請が受理された場合，刑罰適用裁判官は申請から4ヶ月以内に，刑罰適用裁判所については6ヶ月以内に聴聞を開かなくてはならない。聴聞が開かれなかった場合，申請者は控訴院の刑罰適用部に直接申請をすることができる。

　刑罰修正に関する審理は，申請前に申請者が作成した計画書，対象者の個人的な書類（人格調査，精神医学的な鑑定），判決文，行刑局職員（刑務官，SPIPなど）の見解を総合した報告書，犯罪被害者・私訴原告人に関する情報[16]，そして治療を理由とする刑の執行停止の場合には2通の医師の診断書をもとに行われる[17]。必要な場合には，刑罰適用裁判官および刑罰適用裁判所は自身が有する調査権限を行使して，対象者の社会再参加の努力や再犯リスクを評価するために必要な対象者の人格[18]，家族，社会状況，必要な場合は被害者・私訴原告人の状況，その他対象者の申請の評価に有益な検査，調査鑑定に関する資料について資料も収集しなくてはならない。ただし，精神医学的鑑定と社会教育的検査については，実施される場合が限定されている。精神医学的鑑定は，刑の修正を希望する者が少年に対する故殺・謀殺，性犯罪について有罪宣告を受けている場合に必要とされる。なお，精神上の諸困難につき実際に治療を受けている受刑者においては，治療を理由とする刑の執行停止措置の対象外とされている。一方，社会教育的検査は社会，家族，教育の因子を元にして対象者の危険性と

再犯リスクを評価するものである。この検査は精神医学的鑑定とは異なるものであり、医師ではなく SPIP が実施する。これらの資料について、申請者の弁護人はその写しを入手することができる。[19] また、治療のための刑の執行停止にあたって必要とされる2名の医師の診断書については、UCSA 常勤医、そして必要がある場合には外部の医療施設の医師が作成する。双方の診断書において、申請者が重篤な病気に罹患しており、死期が迫っていることが明らかにされなくてはならない。なおこの診断書については、当該受刑者、および刑事施設長に開示される。

　これらの書類の審理とともに、申請者に対する聴聞が開かれる。聴聞の日程が決まると、刑事施設の書記官は申請者に対して、原則として聴聞10日前までに刑罰適用裁判官の面前へ出頭するよう通知しなくてはならない。ただし、緊急時――特に修正措置の取消がなされる場合――にはその限りではない。この通知を受けて、対象者本人と弁護人は防御のための準備期間を請求することができる。刑罰修正のための審理は対審を経て行わなくてはならない。この聴聞は、申請者が拘禁されている場合には刑務所内で実施され、病院に入院している場合や医療的理由から動かせない場合には、医療施設で実施する。申請者が難聴あるいはフランス語が話せない場合には通訳による支援が必ず行われる。その一方で、検察官、被有罪宣告者・弁護人の同意がある場合や、刑罰適用裁判官が刑罰修正の申請を不受理とする場合には、聴聞が開かれないことがある。

　聴聞直後に決定がなされた場合には決定の写しを申請者に交付することにより、決定が通知され、その他の場合には検察官に通知され、決定の写しはSPIP 局長へ送付される。

　刑罰修正手続きの申請を受けて、下された決定に対して不服の場合には、申請者あるいは検察官は上訴を行うことができる。その場合、申請者あるいは検察官が申請に対する却下の通知を受けてから、10日以内に刑事施設長に対して文書を提出しなくてはならない。上訴については控訴院の刑罰適用部が対審を経て審理を行う。この際、刑罰修正手続きの申請者あるいはその弁護人は上訴から1ヶ月以内に刑罰適用部に意見を送ることができる。さらに上訴の審理手続きにおいては、私訴原告人の弁護人が対審に参加し、意見を述べることがで

きる。これらの聴聞と諸資料の審理を経て，刑罰適用部は理由を付した決定により，刑罰適用裁判官・刑罰適用裁判所の決定を維持または取消すことができる。

　上訴審の決定は，まず検察官に通知され，SPIP あるいは収容先の刑事施設所長にそのコピーが送付される。刑事施設に拘禁されている対象者には施設長から写しが交付され，拘禁されていない場合には書留で直接本人に写しが送付される。この上訴審の決定に対して不服がある場合には，さらに破棄申立てをすることができる。この手続きは判決通知後 5 日以内に，刑の修正手続きの申請者が施設付きの書記官へ表明することで行うことができる。この表明はなされてから 1 ヶ月以内に破棄院書記官に通知されなくてはならない。ただし，この際には破棄院に登録している専門弁護士の援助が必要となる。

　なお，刑罰修正に関する決定は，被害者にも通知されることがある。すなわち，遵守事項に関する決定の中に被害者への接見禁止命令が含まれている場合である。被害者にはこの禁止命令と対象者がこの命令を遵守しなかった場合に課される措置について知らされうる。ただし，被害者が通知を望まない場合，裁判所が被害者の人となりを考慮して通知すべきでないと判断した場合はその限りでない。

　刑罰修正が認める旨の決定がなされた場合，申請者はただちに「保護観察 mise à l'epreuve」に付される。ただし，治療を理由とする刑の執行停止の場合には，その限りでない。この保護観察において，申請者には，刑の修正を認めた刑罰適用裁判官および刑罰適用裁判所による統制措置 mesure de contrôle が実施され，遵守事項が設定される。

3　刑事修正措置終了に向けた手続き

　次にこれらの措置の終了の手続きをみる。実際に刑罰修正措置の継続，停止そして終了を決定するのは，刑罰適用裁判官である。その決定のための資料を集めるのは SPIP の役割である。SPIP は刑罰適用裁判官から対象者の監督を委託され，統制措置および特別遵守事項の遵守状況の監督をも行っている。その結果については報告書が作成され，四半期ごとに刑罰適用裁判官に提出される[20]。対象者が遵守事項に違反した場合，あるいは「好ましくない行為 mauvaise conduite[21]」を行った場合[22]には，ただちにそのことに関する報告書を作成し，刑罰適用裁判官に提出する。この報告書を受けて，刑罰適用裁判官は対象者に勾引令状 mandat d'amener[23] を交付することができる。この勾引令状は司法警察 police judiciaire か憲兵 gendarmerie に送付される。この送付を受けた司法警察あるいは憲兵は対象者を遅滞なく令状を交付した刑罰適用裁判官のもとへ引致しなくてはならない[24]。刑の執行停止あるいは仮釈放の場合には，対象者は一時拘禁に付されることもある。その拘禁は，検察官の所見を聴いた後に刑罰適用裁判官が決定し，対象者の居所を管轄する刑罰適用裁判官によって命令される。一時拘禁がなされた後には，15日以内に対審が開かれ，そこで，対象者に意見聴取がなされ[25]，その結果を受けて，措置停止が決定される。

　この対審を経て，刑の執行停止あるいは仮釈放の取消が決定された場合には，元々収容されていた刑事施設に再収容されることになる。刑罰修正措置は刑の一執行形態であるので，対象者は残刑から刑罰修正措置に付されていた期間を引いた期間，再収容される。刑罰修正は対象者の自由剥奪に関する決定であるがゆえに，行政手続きではなく，刑事訴訟法上の手続きが用いられる。このような手続きを経て，治療を理由とする刑の執行停止や高齢者のための仮釈放制度が実施される。

4　措置の内容

　治療を理由とする刑の執行停止ないし，高齢者のための仮釈放制度の両方の措置において，対象者は統制措置として，遵守事項を遵守しなくてはならない[26]。ここに，これらの措置の利用が消極的なものとなっている理由があるとされている。

　対象者が課される統制措置について，刑法典132-44条は以下のように定めている。対象者は刑罰適用裁判官やSPIPの召喚に応じなければならない，対象者はSPIPの訪問を受け，遵守事項とその遵守状況に関する資料を提示しなくてはならない，就労先の変更，居所の変更，15日を超える留守，外国に行くことについてSPIPに事前に報告しなくてはならず，留守の場合は帰宅についても報告しなくてはならない。

　刑罰適用裁判官および刑罰適用裁判所が必要であると判断した場合には特別

遵守事項を設定することもある。具体的には，以下の項目が挙げられる。就労，職業訓練への参加，定住先の確保，診察や治療を受けること，家族の役割を果たすこと，社会保険料の拠出，財力に応じた損害賠償，一定の車両の運転をしないこと，行った犯罪に関係する職業につかないこと，特定の場所に出入りしないこと，ギャンブルをしないこと，飲食店に頻繁に出入りしないこと，一定の被有罪宣告者，特に自身の共犯者とは頻繁に会わないこと，一定の人，特に被害者と関わりを持たないこと，武器を所持しないこと，道交法上の犯罪の場合には，自費で交通安全セミナーに参加すること，生命に対する故意犯あるいは性犯罪のかどで有罪宣告を受けた場合はその犯行を記録した著作や映像を出版・放映してはならない，司法機関の決定により監護権を認められた者に自身の子供を委ねること，公民講習の受講，配偶者やパートナー，自身の子供やパートナーの子供に対して行われた犯罪については，夫婦の家の外に住むこと，必要な場合には配偶者の家に近づかないこと[27]。

　これらは，措置実施途中において刑罰適用裁判官および刑罰適用裁判所によって，変更および追加されることがある。その場合，この決定は書面で対象者に通知される。この決定に際して，刑罰適用裁判官および刑罰適用裁判所は対象者の意見を聴かなくてはならず，対象者はこの決定に対して24時間以内に控訴できる（対審なしの場合は6日以内）。

　これらの遵守事項に違反した場合の扱いについては，刑の執行停止と仮釈放では異なる。刑の執行停止では，まず刑罰適用裁判官が対象者の医師の診断を受けるよう命じる，といった措置が取られる[28]。その一方で，仮釈放については取消しとなり，刑事施設に再収容される[29]。ただし，移動型電子監視措置[30]が付されずに仮釈放され，かつ再収容の必要性がない場合には移動型電子監視を付けた状態で仮釈放措置を継続することができる[31]。

　次にそれぞれの措置の内容についてみる。

　治療を理由とした刑の執行停止措置においてのみ，義務付けられているのは定期的な健康診断である。すなわち，治療を理由とする刑の執行停止の場合には，6ヶ月に1度医師の診断をうけ，刑罰適用裁判官に措置の継続を申請しなくてはならない。さらに，刑罰適用裁判官が診断命令を出した際には，対象者はこれに応じなくてはならない。診断命令は以下の場合に出される。①対象者

の健康状態がこの措置を継続するに値するものかどうかを判断する必要があるとき，②その健康状態がもはやこの措置を受けるに値するものではないとして，この措置の終了を検討するとき，③遵守事項に違反したとき，④刑の執行停止中に重大な再犯リスクがあると思われる場合，である。

　その一方で，仮釈放においてはSPIPによる援助措置 les mesures d'aide がなされうる。刑法典132-46条はその内容として，社会的，家族的ないし職業活動への再参加の促進および社会参加のための法規定へのアクセスの援助を挙げている。そこでは，SPIPは社会福祉機関等と連携して，求職活動，職業訓練の斡旋，居所の選定，個々のニーズに応じた医療的・福祉的サービスのコーディネート，出所後一時金の給付等の援助を行っている。高齢受刑者における仮釈放の特例については，居所が確保されていることが前提となっているため，特に医療的・福祉的サービスのコーディネートや社会保障・社会扶助制度における各種手当の受給手続きの補助が援助措置の中心におかれるものと思われる。

　前述のように，高齢受刑者においては自身の子どもや孫といった親族に対する性犯罪のケースが多いとされている[32]。そのような場合には，特別遵守事項として家族への接近禁止が課されることが想定され，家族の手助けが期待できない。それゆえ，とりわけ帰住先の調整については，より充実した援助措置がなされる必要があろう。さらに，治療を理由とした刑の執行停止の場合，対象者がほぼ寝たきりであることにかんがみれば，上記のような厳格な受診義務および，それにもとづく措置の継続の申請をおこなうことは現実には困難であるように思われる。そこから，個々の高齢受刑者の状況——病状，病院へのアクセス，介護ヘルパーの利用状況等——を考慮して柔軟に対応する必要があるだろう。

〔註〕
1) OIP, *Le guide du sortant de prison*（2006），p15. この文献は題に「Guide」とあるように，刑務所出所を控えた人々およびそれらの人々を支援する機関・人々に向けたガイドブックである。それゆえ，「刑の修正を受けるためにはこの点が重要」のように，読み手に提案する表現も本書においては随所に見出すことができる。
2) 刑罰修正は対象者の社会参加を促進するための「刑の個別化 l'individualisation de péine」

を実現するものである。この点について，BOULOC, *Droit des l'exécusion peine*（2011），p331 は以下のように指摘する。すなわち，治療を理由とする刑の執行停止については，社会参加ではなく，人道主義的要請 ordre humanitaire に基礎を置くものである。その意味で他の刑罰修正措置とは性格が異なる。
3） 以下，BOULOC, op. cit.,（2011），pp254ets. を参照した。
4） 以下，OIP, op. cit.（2006），pp15ets., p115, pp124ets. 赤池一将「フランスにおける長期受刑者処遇の現状と課題」龍谷大学矯正・保護研究センター研究年報3号（2006）66頁以下を参照した。
5） 治療を理由とする刑の執行停止の申請手続きおよび，申請にあたって必要な情報をまとめたパンフレット Hébergement et accompagnement de personnes en aménagement de peine pour raisons médicales. が関係する L'Association des Cites du Secours Cathorique, Aurore, Basiliade, La Croix-Rouge, les petits frères des Pauvres, Le Secours Catholique といったアソシアシオンによって作成されている。
6） 受刑者は刑務所収容直後から SPIP と面会することができる。ただし，受刑者との面談は SPIP の義務ではない。あくまでも，SPIP の支援は受刑者本人の任意に基づくものである。なお，面談においては，SPIP と受刑者との会談を外に聞こえない状況で行うために，特別区画や日中の拘禁区画が用いられている。必要に応じて，対象者の居室，面会室，事務室で行われることもある。
7） SPIP が受刑者の請求に応じない場合には，受刑者自身が外部のアソシアシオンと接触し，刑の修正計画の作成について援助を求めることができる。
8） 非高齢受刑者における仮釈放申請の場合には，特に「社会復帰の意欲」が重視される。具体的には，刑の修正計画における求職活動や職業訓練を探す活動がこの点を評価する一つの基準となる。それゆえ，SPIP の援助のもと，刑務所収容時から雇用，実習，職業訓練を提供する組織・企業へアクセスすることの重要性が強調されている ［OIP. op. cit.（2006），p59］。
9） 出所者を専門的に支援するアソシアシオンもあるが，基本的には一般の福祉的施設を利用しているようである。介護を要しない高齢者のための福祉施設としては老人ホームがある。しかしながら，実際には「刑務所出所者」であるがゆえに，入所は簡単ではないと指摘されている［Association pour la communication sur prison et l'incarcération en Europe, Vieillissement de la population carcérale: Quel accompagnement pour les détenus ?, http://prison.eu.org/spip.php?article2558］。
10） ロッテガロンヌ県アジャンの刑罰適用裁判官 C. AZEMA 氏によれば，申請のうち60％程度は許可しているとのことである［2012年2月ヒアリング実施］。
11） 外出許可については刑事訴訟典 D. 143条において，宣告刑が5年以下のものもしくは，5年以上の自由刑を宣告されたが半分以上の執行が終わっているものに対して講じることができると定められている。
12） PAPON における刑の執行停止に関する一回目の決定でも言及されていたように，刑罰修正にあたり被害者への賠償も重要視される。それは，被害賠償は対象者の社会再参加の意思の表明として評価されるからである。刑務所内労働に就いている受刑者においては，賃金等から被害者への賠償金が天引きされるが，さらに天引き分を超す賠償金の支払いを行っている場合には「社会復帰に対する真摯な努力」があると評価される［OIP, loc. cit.］。
13） 軽罪禁錮10年よりも重い刑罰に処されている受刑者が治療を理由とする刑の執行停止あるいは仮釈放を申請する場合には刑罰適用裁判所に申請を行う。刑罰適用裁判所とは，3名の刑罰適用裁判官から構成され，1名が裁判長，2名が陪席を担う。

第6章　刑罰修正手続きと措置　　*127*

14) なお，半自由，外部施設への収容，電子監視，刑罰の執行停止・分割に関する申請，外出許可，刑期の短縮を申請する場合は，刑罰適用裁判官に申請を行う。刑の執行停止，治療のための執行停止，仮釈放を申請する場合には，宣告刑が10年以下の軽罪禁錮刑であれば刑罰適用裁判官に，それ以外は刑罰適用裁判所に申請を行う。

15) 刑の修正申請に対して却下・宣告猶予となった場合，同種の措置の申請は，刑罰適用裁判官が権限を有する措置については1年以内，刑罰適用裁判所が権限を有する措置については2年以内，外出許可・刑罰減軽については6月以内には再度申請することができない［OIP. loc. cit.］。

16) 被害者・私訴原告人は自身のおよび申請者の弁護人に自身の情報を送付しないように申立てることができる。なお，被害者保護の観点から，刑罰適用裁判官および刑罰適用裁判所は被害者の精神的な利益や財産の保護を考慮して，決定前の刑罰適用裁判所は被有罪宣告者の収容の一時停止か確定かの決定をすることができる。さらに，被害者は直接あるいは弁護士を通して，意見を表明することができる。ただし，当該被害者は意見表明権がある旨の通知を受けて15日以内に行わなくてはならない［ibid.］。

17) この点について，2009年行刑法79条により，緊急を要する場合には受刑者を引き受ける保健衛生機関の責任者である医師あるいはその代理人が作成した診断書をもとに命じることが可能となった。

18) 治療を理由とする刑の執行停止措置においても，2005年12月12日の累犯者処遇法 Loi du 12-13 décembre 2005 sur la récidive des infractions pénales10条により，刑事訴訟法典720-1-1条に「再犯 renouvellement de l'infraction の重大なリスクがある場合は［この措置の対象から］除外する」との文言が挿入された。類似した犯罪類型の再犯を指す「récidive」との文言ではなく，「renouvellement de l'infraction」という文言をあえて使っている点で，受刑者にとってより厳格な判断がなされていると思われる。

19) 刑罰適用裁判官が保有する，申請者に関する書類へのアクセスに関する法規定・判例はないが，SPIPスタッフの同席とその仲介がある場合にのみ，申請者は自身の再参入と保護観察に関する書類については閲覧することができる。ただし，公共の安全や他人のプライバシーを侵害しうる資料については閲覧が認められない［OIP, op. cit. (2006), p60.］。

20) その報告書の中で，特別遵守事項の変更・追加に関する提言も行っている。この変更・追加について，刑罰適用裁判官が同意し，対象者に命じたにもかかわらず，対象者がそれを拒否した場合には，措置停止の決定がなされうる。なお，半自由および外部施設への収容の場合には，収監記録 mandat de depôt 上，拘禁が継続していると扱われる。その際には，施設長も監督者となる。具体的には，対象者が懲罰処分が予定されている事柄をしていないかどうかについて監督を行う。不遵守の場合には，再拘禁を決定することができる［OIP, op. cit. (2006), p73］。

21) 日本の更生保護法50条1項の「善行保持」義務違反にあたると思われる。

22) 特別遵守事項において設定された時間内に施設に戻らない場合，刑罰適用裁判官およびSPIPの召喚に応じない場合には，「好ましくない行為」ではなく「脱走」とみなされうる。この場合，まず刑罰適用裁判官が勾引勾留令状を交付することができる。なお，身柄確保まで刑罰は執行停止扱いされる。脱走したと認定された全てのケースにおいて，脱走に関する軽罪が成立する。この犯罪には，3年の軽罪禁錮刑および罰金4万5000ユーロが予定されている。ただし，脱走が暴力，家宅侵入，贈賄を用いて行われた場合には5年の軽罪禁錮刑および罰金7万5000ユーロが科される［刑法典432-27条］。脱走につき言渡された刑罰は，執行中の刑罰に追加される［OIP, op. cit. (2006), p79.］。

23) 勾引令状は予審裁判官あるいは自由と拘禁裁判官 le juge des libertés et de la détention［予審対象者を勾留するか否かの決定を行う裁判官］が，直ちに対象者を彼らの面前に引致するよう公権力に対して要請するための令状である［刑事訴訟法典122条］。なおこの令状には，対象者の身元，問題となっている行為の内容，罪名，適用条文が記載されている［OIP, op. cit. (2006), p73.］。
24) なお，対象者が逃走中あるいは外国に居住している場合には，刑罰適用裁判官は勾引勾留令状 mandat d'arrêt［刑事訴訟法典122条によれば，勾引勾留令状は予審裁判官あるいは自由と拘禁裁判官が，公権力に対象者を捜査するために勾留するにあたり，上記裁判官が指定した拘置所に対象者を引致することを命じるための令状である］を交付することができる。この令状により，警察による対象者に関する捜査，対象者を刑罰適用裁判官の面前へ引致すること，そして対象者を拘置所に引致することが可能となる。この令状が交付された後，執行されるまで刑罰修正措置は停止される。なお，対象者の身柄確保から24時間以内にその身柄は検察官のもとへ引致され，その後すぐに刑罰適用裁判官のもとへ引致されることになっている。この際，勾引勾留令状を交付した刑罰適用裁判官の面前ではなく，まずは対象者身柄確保地から200キロ以内の刑罰適用裁判官のもとに引致される。なお，ただちに対象者を引致することができない場合には，自由と拘禁判事および刑罰適用裁判官が到着するまでの間，拘禁を命令することができる。ただし，彼ら裁判官は軽罪の場合には8日以内，重罪の場合には1ヶ月以内に到着しなくてはならない。200キロよりも遠くに刑罰適用裁判官がいる場合には，検察官が対象者を最も近い拘置所に収容するために令状を執行する。なお，その執行について刑罰適用裁判官に通知がなされてから4日以内に対象者を刑罰適用裁判官ののもとに引致しなくてはならない［OIP, op. cit. (2006), p76.］。
25) 対審に際して，対象者あるいはその弁護人は防御の準備期間を要求することができる［ibid.］。
26) 「統制措置」は「les mesures de contrôle」を，「特別遵守事項」は「les obligations particulières」を訳したものである。BOULOC, op. cit., p277には「保護観察付き執行猶予における取組み」として「les mesures de contrôle et les obligations particulières」との項目がある。そこから，「les mesures de contrôle」は日本の更生保護法50条が定める一般遵守事項にあたるものであると考えられる。
27) この点については，BOULOC, op. cit., pp365ets. も参照した。
28) 刑事訴訟法典720-1-1条。なおこの文言は，2004年3月9日法 Loi du 9 mars 2004 portant adaptation de la justice aux évolutions de la criminalité により追加された。
29) BOULOC, op. cit., p314.
30) フランスにおける電子監視には固定型電子監視と移動型電子監視とがある。固定型電子監視は自宅もしくは［刑罰適用裁判官によって］指定された居所に，［刑罰適用裁判官によって］指定された時間滞在しているかどうかを監視される。具体的な仕組みは以下の通りである。対象者の手首あるいは足首にブレスレット型の発信機が装着され，そこから信号が発せられる。その信号は自宅もしくは居所の電話線を通じて，行刑機関が管理する中央コンピューターに送られる。対象者が外出するとその信号が途絶え，外出したことが中央コンピューターに記録される［刑事訴訟法典723-8条，井上宜裕「フランスにおける社会内処遇」刑事立法研究会編『被拘禁的措置と社会内処遇の課題と展望』（現代人文社，2012）353-354頁］。つまり，対象者は1日のうち一定の時間のみ監視の下に置かれる。その一方で，移動型電子監視は24時間ブレスレット型の発信機を手首もしくは足首に装着し，絶えず信号が中央コンピューターに送られる。そこでは，対象者が立入禁止区域に入っていないかどうかを常

時監視する［刑事訴訟法典763-12条，井上・同355頁］。常時の監視を可能とする点で，移動型電子監視の方がより，人権侵害の度合いが高い。そのため，固定型電子監視は 2 年以下の軽罪禁錮刑（累犯の場合には 1 年以下），および軽罪拘禁刑における実刑部分が 2 年以下（累犯の場合には 1 年以下）の場合を対象としているのに対し［刑法典132-26条，井上・同354頁］，移動型電子監視は 7 年以上の自由剥奪刑を宣告された者を対象としている［刑法典1321-36-10条，井上・同356頁］。
31) 刑事訴訟法典 D. 450条。
32) Le fogaro, 16 mai 2006.

第Ⅲ部　日本の問題状況と今後向かうべき方向性
——安全重視から支援重視の高齢受刑者処遇へ

> 　高齢犯罪者・受刑者の特性はどの点にあるのか。
> 　フランスでは高齢犯罪者・受刑者の「vulnérabilité」に着目して，そこから生じる問題点と，それへの対応策を多角的に検討してきた。一方，日本ではこの点について十分な議論がなされないまま，高齢犯罪者・受刑者への対応がなされてきた。その結果，近時，生活困窮ゆえに犯罪を行った高齢犯罪者については，「高齢」という因子よりも「生きづらさ」や「社会的排除状態」といった因子が強調され，再犯の危険性が高い存在として拘禁的措置が積極的に適用されている。さらに，刑務所内処遇の不十分さや，早期釈放の消極的適用から，高齢受刑者の社会復帰はさらに困難なものとなっているのである。
> 　第Ⅲ部では，高齢受刑者の拘禁環境がまさに，フランスで指摘された「劣悪」な環境となっていることを確認したうえで，そのような拘禁環境が諸法の要請に反している点を指摘し，その対応の第一歩として刑事訴訟法482条が定める自由刑の執行停止の積極的運用を提案したい。

第7章

高齢犯罪者に対する非拘禁的措置に関する過去の明文規定とそれに関する議論の欠如

　日本における高齢受刑者への拘禁的措置の適用状況と医療的・福祉的対応の不十分さ，およびその結果もたらされている悲惨な結果を明らかにすることにより，これらの根底にある「安全」の視点の問題を指摘したい。

1　高齢犯罪者に対する拘禁的措置と刑務所内処遇の現状

　フランスでは軽微な財産犯を行った高齢犯罪者に対する非拘禁的措置の適用に対する合意の形成にあたり，「高齢」を刑罰減軽事由とする明文規定およびその根拠をめぐる議論が重要な役割を有してきた。一方，日本でも，明治期の刑事法においてそのような明文規定が設けられていたものの，「高齢」を刑罰減軽事由とする明文規定に関する議論の蓄積がないまま，現行法ではそれらの規定が削除された。そのため，量刑判断における「高齢」という因子の位置づけについては未だ合意が得られていないといえよう。

　それゆえ，日本の量刑実務において，「高齢」という因子については量刑上，加重の方向にも減軽の方向にも作用しうるとの指摘がなされている[1]。そのような実務の背景には，明治41年刑法の立法過程において，「高齢」を刑罰減軽事由とする規定を削除する際の高齢犯罪者に対する自由刑のあり方をめぐる議論が不十分であった，という点を指摘したい。明治初期の諸刑律とフランス刑法典の影響を色濃く受けた明治13年刑法において，高齢犯罪者については非高齢者よりも体力が減退している点を重視し，流刑と徒刑については刑罰を減軽宥恕する旨の規定が設けられた。しかしながら，明治41年刑法の立法過程では，刑の執行の局面において，高齢者に限定せず個々の受刑者の体力に応じた刑を科すこととされ，そのような規定は削除された。その際，「高齢」という因子

をどのように考慮すべきか、という議論が不十分なまま、裁判官が量刑時に考慮するか、あるいは刑務所拘禁後に処遇の問題として検察官や刑務所所長が対応することとされたのである。

■「高齢」を刑罰減軽事由とする諸規定

　幕藩法の下では、幕府領では公事方御定書を中心とする幕府の刑法が、その一方で諸藩では藩刑法が適用されていた。1868年10月晦日、新政府は新律府令の公布までは全国で公事方御定書を用いる旨を布達した。その間、新政府は、「清律例彙纂」と「刑法草書」を基礎とし、養老律や公事方御定書も考慮して「仮刑律」と称する仮の刑法典を編纂していた。この仮刑律は、一般に公布されたものではなく、府藩県からの擬律や断刑に関する伺に対する指令の基準として機能していたとされる。明治時代以降の明文規定としては、この仮刑律に「高齢」を刑罰減軽事由とする明文規定の端緒を見出すことができる。

　まず、仮刑律の基礎となった養老律における規定をみる。養老律令においては、高齢犯罪者について獄令39と獄令42に規定を設けていた。

　　獄令　三九
　　年八十。十歳。及癈疾。懐孕。侏儒之類。雖犯死罪。亦散禁。

　　獄令　四十二
　　凡應議請減者。犯流以上若除免官當者。並肱禁。公坐流。私罪徒。【並謂、非官當者。】責保參對。其初位以上及無位應贖。犯徒以上及除免官當者。梏禁。公罪徒並散禁。不脱巾。

　獄令39は10歳以下の幼児もしくは児童、80歳以上の高齢者および障がい者については反逆罪、殺人罪および盗罪、傷害罪の場合を除いて刑罰が免除される旨を規定しているとされる。さらに、獄令42は7歳以下の幼児と90歳以上の高齢者については、基本的に全ての刑罰を免除すると規定している。獄令42の規定における、「應贖」との文言は獄令39が定める刑罰が免除される対象の者を指す。したがって、獄令42は80歳以上の高齢犯罪者にも適用される。

　養老律におけるこれらの規定を模したと思われる規定が仮刑律に設けられた。

老少癈疾犯罪
　凡, 年七十以上十五以下及ヒ癈疾之者, 流罪以下ヲ犯スハ贖ヲ以宥之, 死罪ヲ犯スハ当罪ヲ以論決。若八十以上十歳以下篤疾之者, 人ヲ殺応死モノハ, 議擬奏聞, 上裁ヲ仰。其余犯罪ハ皆座セス。九十以上七歳以下ハ, 死罪ヲ犯スト雖モ刑ヲ加ヘス。若教令スル者アラバ, 其者ヲ以罪ニ座ス。以臟有テ償フベクハ, 臟ヲ受ルモノ令償之。

　「老少癈疾犯罪」は仮刑律の総論部分に設けられている規定であり, 刑罰が減免される対象者を3段階に分けて示している。まず, 1段階目として, 70歳以上の高齢者, 15歳以下の少年, そして, 癈疾者が流罪以下の刑罰が予定されている犯罪を行った場合には刑罰を減軽する, あるいは代替刑を科すとしている。この代替刑とは「贖」とあるように, 罰金を意味する。その一方で死罪に当たる犯罪をした場合には, そのまま死罪に処されうる。2段階目として, 80歳以上の高齢者, 10歳以下の少年そして篤疾者が殺人を行った場合には, その刑罰は上級官僚の決定事項とされていた。なお, これらの人々において殺人以外の犯罪を行った場合においては, 不処罰とされていた。3段階目としては, 90歳以上の高齢者, および7歳以下の少年は反逆罪を除いて不処罰とされていた。[6]

　仮刑律は旧幕府天領においてのみ公布された。[7] そこで全国に公布する刑法典として1870年（明治3年）に編纂されたのが,「新律綱領」である。「復古的色彩」の強い時期に編纂されたため, 新律綱領は西欧法の影響が全く見られない,[8] 律系統の刑法であったとされている。[9] そのため, 律令の流れを受け継いで, 新律綱領においても高齢者に関する規定が設けられた。さらに, その補足法として1873年（明治6年）に「改定律例」が施行された。[10] 新律綱領における規定とは若干異なるものの, 一定の犯罪について高齢者に関する規定が設けられた。

老小癈疾収贖（「新律綱領」）
　凡, 七十以上, 十五以下, 及ヒ癈疾之者, 死罪ヲ除クノ外, 流罪以下ヲ犯ス者ハ収贖ス。八十以上十歳以下, 及ヒ篤疾之者, 人ヲ殺シ, 死罪ニ該ル者ハ, 議擬奏聞シテ, 上裁ヲ請フ, 若シ盗罪, 及ヒ人ヲ傷スル者モ, 亦収贖スル事ヲ準ス, 其余ノ罪ハ皆論スル事勿レ。九十以上, 七歳以下ハ, 死

罪ヲ犯スト雖モ，刑ヲ加ヘス。若シ教令スル者アレハ，其教令者ヲ罪ニ座シ，贓ノ償フヘキ者アレハ，ソノ得ル者ヲシテ償ハシム。

老小癈疾収贖条例（「改定律例」）
第四十七条[11)]
凡老小及ビ癈疾者官ニ在リ罪ヲ犯スニ公罪ハ官吏贖罪罰俸例図ニ依リ私罪ハ官吏犯私罪律例ニ依ル。其破廉恥甚ニ係ル者懲役百日以下ハ除族ニ止メ一年以上ハ仍ホ律ニ依リ収贖セシム。

第四十八条
凡老小及ヒ癈疾者懲役終身以下ヲ犯ス者例ニ照シテ収贖スルノ後再ヒ罪ヲ犯ス者ハ仍ホ例ニ照シ収贖スル事ヲ聴ス。若シ盗罪賭博等加等ス可キ再犯ニ係ル者ハ担加等ノ罪ヲ宥メ本罪ヲ実断シテ再ヒ収贖スル事ヲ聴サス。三犯以上凡人再犯以上ノ例ニ照シテ加等ス。

第四十九条
凡懲役限度内老疾収贖者孤獨貧困ニシテ即時贖フコ能ハサル者ハ贖金延期限内輕役ニ拘服ス。

　新律綱領における「老小癈疾収贖」の規定は，仮刑律と同様に「収贖」の対象を3段階にわけている。すなわち，1段階目として70歳以上の高齢者，15歳以下の少年，そして，癈疾者，2段階目として，80歳以上，10歳以下および篤疾者，そして3段階目として90歳以上，7歳以下の者を設定している。それぞれに対する刑罰については，仮刑律とほぼ同様であるが，例外については若干異なる。すなわち，1段階目が死罪を除いて代替刑（収贖），2段階目が原則として不処罰であるが，死罪の場合には上級官僚が刑罰を決定し，盗罪および傷害の場合には代替刑（収贖），そして最後の3段階目については，例外なく不処罰とされた。
　この新律綱領の補足法である改定律例は，第47条に官僚による犯罪について，第48条に終身懲役刑に当たる犯罪および，盗罪や賭博罪等の再犯について「高齢」を刑の減軽事由とする規定を設けていた。この改定律例では，高齢者，少年そして癈疾者において，新律綱領においてなされている細かい段階分けが

なされていない。すなわち，高齢者は「老」，少年は「小」，そして，癈疾者と篤疾者は癈疾者にまとめられた。彼らによる犯罪については以下のように刑罰が減軽されると規定された。すなわち，官僚による犯罪について，懲役100日以下の刑罰が予定されている犯罪については身分の剝奪（除族）に，懲役1年以上は代替刑（収贖）とされた。さらに，高齢者あるいは癈疾者のうち，孤独で頼る人もおらず，生活困窮のためただちに「収贖」を支払うことができない者は，支払いを延期することができるとされた。ただし，その延期期間は懲役よりも軽い作業に従事しなくてはならなかった。すなわち，高齢者および癈疾者においては懲役を回避するための措置が設けられていた。これらの規定から，明治期においても孤独で生活に困窮した高齢犯罪者がいたこと，さらに盗罪を行う高齢犯罪者が少なからずいたことをうかがい知ることができる。さらに，そのような高齢犯罪者に対しては懲役刑を科すべき存在ではないとの考えを見出すことができる。

　1875年（明治8年）にまず当時の司法省において日本人委員が日本帝国刑法草案を起草した[12]。しかし，この草案は不完全であるとして，元老院では審議されなかった。その後，ボワソナードが作成した法案を元に司法省において審議が重ねられ，1879年（明治12年）に刑法審査修正案が作成された。この修正案が元老院において可決，1880年（明治13年）に治罪法と同時に公布され，1882年（明治15年）1月1日から施行された。

　この明治刑法はフランス1810年刑法典に基礎を置くものであった。前述の通り，この刑法典には高齢犯罪者に対する刑罰について減免する規定があった。この規定を模したと思われる規定が明治13年刑法に存在する。

　　第十九条　　徒刑ノ囚六十歳ニ満ル者ハ通常ノ定役ヲ免シ其体力相当ノ定役ニ服ス
　　第二十二条　懲役ハ内地ノ懲役場ニ入レ定役ニ服ス但六十歳ニ満ル者ハ第十九条ノ例ニ従フ
　　2　重懲役ハ九年以上十一年以下軽懲役ハ六年以上八年以下ト為ス

　19条は徒刑に服する受刑者のうち，60歳に達した者はその体力に応じた労働に従事することを定めている。さらに，22条は懲役の場合についても，19条を

準用して高齢受刑者の体力に応じた刑務作業を課すことを定めている。刑罰を減免するのではなく刑罰として課される労働および懲役の内容を軽くする，と定めている点でフランスの1810年刑法典71条，および明治初期の諸刑律における規定の趣旨とは異なる。しかし，高齢受刑者の体力に応じた「厳しさ」の刑罰を科すとしていることから，高齢受刑者の受刑能力を考慮した規定と解することができる点でフランスの条文と性質が類似している。19条および22条が高齢者等の責任能力の減退を根拠とした条文ではないことは，78条から83条に心神喪失者，癈疾者，若年者の刑罰減軽について別途定めを置いていることからしても明らかであろう。

　明治13年刑法における，高齢者に関する規定はこの明治40年刑法には引き継がれなかった。1907年（明治40年）に制定された刑法は，旧刑法における諸規定を少なからず受け継いでいるが，ドイツ法の影響を大いに受けている。そこでは，旧刑法時に批判されていた，犯罪類型の細分化や法定刑の幅が狭いことから生じていた硬直性を克服すべく，犯罪類型や法定刑の見直しがなされた。同法は，数度の改正を繰り返しながら，現在に至っている。

　明治13年刑法と明治40年刑法とでは，刑罰制度が大きく異なっている。移動の自由と強制労働をその内容とした流刑や徒刑といった刑罰がなくなり，自由刑は現行刑法と同様，懲役刑，禁錮刑，拘留の3種類に改められた。この刑罰制度の変化は，明治13年刑法19条および22条の「高齢」刑罰減軽規定にも大きな影響を及ぼしたものと思われる。

　1882年，1883年（明治15年，16年）の司法省改正案では，明治13年刑法19条22条と同趣旨の規定が設けられていたが，1892年（明治25年）から1894年（明治27年）にかけての司法省刑法改正審査委員会決議において法案から削除された。その背景のひとつとして，まずは流刑や徒刑といった，体力が減退した高齢者に科すには過酷な労役が無くなったことにより，議論の前提が大きく変わった点がある。その上で，同決議録によれば「六十歳ニ滿ル者ノミナラス六十未滿ノ者雖トモ體力ノ相當ノ役ニ服セシムルハ勿論ノ議ナルニ此文字アルトキハ六十歳未滿ノ者ハ體力不相當ノ役ニ服セサルヘカラサル歟ノ疑ヲ惹（惹）起スルノ嫌ヒアリ」とされた[13]。すなわち，形式的に年齢で判断するのではなく，個々の体力を考慮して刑罰の内容を調整することにより執行する刑罰の内容につい

ての個別化を図ろうとしたものと思われる。

　以降,「高齢」犯罪者に関する特別な規定は設けられず現行法に至っている。以上の経緯から,高齢犯罪者に関する対応は実体法レベルではなく,刑事手続きおよび刑罰執行の段階において処分決定者の裁量にまかされることとなった。[14]とりわけ,量刑段階では「高齢」という因子は一般情状として斟酌されることとなった。さらに,近時では「高齢」という事情を斟酌するか否か,さらに刑罰を加重する方向で考慮するか,減軽する方向で考慮するかについてすら,裁判官の裁量に委ねられている現状がある。

　高齢を刑罰減軽事由とする規定を,1960年オルドナンスにより削除したフランスでは,その理由について,裁判官の裁量により「高齢」という事情を考慮することが可能となり,かつ刑事施設内においても高齢受刑者の特性に応じた対応が可能となったと説明された。また,裁判官の裁量にゆだねられたとしても,それまでの「高齢」を刑罰減軽事由とする明文規定と議論の蓄積から,そのことに対して合意が得られたために,「高齢」という因子の位置づけに対する混乱が生じなかったものと思われる。すなわち,フランスでは高齢を刑罰減軽事由の一つとすることについて,議論の蓄積とそれに基づいた実務の積み重ねの上での明文規定の削除という流れであったのに対し,日本ではそのような段階を十分に踏むことなく明文規定が削除されてしまった。それゆえ,「高齢」という事情を量刑上どのように考慮するかについて,合意が得られていないものと思われる。

　したがって,現在も量刑段階における「高齢」という事情の判断について,裁判所の見解は一貫していないようである。「高齢」を刑罰減軽事由として考慮することを否定した判例として,たとえば,高知地裁平成5年10月13日判決がある。[15]本事案は普段より折り合いの悪かった次男の嫁を殺害した本判決当時92歳の被告人に対して,懲役3年の実刑判決を言い渡したものである。[16]本判決ではその量刑理由において,被告人が高齢であることから,「刑務所内における処遇に多少の不安が残る」ことを被告人に有利な事情であるとする一方で,「高齢のために処遇上の不安が生じた場合は,むしろ刑の執行停止の方法により対応するのが筋である」,と述べた。すなわち,「高齢」は量刑段階において刑罰を減軽させる事情ではなく,処遇の局面において考慮されるべきもの

であるとされたのである[17]。

　一方,「高齢」という因子を量刑時に考慮することを前提として,刑罰を加重方向で考慮するのか,減軽方向で考慮するのか,という点についての検討も裁判官によってなされている。米山正明は,「高齢」について「自覚して規範意識を十分持つべき年齢であるのに犯行に走った」という点では責任非難が加重され,一方で「保護すべき」という観点からは被告人に有利な情状になる,としている[18]。実際,「高齢」であることも考慮されて執行猶予が付されたケースとして,長野地裁平成16年6月7日判決がある。同判決では,当時79歳の男性が乗用車のアクセルとブレーキを踏み間違え,スーパーマーケットの駐車場で開催されていた節分の豆まきイベントに侵入し,11人を死傷させたケースに対して業務上過失致死傷のかどで禁錮1年6月執行猶予5年の判決を言い渡した[19]。この量刑の理由について,同裁判所は「被告人が高齢であり,被害者との示談交渉も成立している」と述べた。

　近時の量刑実務に見出すことができる「高齢」という因子の位置づけの不明確さは,「高齢」の共通認識の欠如によるものであると思われる。明治期における「高齢」を刑罰減軽事由とする明文規定については,高齢者の「体力減退」がその理由であると述べられてきた。とりわけ,明治13年刑法の19条,22条について,ボワソナードは「年齢六十二至サレトモ受刑者ヲシテ其年齢及ヒ體力トニ不相當ナル役ニ服セシム可カラサルハ明カナリ」として,60歳未満であっても体力に応じて労役の内容を〔行政上の配慮として〕軽くしなければならないとし,60歳以上の高齢者については,行政上の配慮としてはなく,一般法律上の処分として「單リ此ノ一事ノミヲ以テ輕減テ施ス」べきとしている[20]。すなわち,「高齢」という因子のみで,必ず刑罰を減軽すべきとした。その考えの根底には,フランスの1885年法に設けられた,体力が減退した高齢受刑者に流刑を執行することを禁じた規定をめぐる議論の影響があると思われる。このようなボワソナードの考えに基づく昭和13年刑法19条および22条について,ベルネルは「日本ノ刑法ニ関スル意見書」(1886年〔明治19年〕,宮島鈴吉訳)において,「凡ソ囚徒ハミナ體力相當ノ勞役ニ服セシムヘシ必シモ獨リ満六十歳以上ノ老囚ニノミ限ラサル」とし,「高齢」であることを特別に刑罰減軽の因子と位置付けることに対して批判した[21]。さらに,ベルネルは減軽の手法について

も述べている。刑罰の内容を変える，すなわち労役から自由刑へと緩和することについては，「労役ヲ嫌悪セシメテ之ニ就カサラシメントス」と，いわゆる一般予防的観点から批判している。その一方で，労役の分量を減らすことについては，その体力に応じて考慮されるべきとしている。[22] このように体力に着目するアプローチについては，ハーネルもこれらの規定が高齢者の体力減退に着目した規定であるという点については賛同しながらも，体力減退にくわえて高齢者への配慮が同19条22条の根底にはあるのではないか，と指摘した。

　これらの議論に表れているように，明治13年刑法19条，22条は刑罰を減軽する対象として体力が減退した者を列挙していることから，体力の減退に着目して懲役刑を回避する規定が設けられたものと捉えていたといえよう。この見解は，フランスの1791年刑法典や，1885年法の諸規定について示された高齢受刑者の体力の減退が刑罰を減軽せしめるとの見解と重なるものである。ただし，フランスでは対象とされた刑罰の内容が過酷で高齢受刑者の生命を奪う危険があったことから，罪刑法定主義違反になりうるとの視点にもとづきこの見解が提起されたが，日本ではそこまでの議論は展開されていない。明治初期の日本の懲役刑としては懲役監外部の工場への出役や河川修理といった外役と，施設内における傘や家具の制作といった内役があった。よって，これらの刑罰により高齢受刑者が死亡する危険性はフランスにおける強制労働や流刑ほどは高くなかったものと思われる。[23]

　その一方で，新律綱領における盗罪や賭博罪等の再犯について特別に刑罰減軽するとする規定は，フランスにおける刑事後見に関する1970年法58-2条と類似している。再犯者であっても刑罰を減軽する点に，同規定の根拠として主張された「社会に対する危険の小ささ」に着目する視点を見出すことができる。近時では，「高齢」であっても帰住先がない，無職といったように，再犯の危険を高める因子があれば，起訴されやすく，実刑判決が言い渡されやすい。さらに，再犯者については刑法25条により，実刑判決を免れないケースがある。明治期の議論においては，「高齢」という因子はそれだけでも刑罰を減軽する方向へ作用するとされてきた。さらに，新律綱領においては現在の実務と大きく異なる規定が設けられていた点にも注目すべきであろう。

2 自由刑執行段階における高齢受刑者への配慮

　明治41年刑法では,「高齢」という因子は刑法上の減軽宥恕に関する規定で扱うのではなく,刑罰執行段階において対応する,との方向転換がなされた。そこで次に,刑罰執行段階における,明治期以降の明文規定における,高齢者への対応のあり方について示す。

　まず,仮刑律と新律綱領により,明治期の刑罰体系が定められたことを受けて,それらに対応する刑罰執行に関する立法の準備作業が始められた。そこで明治政府は欧米諸国において行刑制度の視察を行い,特にイギリス法[24]の影響を受けて1872年（明治5年）に明治5年監獄則が制定された。そこには伝統的な「仁愛懲戒」の理念を基礎としながらも,欧米における「処遇」の理念も見出すことができるとされている[25]。同則には,第3条に老人,少年,虚弱者,そして病人に対しては,処遇上特に配慮すべき旨の規定が設けられた。

　　第3條　老幼[26]
　　老幼及ヒ天稟虚弱或ハ病後ノ罪囚ハ始ヨリ輕鎖ヲ着シ輕役ヲ執シム後チ兩
　　鈇ト爲リ片鈇ト爲リ及ヒ戒具ヲ脱スルノ限ハ常人懲役法ノ例ノ如シ

　第3条では,高齢受刑者に対しては刑務作業を行う上でより軽い鎖が装着され,かつ作業の内容についても配慮がなされる旨が規定されている。ここから,高齢受刑者に対して執行される刑罰の量を減らす性質の規定であったといえる。明治初期の諸刑律および監獄則には,高齢犯罪者に対して量刑段階で拘禁的措置を回避するための刑罰が設けられ,拘禁された場合であっても,刑罰執行段階においてさらに刑罰の量を減軽する規定が設けられた。

　1881年（明治14年）にはフランス法の影響を受けて制定された明治13年刑法および治罪法に対応して,新たな監獄則が制定された。それが明治14年監獄則である。この監獄則の特徴としては,監獄管理体制の改善や処遇状況の改善が指摘されている[27]。同監獄則には,明治5年監獄則3条のように,高齢受刑者に対して刑罰の量を減らす規定と,他の受刑者よりも高齢受刑者の医療的ニーズが高いことに着目し,それへ対応するための規定が設けられた。

　　42條[28]
　　定役ニ服スル者ノ作業ハ刑名ニ因テ之ヲ斟酌シ毎囚一日ノ科程ヲ定メテ服

>   役セシム満十二歳以上十六歳未満ノ者満六十歳以上ノ者及ヒ病後ノ疲労者若シクハ身體ノ虚弱ニ因リ労作ニ勝ヘサル者ハ體力ニ應シ作業ノ科程ヲ宥恕ス

　本条は，高齢受刑者への刑務作業の量に関する規定である。配慮すべき高齢受刑者の年齢を60歳以上と設定している点から，明治13年刑法典19条ないし22条に対応して創設されたものと思われる。そこから，本条文はそれらの規定と同様，高齢受刑者の体力の減退に着目し，それに応じた刑務作業を科すことを目的としていたといえよう。
　1890年（明治23年）に大日本帝国憲法が公布されたことを受けて，行刑システムの見直しが必要とされた。特に，新監獄則には「日本臣民ハ法律ニ依ルニ非スシテ逮捕監禁審問処罰ヲ受クルコトナシ」とする同23条の規定が反映されなくてはならないとされた。[29] 明治22年監獄則には，明治14年監獄則42条に類似した条文が設けられた。

>   17條
>   定役ニ服スヘキ囚人ノ作業ハ毎囚ノ體力ニ應シテ之ヲ課シ一日ノ科程ヲ定メテ服従セシムヘシ但科程ノ標準ハ内務大臣ノ認可ヲ受クヘシ

　この条文には，高齢者を示す「老」という文言は用いられていない。しかしながら，矯正協会による注釈書は[30]，上記明治13年刑法における19条ないし22条の規定を受けて，本条文の規定は60歳以上の高齢受刑者に関しても当然に適用されるものとしている。くわえて，同注釈書によれば[31]，刑務作業の本質を「懲戒」とし，そのために必要な量の作業を受刑者に課すべきだとした。同書の理解によれば，刑務作業の量は犯罪の軽重にかかわらず，当該受刑者を「懲らしめる」のに必要な程度のものが科されなくてはならない。それゆえ，個々の受刑者の体力に応じた量の作業を科すことが要求される。この理解は，まさしくフランスにおいて有力に主張された「高齢者においては体力の減退から刑罰が減軽される」という見解と重なるものである。

3　高齢受刑者に対する処遇上の配慮

　さらに，明治22年監獄則には，刑罰の量に関する規定以外にも高齢受刑者に関する規定が設けられた。すなわち，高齢受刑者の医療的ニーズの高さに着目し，それへの適切な対応をとる旨の規定である。

　　三十六條[32]
　　囚人懲治人及刑事被告人疾病ニ罹ルトキハ病状ノ軽重ヲ料リ其監房若シクハ病室ニ於テ醫療セシム懲治場ニ在ル者ハ情状ニ由リ其ノ親屬ニ交付スルコトヲ得

　この条文においても，「老」という言葉は用いられていないが，小河滋次郎・重松一義[33]は，病因の具体例として，妊婦，産婦，老人，病後の者，虚弱者，目が見えない者，その他癈疾者が挙げられている。そこから，この規定は，高齢受刑者の医療的ニーズに対応することを規定したものと解することができよう。

　明治初期の諸刑律および明治13年刑法には，特徴に若干の違いを見出すことができるものの，高齢犯罪者・受刑者に対して量刑段階と刑罰執行段階の2段階において，彼らの特性を考慮する規定を設けていた点で共通している。この点から，高齢犯罪者・受刑者に対する「安全」の視点は他の犯罪者・受刑者に対するそれよりも弱いものであったといえる。さらに，明治22年監獄則36条にかんがみれば，高齢受刑者の特性を医療的ニーズの高さであると捉え，それに応じた「支援」は「安全」に優先されることが明記された。1889年（明治22年）の監獄則はフランスから影響を受けた明治13年刑法の下で制定されたものであるが，その内実はドイツ型行刑に大きく影響を受けたものであったとされる。この傾向は，同監獄則改正作業においてより色濃くなり，新監獄法は同じくドイツ刑法に基礎を置く新刑法とともに，明治41年10月に施行された。この監獄法においては，監獄則よりも「改善処遇」の理念が強調された[34]。一方で，高齢受刑者に対する医療については別途規定が設けられた。

　　40条
　　在監者疾病に罹りたるときは医師をして治療せしめ必要あるときは之を病監に収容す

44条
妊婦，産婦，老衰者及ひ不具者は之を病者に準することを得

　44条は，明治22年監獄則36条とほぼ同内容のものと思われる。すなわち，高齢受刑者は医療的ニーズがより高いカテゴリーであるとの理解から，病人と同様の扱いを確保することが目指されたのである。ここでの病人と同様の扱いとは，40条が示す通り，医師による治療を行い，必要に応じて，刑務所内の「病監」に収容されることを指している。

　東京地裁平成16年1月22日判決[35]は，監獄法40条は，当該受刑者に対して医療的対応を確保することはもちろん，そこで確保されるべき対応は一般市民と同程度の水準のものでなくてはならないと，述べた。すなわち，同判決は監獄法40条以下においても，「一般に国民が社会生活上享受すべき水準の，専門的資格のある医師による治療を受ける機会が不当に制限される理由は何ら存しないのであるから，拘禁を行なう国及び当該拘禁機関の職員は，被疑者・被告人の身体を適法に拘束する反面において，在監者の診察に万全の意を用い，疾病をかかえた者に対しては，迅速かつ適切な医療行為を行い遺漏なきを期すべきことは，監獄法40条[36]をまつまでもなく，当然の職責である」とされた。

　以上のように，この時期の刑事法においては処遇段階で「高齢」という事情を考慮し，刑務所内で医療的対応を重視し，70歳以上の高齢受刑者と医療的・福祉的ニーズを有する刑の執行停止を用いて釈放することとされた。この流れは現行法に受け継がれている。

　1908年（明治41年）に施行された監獄法は，数度の改正を経て，近時まで施行されていたが，2005年（平成17年）に成立した「刑事施設及び受刑者の処遇に関する法律」をもって廃止された。さらに，2006年（平成18年）には同法に，代用監獄制度および未決拘禁者，死刑確定者の処遇や留置施設・海上保安留置施設に留置されている者の処遇に関する規定が追加され，題も「刑事収容施設及び被収容者等の処遇に関する法律」に改められた。

　同法律には，刑務所内における受刑者の医療的・福祉的ニーズへの対応について以下のように規定している。

62条

刑事施設の長は，被収容者が次の各号のいずれかに該当する場合には，速やかに，刑事施設の職員である医師等（医師又は歯科医師をいう。以下同じ。）による診療（栄養補給の処置を含む。以下同じ。）を行い，その他必要な医療上の措置を執るものとする。ただし，第一号に該当する場合において，その者の生命に危険が及び，又は他人にその疾病を感染させるおそれがないときは，その者の意思に反しない場合に限る。
一　負傷し，若しくは疾病にかかっているとき，又はこれらの疑いがあるとき。
二　飲食物を摂取しない場合において，その生命に危険が及ぶおそれがあるとき。
2　刑事施設の長は，前項に規定する場合において，傷病の種類又は程度等に応じ必要と認めるときは，刑事施設の職員でない医師等による診療を行うことができる。
3　刑事施設の長は，前二項の規定により診療を行う場合において，必要に応じ被収容者を刑事施設の外の病院又は診療所に通院させ，やむを得ないときは被収容者を刑事施設の外の病院又は診療所に入院させることができる。

63条

刑事施設の長は，負傷し，又は疾病にかかっている被収容者が，刑事施設の職員でない医師等を指名して，その診療を受けることを申請した場合において，傷病の種類及び程度，刑事施設に収容される前にその医師等による診療を受けていたことその他の事情に照らして，その被収容者の医療上適当であると認めるときは，刑事施設内において，自弁によりその診療を受けることを許すことができる。
2　刑事施設の長は，前項の規定による診療を受けることを許す場合において，同項の診療を行う医師等（以下この条において「指名医」という。）の診療方法を確認するため，又はその後にその被収容者に対して刑事施設において診療を行うため必要があるときは，刑事施設の職員をしてその診療に立ち会わせ，若しくはその診療に関して指名医に質問させ，又は診療録の写しその他のその診療に関する資料の提出を求めることができる。
3　指名医は，その診療に際し，刑事施設の長が法務省令で定めるところ

により指示する事項を遵守しなければならない。
 4 刑事施設の長は，第一項の規定による診療を受けることを許した場合において，その指名医が，第二項の規定により刑事施設の長が行う措置に従わないとき，前項の規定により刑事施設の長が指示する事項を遵守しないとき，その他その診療を継続することが不適当であるときは，これを中止し，以後，その指名医の診療を受けることを許さないことができる。

65条
刑事施設の長は，老人，妊産婦，身体虚弱者その他の養護を必要とする被収容者について，その養護を必要とする事情に応じ，傷病者のための措置に準じた措置を執るものとする。

 処遇法62条と63条は，医療的ニーズを有するすべての被収容者に対する医療的対応について規定したものである。ここでの医療的対応として，具体的には刑務所内での医師による診察，投薬，治療等の医療上の措置の確保と外部の医療施設等への通院および入院がある[37]。両条文はすべての受刑者に対してその医療的対応を受ける権利を保障するとともに，その対応の確保を刑事施設長に義務付けている。これらの条文が，受刑者の医療を受ける権利を保障するものであることは，63条が当該受刑者に対して自身が望む医師による診療を受ける機会を設けていることからも明らかである。
 このような両条文の理解を基礎として，これらの条文における高齢受刑者への医療的対応の確保を妨げうる文言を指摘する。
 そのような両条文の趣旨にかんがみれば，62条3項における外部の病院への入院を「やむをえないとき」に限定する旨の規定は同条の趣旨に反する。この文言について，外部の医療施設への入院には，介護に当たる職員の負担や逃走の危険も増大し，それに伴う経費も多額なものとなることから，外部の医療施設への入院が「最終手段」とされている，との指摘がある[38]。すなわち，「安全」の確保が「支援」よりも優先されていることが示されている。受刑者であっても，一般市民と同様に医療においてその尊厳が尊重されなくてはならないことについては前出の東京地裁平成16年1月22日判決が示している。さらに，本法律の要点として，受刑者の人権保障や医療的措置の実施が挙げられている点か[39]

らしても，この「やむを得ない」という文言は不適切である。

　したがって，「やむを得ない」という文言は削除されるべきであり，現行の条文のもとでも当該受刑者の病状に照らして，本人の尊厳や医療を受ける権利の尊重を確保するために必要な場合には外部への入院が認められなくてはならない。あるいは，受刑者における一市民としての尊厳や医療を受ける権利の尊重を確保するためのひとつの立法案としては，フランスのように刑事施設内における医療部門を刑事施設から分離し，厚労省の管轄下に置くことが考えられる[40]。実際に，このような制度の導入の是非に関する検討は本章では避け，62条の問題点とそれに対して考えられうる解決策を提示するにとどめる。

　さらに，63条の指名医による医療的措置にかかる費用は自弁であるとされている点についても，議論の必要があろう。指名医制度そのものについては，受刑者自身が望む医師や治療を受ける権利の保障および，より適切な治療の実施の確保という点で好ましい制度である。しかし，指名医による医療的措置を受けるには自弁で対応しなくてはならない。自弁で対応することができない受刑者はより専門的知識や技術を有する医師，あるいは刑務所拘禁前のかかりつけの医師等による治療を受けること，あるいは自分が望む治療方法での治療を受けることが実質上困難であると思われる。特に高齢受刑者は，他の受刑者よりも病気のリスクが大量かつ多様であるために，この指名医制度の意義は生活困窮から犯罪を行った者が多く，一市民と同様の「医療へアクセスする権利」を受刑者にも保障するためには，少なくとも医療扶助の範囲内で認められうる医療については確保されなくてはならない。

　次いで，処遇法65条は高齢受刑者に対する養護的措置について規定している。同条は前述の監獄法44条を受けて設けられた。ここで規定されている「傷病者のための措置に準じた措置」としては，健康状態の診察，衰弱状態にある者への栄養補給，病室への収容，安静にさせること，特別の衣類，寝具，日用品その他の物品を使用させること，身体の状態に適した食事を支給することが挙げられている[41]。実際には，これらの措置にくわえて，刑務官や他の受刑者によって食事，入浴，排せつ等への介護や介助も行われている。さらに，養護工場への配置，尾道刑務所や島根あさひ社会復帰促進センター等の設置されたバリアフリーの居室への収容といった配慮もなされている。

以上のように，高齢受刑者に対する刑罰の内容の緩和や処遇上の配慮に関する規定が設けられた一方で，大正11年刑事訴訟法により，高齢受刑者もその対象とした，自由刑の執行停止の規定が546条に設けられた。

第五百四十六条
　懲役，禁錮又ハ拘留ノ言渡ヲ受ケタル者ニ付左ニ掲クル事由アルトキハ刑ノ言渡ヲ為シタル裁判所ノ検察官又ハ刑ノ言渡ヲ受ケタル者ノ現在地ヲ管轄スル地方裁判所ノ検察官ノ指揮ニ因リ刑ノ執行ヲ停止スルコトヲ得
　一　刑ノ執行ニ因リ著シク健康ヲ害スルトキ又ハ生命ヲ保ツコト能ハサル虞アルトキ
　二　七十歳以上ナルトキ
　三　受胎後百五十日以上ナルトキ
　四　分娩後六十日ヲ経過セサルトキ
　五　刑ノ執行ニ因リ回復スヘカラサル不利益ヲ生スル虞アルトキ
　六　祖父母又ハ父母七十歳以上又ハ廃篤疾ニシテ侍養ノ子孫ナキトキ
　七　其ノ他重大ナル事由アルトキ

　第2号はまさに，高齢受刑者に関する規定である。さらに，第1号の規定も高齢受刑者へ適用するケースが少なからずあったように思われる。なお適切かつ十分な福祉的対応の欠如が病気のリスクを上げる，要介護状況を悪化させることから，1号には医療的ニーズを有する受刑者にくわえて，福祉的ニーズを有する受刑者も含まれるものと思われる。医療的・福祉的ニーズを有する70歳未満の高齢受刑者に対しては1号が適用される可能性があり，70歳以上の高齢受刑者に対しては1号と2号の両方が適用されうる。

　本条1号の規定はフランスにおける治療を理由とした刑の執行停止措置に近い。しかしながら，本条がいう刑の執行停止とフランスにおけるそれには大きな違いがある。すなわち，フランスの制度が受刑者本人の権利に基づき自身の申請に基づいて手続きが開始されるのに対し，この制度では検察官の指揮に基づいて措置が決定される点である。

　自由刑の執行停止に関する規定は，戦後，英米法の色彩を色濃く見出すことができる現行刑事訴訟法482条に引き継がれた。現行法においても，70歳以上の受刑者に関する規定の趣旨は，「老年者は一般に心身が衰弱していることか

ら，老衰者を保護する」ことにあると指摘されている。さらに，前にみたように，医療的・福祉的ニーズを有する高齢受刑者においては1号「刑の執行によつて，著しく健康を害するとき，又は生命を保つことのできない虞があるとき」という条件が満たされる場合もあるように思われる。この文言もやはり「心身の衰弱」が本質的な執行停止の理由となっている。

　この執行停止にあたっての「重大な事由」の認定は，執行中または執行着手前において，検察官の職権，刑事施設所長からの申請，もしくは刑確定者またはその関係人からの上申に基づいて行われる。審査の結果，「重大な事由」があると認められる場合，検察官は刑の執行停止書を作成し，釈放指揮書により刑事施設長に対して釈放を指揮する。刑事施設長は，この指揮書を受け取ってから10時間以内に釈放しなくてはならない。釈放される際には，執行事務規定31条1項により，対象者の帰住先を管轄する警察署にその旨が通知されることになっている。この意味で，対象者に対しては警察の監視の目が及びうる。対象者が望む場合には，更生保護法88条に基づいて，「適当と認める指導監督，補導援護並びに応急の救護及びその援護の措置」を受けることができる。具体的には，対象者の住居地もしくは所在地を管轄する保護観察所により，保護観察に準じた補導援護等を受けることができる。

　この「重大な事由」がなくなった場合には，速やかに取り消されて，残刑の執行をすべきものと指摘されている。法務省令の執行事務規定31条6項によれば，対象者においてこの「重大な事由」がなお存するか否かついて，検察官は釈放後も引き続き調査をしなくてはならない。その一方で高齢受刑者の場合，同条2項によれば「70歳以上」という年齢に関して定められているのみであるので，執行停止の理由がなくなることはない。それゆえ，この刑の執行停止は，「心身の衰弱」が認められる者には，もはや刑罰の対象ではなくもっぱら医療的・福祉的サービスの対象をすることを目的とした制度であるように思われる。

〔註〕
1）　原田國男『量刑判断の実際』（現代法律出版，2004）9頁，米山正明「九　被告人の属性と量刑」判例タイムズ1225号（2007）15頁。
2）　養老律には2つの特色があるとの指摘がある［重松一義『日本刑罰史年表　増補改訂版』

（柏書房，2007）15-16頁]。ひとつは「律令的罪刑法定主義」である[牧英正，藤原明久編『日本法制史』（青林書院，1993）80頁]。すなわち，断獄律および獄令において犯罪を処断するには律令格式の条文を根拠にしなくてはならない。この概念は，律令的罪刑法定主義は「唯一人自由な裁量権を有する君主が，官吏の恣意を制限し，君主の意向にそって法を画一的に運用するために」導入されたとされている[同80頁]。もうひとつは寛刑化である[重松・同16頁]。具体的には，刑罰の免除および減軽について，①官人やその親族等に対する減軽，②高齢者と幼年者に対する刑罰の減免，③自首にともなう刑の減免，④恩赦による刑の減免といった規定が設けられた。

3) 牧，藤原編・前掲註2) 87頁。
4) 牧，藤原編・前掲註2) 87頁。
5) これらの規定の位置づけについては2つの見解が示されている。ひとつは，責任能力と関連付けた見解がある。たとえば，獄令39について16歳以下を少年とし，8歳以上16歳未満を限定責任能力者とした規定であるとの指摘がある[重松・前掲註2) 16頁]。この点，滝本シゲ子「刑事司法精神鑑定の研究」（2010）http://www.osipp.osaka-u.ac.jp/archives/DP/2010/DP2010J003.pdf, 8頁は，養老律令の障がい者に関する刑罰減軽規定を限定責任能力に由来するもの，と分析している。この点につき，『令義解』巻二 戸令第八において，養老律令獄令39にある「癡失者」には精神障がい者のみならず身体障がい者も含まれているとされている点にかんがみれば，獄令39を「精神障がい者については限定責任能力として刑罰を減軽する規定」とする解釈には不自然であるように思われる。もうひとつは，これらの規定は高齢者に対する敬老思想あるいは，人倫的人道的思想に基づくものであるとの見解である[小野義秀『日本行刑史散策』（矯正協会，2002）160頁]。この指摘についても，獄令39において，「幼少者」，「廃疾者」と「老齢」が並べられている点にかんがみれば，「老齢」のみを「敬老」思想という独立した根拠に基づくものである，とすることについてはより慎重な検討が必要であるように思われる。
6) 浅田和茂『刑事責任能力の研究 下巻』（成文堂，1999）8頁によれば，刑法官の袖書にはこの条文につき「90歳以上反逆ハ此限ニアラス」としていた。そのため，この規定は，実質的には反逆罪の場合には例外的に90歳以上，7歳以下のものであっても死罪になるとしていた。
7) 手塚豊『明治初期刑法史の研究』（1956）4頁，浅田・前掲註6) 7頁。
8) 手塚・前掲註7) 31頁。
9) 牧，藤原編・前掲註2) 308頁。
10) この「改定律例」と「新律綱領」は並行的に施行されたとされる[牧，藤原編・前掲註2) 7頁]。
11) なお，老小癡疾収贖条例は第45条から第48条に規定されているが，第45条および第46条は「癡疾者」に関する規定であるため，ここでは省略する。
12) 以下，明治13年刑法典の成立過程については，新井勉「旧刑法の編纂(1)，(2)」法学論叢98巻1号（1975）54-76頁，同4号98-110頁を参照した。
13) 刑法改正審査委員会の議論が始まる前に，ハーメルが明治13年刑法19条，22条について，これらの規定の文言は60歳未満であればその体力を超えた刑罰を科すことが許されるように読むことができる，奇妙なものであると批判した。
14) 量刑段階において，裁判官が斟酌すべき事情についての明文規定はない。量刑事情に関する一つの手がかりとして，改正刑法草案48条2項に列挙されている事情がある。すなわち，「犯人の年齢，性格，経歴および環境，犯罪の動機，方法，結果及び社会的影響，犯罪後にお

ける犯人の態度その他の事情」である。
15) LEX/DB 文献番号28025104。
16) 同量刑理由においては，以下の点についても言及されている。すなわち，本案被告人には前科前歴はなく，被害者側にも同居していた被告人と妻に対して思いやりに欠ける点があり，落ち度がなかったとはいえないこと，本件犯行が偶発的なこと，被害者の夫［被告人の次男］が寛大な処分を望んでいること等，「被告人に有利な事情も認めることができる」。
17) 「高齢」という事情の位置づけについては，小池信太郎「量刑における犯行均衡原理と予防的考慮（3・完）——日独における最近の諸見解の検討を中心として」慶應法学10号（2008）38-39頁においても量刑ではなく処遇段階で考慮すべきとされている。
18) 原田・前掲註1）9頁，米山・前掲註1）15頁。
19) http://response.jp/article/2004/06/09/61088.html
20) 司法省『ボワソナード氏 刑法草案注釋［復刻版］』（有斐閣，1988），185頁。
21) ベルネル（宮島鈴吉訳）「日本ノ刑法ニ関スル意見書」（明治19年）。
22) ベルネル（宮島訳）・前掲註21）。
23) 重松・前掲註2）122頁。
24) 姫嶋瑞穂『明治監獄法成立史の研究——欧州監獄制度の導入と条約改正をめぐって』（成文堂，2011）27頁以下。なお同書31頁以下は，同法律においてはフランス法の影響を受けている可能性も指摘している。
25) 内閣記録局編『法規分類大全57巻 治罪門2』（原書房，1980）62頁，姫嶋・前掲註24）36頁。
26) 矯正協会『監獄則 全』（1976）を参照した。
27) 姫嶋・前掲註24）77頁。
28) 矯正協会，小原重哉注釈『監獄則注釈 復刻版』（1976）を参照した。
29) 重松一義『近代監獄則の推移と解説——現行監獄法への史的アプローチ』（北樹出版，1979）21頁。
30) 小河滋次郎，重松一義『日本監獄法講義 復刻版』（日本行刑史研究会，1976）66頁。
31) 小河，重松・前掲註30）66頁。
32) 小河，重松・前掲註30）165-166頁を参照した。
33) 小河，重松・前掲註30）166頁。
34) 姫嶋・前掲註24）299頁。
35) 本事案において，勾留中に脳梗塞で倒れた当時51歳の男性に対して，速やかに専門医療機関に移送していれば，後遺症がより軽度で済んだという原告の主張を認め，損害賠償が認められた［LEX/DB 文献番号28091079］。同判決では，患者の適切な医療的措置を期待する権利（期待権）が侵害されたことは，当該患者に精神的苦痛を生ぜしめたとしている。さらに被拘禁者においては，医師や医療機関の選択が限られているため，一層この期待権が保護されなくてはならないとした。しかしながら，この判決は控訴審［東京高裁平成17年1月18日判決，LEX/DB 文献番号28101519］および上告審［最高裁平成17年12月8日判決，LEX/DB 文献番号28110058］において，速やかつ適切な対応を採っていた場合に後遺症がより軽度で済んだとはいえないとして，覆された。さらに本事案において，原告は被収容者に対して治療中に手錠をかけていた点が違法であると主張した。東京地裁は「このような対応はいささか杓子定規の感を免れないが，手錠をかけるか否かの判断において，拘置所の職員に臨機応変な法解釈を求めることが適当であるとは一概にはいえないし，前記のとおり，東京拘置所の職員は，C大学附属病院の医師の許可を得て，手錠をかけており，手錠をかけるこ

とが原告Aの症状に悪影響を及ぼしたと認めるに足りる証拠もないから，東京拘置所の職員が監獄法19条に従って原告Aに手錠をかけた行為が原告らに対する関係で違法性を有すると認めることはできない」として原告の主張を退けた。
36) 「在監者疾病ニ罹リタルトキハ医師ヲシテ治療セシメ必要アルトキハ之ヲ病監ニ収容ス」。
37) 林眞琴，北村篤，名取俊也『逐条解説 刑事収容施設法』（有斐閣，2010）247頁以下。
38) 林，北村，名取・前掲註37）252頁。
39) 林，北村，名取・前掲註37）4頁。
40) 刑務所医療の管轄を法務省から厚労省に移管することに伴って，フランスのように費用についても医療保険を適用することも考えられる。その場合，受刑者から社会保険料をどのように徴収するか，が問題となる。この点，フランスでは刑事施設内での「活動」は労働として扱われている。保険料はその活動に対して支払われた賃金から天引きされる。しかしながら，日本では刑務作業は労働として位置づけられてはいない。それゆえ，従事した刑務作業に対しては賃金ではなく，作業報奨金が支払われる。それゆえ，刑務所内医療への社会保険の適用を導入する場合には，社会保険料の拠出の方法についての検討や，さらには刑務作業の位置づけについての再考の必要がある。
41) 林，北村，名取・前掲註37）267頁。
42) 後藤昭，白取祐司編『刑事訴訟法新・コンメンタール』（日本評論社，2010）303頁。
43) 後藤，白取・前掲註42）303頁。
44) 後藤，白取・前掲註42）303頁。
45) 刑の執行停止の場合に仮釈放者における3号観察と同等の措置が取られうる規定のあり方については問題があるように思われる。仮釈放の法的位置づけには，①恩恵，②受刑者の権利，③行政処分の一種，④行刑の一延長，が指摘されている［菊田幸一『犯罪学［6訂版］』（成文堂，2005）420頁］。この点については以下の3つの理由から，④の行刑の一延長と解するべきであろう［金子みちる，正木祐史「保護観察の法的再構成・序論――保護観察者の法的地位から」刑事立法研究会編『更生保護制度改革のゆくえ――犯罪をした人の社会復帰のために』（現代人文社，2007）56頁］。すなわち，仮釈放中に保護観察に付されること，本人の円滑な社会復帰を目的とする処遇が予定されていること，仮釈放の期間に刑期が進行する。保護観察のうち特に指導監督における遵守事項は「一定の義務を保護観察対象者に関す点で不利益（権利制約）的性格を持つもの」［同57頁］である。だからこそ，この指導監督を含む3号観察は刑の一執行形態とみなすことができる。それゆえ，刑の執行が停止されている者に対して純粋な支援的性格の補導援護のみならず，指導監督をも課すことは法的な問題をはらんでいるといえよう。
46) 刑事訴訟法482条1項に基づく刑の執行停止の場合には，検察官はこの調査を警察署の長に委託することができる［法務省令執行事務規定31条6項］。

第8章

現在の高齢犯罪者に対する非拘禁的措置の消極的運用

　現行法においては,「高齢」という事情の量刑段階での判断についてはもっぱら裁判官の裁量にまかされている。近時,高齢犯罪者の多くが生活困窮状態ゆえに犯罪をするに至り,刑事司法の手中におかれている。彼らが抱える生活困窮状況は再犯のおそれを高めていると,検察官や裁判官に判断されている[1]。生活困窮という事情は「高齢」犯罪者にのみ見出されるものではない。しかしながら,近時,諸調査において強調されている生活困窮から軽微な犯罪を繰り返している高齢犯罪者においてはこれらの要因を有する者が多いため,結果として高齢犯罪者に対して拘禁的措置が積極的に適用されているのである[2]。

1　刑事司法にのせられる高齢者の増加

　近時の日本における高齢受刑者の増加現象については,犯罪を行い刑事司法におかれる高齢者が増えたこと,と,軽微な犯罪を繰り返す高齢犯罪者に対して積極的に拘禁的措置が適用されている,という2つの背景を指摘することができる。

　とりわけ後者については,検察官や裁判官が彼らの抱える社会的困難を,再犯のおそれを高める要素として扱っているとの指摘がある[3]。すなわち,「家族や仕事があり社会基盤がしっかりしている者や,経済的に豊かな犯罪者は,弁護士の支援も受けやすく,被害弁償を行うことで示談を得やすい。教育水準の高い者は,コミュニケーション能力も高く,取り調べや裁判の過程で,警察官や検察官,裁判官の心証をよくするために,場に応じた謝罪や自己弁護等の受け答えができる」者に対して拘禁的措置がより積極的に回避されている。

　それゆえ,日本とフランスでは,高齢受刑者数において増加傾向を見出すこ

図表 8-1　年齢別起訴人員の推移[4]

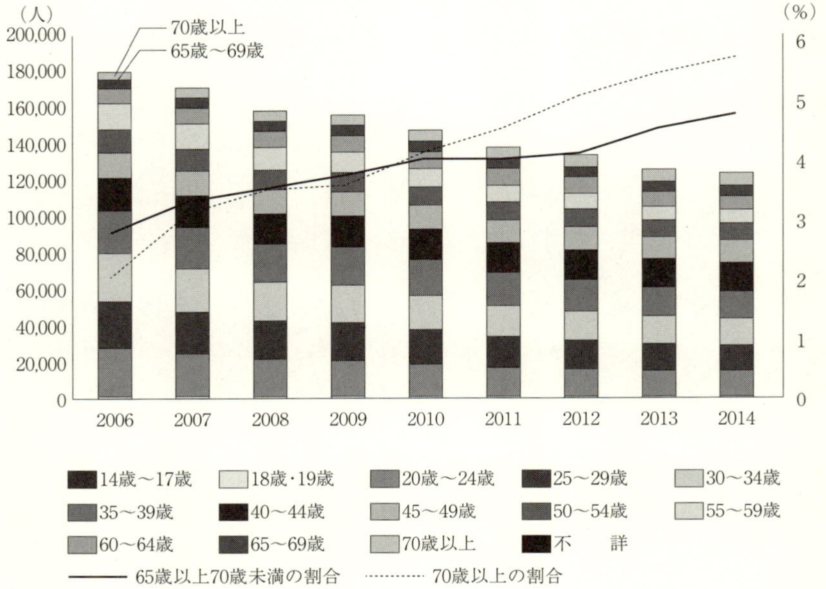

凡例:
- 14歳～17歳
- 18歳・19歳
- 20歳～24歳
- 25歳～29歳
- 30～34歳
- 35～39歳
- 40～44歳
- 45～49歳
- 50～54歳
- 55～59歳
- 60～64歳
- 65～69歳
- 70歳以上
- 不詳
- ―― 65歳以上70歳未満の割合
- ······ 70歳以上の割合

とができる点で共通しているが，そこで増加している高齢受刑者像は大きく異なっているのである。

■ 高齢起訴人員の増加

　高齢受刑者増加現象をみる前提として高齢起訴人員の推移について確認する。フランスと比較するためには裁判段階の統計を分析することが必要であるが，日本では，裁判段階の年齢別統計は公開されていない。そこから，刑事司法におかれる高齢者が増加していることを示すために，ここでは公判の対象となる高齢者の動向を検討対象とした。図表 8-1 は年齢別起訴人員数と高齢者の構成比の推移を示したものである。起訴人員総数は減少傾向にあるものの65歳以上の高齢起訴人員においては，増加傾向を見出すことができる。

　裁判段階での年齢別統計値が公表されていないことから，起訴された者のうち有罪宣告を受ける者の割合については知ることができない。この点について，高齢犯罪者を特集した平成20年版犯罪白書には2007年（平成19年）の地裁における年齢層別有罪宣告件数に関する統計値が掲載されている。これによれ

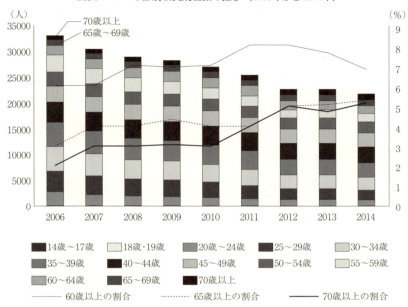

図表8-2 年齢別新受刑者数の推移（2006年から2014年）[6]

ば，65歳以上の高齢者に対する有罪宣告件数は3732件である。上記図表8-1によれば，同年に起訴された65歳以上の高齢被告人は1万898人である。ただし，2007年に起訴された者が2007年に有罪宣告を言渡されているとは限らないため，これら2つの数値からただちに有罪宣告率を算出することはできない。

同統計値によれば，有罪宣告を受けた高齢有罪者のうち，有期刑を言い渡されたのは3648人である。そのうちの57.8％に執行猶予が付されている。すなわち，2007年に有罪宣告を受けた高齢者の41.3％に実刑判決が言い渡されている。以上の統計値によれば，日本では一審における高齢有罪人員の少なくとも41.3％に対して実刑判決が言い渡されていることになる。これは，フランスの状況とは大きく異なる。フランスでは高齢有罪宣告人員のうち実際に拘禁的措置に付されるのは，多くとも15％弱である[5]。すなわち，日本では高齢有罪宣告人員に対して，フランスよりも積極的に拘禁的措置が用いられている状況がある。さらにこの傾向は，高齢有罪宣告人員に対して言い渡される刑期に関する統計値にも見出すことができる。

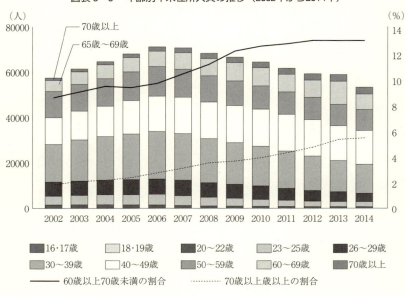

図表 8 - 3　年齢別年末在所人員の推移（2002年から2014年）

　高齢犯罪者が増加し，彼らに対して積極的に拘禁的措置が適用されている結果，高齢新受刑者数も増加傾向にある。

　図表 8 - 2 は高齢新受刑人員の推移について示したものである。このグラフによれば，65歳以上69歳以下と70歳以上の高齢新受刑者数はともに増加している。その一方で，新受刑人員総数に占める高齢新受刑人員の割合を示した折れ線グラフをみると，2009年以降徐々にその伸び幅が緩やかになっている。

　高齢新受刑者が増加した結果，年末在所人員総数に占める高齢受刑者の割合も増加している。このことを示したのが図表 8 - 3 である。このグラフによれば，2002年以降2009年まで全受刑者数に占める高齢受刑者の割合は増加傾向にあったが，近時はほぼ横ばいとなっている。2011年には，全受刑者の約20％が60歳以上である。この数値はフランスにおける約3.5％と比較すると圧倒的に高いことがわかる。すなわち，「受刑者の高齢化」についてはフランスよりも日本の方が顕著であり，高齢受刑者処遇制度の早急な整備が必要であると思われる。

その一方で，高齢受刑人員の具体的な数値に着目すると，2002年には60歳以上69歳以下が4831人，70歳以上が1039人であったのが，2014年にはそれぞれ，6713人，3023人に増加している。次に16歳以上の年末在所人員総数に占める高齢受刑者の割合の推移に着目する。60歳以上69歳以下および70歳以上の割合が共に増加している。すなわち，2014年において，全受刑者の約5人に1人（約18％）が60歳以上の高齢者である。この現象の理由については，「高齢新受刑者数が増加したため」と説明されている[7]。

　そのように全体としては，高齢在所人員は増加している。しかしながら，とりわけ2008年以降の動向に着目すると，60歳から69歳においては高齢在所人員が減少しており，70歳以上の高齢在所人員については増加しているものの，増加の伸び幅が小さくなってきている。この点に関する分析はまだなされていないが以下の影響があると思われる[9]。すなわち，地域生活定着支援センターをはじめとする福祉機関と刑務所や保護観察所といった刑事司法機関の連携による環境調整の成果である。地域生活定着促進事業は，帰住先も，就労先もないまま満期釈放を迎えて釈放される予定の高齢受刑者や障がいを有する受刑者に対する環境調整を行うべく2009年度（平成21年度）に開始された。それにより，出所後の居住先や適切な医療的・福祉的サービスを確保することができ，社会参加が実現され，衣食住を求めて「刑務所に入るために」犯罪をしなくとも良い状態が維持されている人もいると考えられる。

　このような福祉的支援の取組みの成果が積み重なり，2009年以降，在所人員総数に占める高齢在所人員の割合が少なくとも増加していないと考える。ただし，このような福祉的支援はまだ始まったばかりであり，福祉的支援の充実化と高齢受刑人員の減少についてはより詳細な検討が必要であろう。在所人員総数に占める高齢在所人員の割合が2009年以降横ばいであるのに対して，高齢新受刑者がなお増加している点にかんがみれば，これらの福祉的支援の網に漏れたあるいは，それらの支援を受けることができてもなお社会参加が実現されておらず，その結果として犯罪を行うといった現状は解消されたわけではない。さらに，そのようにして犯罪を行った高齢犯罪者に対してはなお，拘禁的措置が選択されている。

図表8-4 高齢者の入所受刑者の罪名別構成比（男女別）(2014)[13]

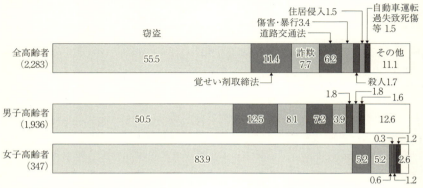

注　1　矯正統計年報による。
　　2　入所時の年齢による。
　　3　（　）内は，実人員である。

2　統計からみる高齢犯罪者への厳しい対応

■ 窃盗に対する拘禁的措置の選択の多さ

　高齢有罪宣告人員において，拘禁的措置が積極的に用いられる要因は，まずその犯罪類型にある。この点につき，図表8-4は2014年の高齢新受刑者における犯罪類型の構成について示している。このグラフによれば，男子は半数が窃盗であり，その後は覚せい剤取締法違反，詐欺，横領と続く。女子は8割以上窃盗となっている。この点について，窃盗については，特に非侵入盗——特に万引き——が多い。[10]

　実際，図表8-4によれば，高齢新受刑者においては窃盗が著しく多い。この点について，2014年の矯正統計年報によれば新受刑者総数において，窃盗は約半数であるにもかかわらず，65歳以上の男子においては約60％，70歳以上の男子になると約75％が窃盗である。女子においてはより顕著にこの傾向が表れている。すなわち，65歳以上女子においては約85％が，70歳以上女子においては約90％が窃盗につき自由刑に付されている。

　なお，常習累犯窃盗については，図表8-4における「窃盗」ではなく，「盗品等関係」に含まれている。この，常習累犯窃盗は高齢有罪宣告人員において量刑を重くする一要因として挙げられている。しかしながら，2014年の65歳以

上の高齢新受刑者において1人しかなかった。すなわち、盗品等ノ防止及処分ニ関スル法律3条では常習累犯窃盗は10年以内に3回以上6月以上の懲役刑を言い渡されている者に対して適用されることと規定されているが、窃盗につき多数回入所している高齢者の多くは常習累犯窃盗ではなくむしろ、窃盗罪で起訴されているケースが多いと思われる。この場合においては、刑法57条の再犯加重が適用されることがある。中でも、同法2条により、常習累犯窃盗としてより重い刑罰が言い渡されているケースが多いと思われる[11]。[12]

その他の犯罪の特徴として、殺人および傷害については以下の点が指摘されている。すなわち、殺人においては親族殺の比率が非高齢者よりもやや高く、犯罪性の進んでいる者は少ない、と指摘されている[14]。傷害においては、非高齢者と比較すると近所の人とのトラブル等から犯行に至った者が目立つといった点が指摘されている[15]。特別刑法犯として、非高齢者ほどではないにしても、覚せい剤事犯も少なくはない。矯正統計年報によれば、2014年の新受刑者のうち覚せい剤取締法違反による者は、全体では27.51％（6016人）、65歳以上では11.4％（260人）であった。

以上から、統計上、高齢者が有罪宣告を受ける犯罪類型には比較的軽微なものが多い。近時のフランスにおいては、高齢有罪宣告人員に軽微な盗罪が少なく、さらにそのような犯罪を行った場合であっても拘禁的措置は回避されていないようである。ここから、日本には、少なくともフランスのように軽微な犯罪を行った高齢犯罪者への非拘禁的措置の積極的適用への合意がないといえる。

■ **高齢累犯者の多さ**

高齢犯罪者に対して拘禁的措置が言い渡されるもうひとつの要因として、累犯が多いことが考えられる。そこで、高齢受刑人員における初犯・累犯状況についても確認する。この点につき、2014年度の新受刑者における初犯者と累犯者の割合を年齢別に示したのが図表8-5である。

このグラフによれば、女子においては、20歳から24歳、および25歳から29歳については初犯者の方が顕著に多いという特徴を見出すことができるものの、30歳以降については、一定の傾向を見出すことができない。特に55歳以上においては初犯者と再犯者の実数はほぼ同じであり、いずれもその差は10人以下で

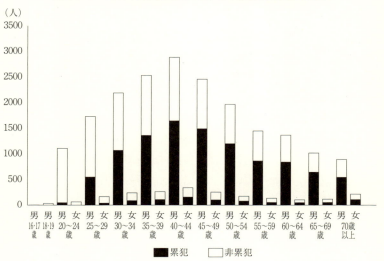

図表8-5 2014年度新受刑者における年齢別初犯累犯の割合[16]

ある。それゆえ、このグラフに現れている差の傾向を分析することはできない。それに対して、男子においては初犯と累犯の割合がそれぞれ年齢とほぼ反比例している。すなわち、初犯者の割合は20歳から24歳において最も大きな値を示し、それが年齢を経るごとに低下している。その一方で累犯者については年齢を経るごとに上昇し、70歳以上で最も大きな値を示している。この点について、フランスにおいては受刑者における年齢別の累犯に関する統計値は公表されていない。そこから、高齢犯罪者における累犯の状況については日本とフランスの比較をすることができない。しかしながら、フランスの高齢受刑者の特徴にかんがみれば、日本のような問題状況はフランスにおいては生じていないと考えられる。すなわち、性犯罪については、累犯率が低いことが実証されており、かつ公訴時効改正により有罪宣告件数が増加したとされていることから、長い間「性犯罪」を行っていなかった者が多いと思われる。さらに、長期受刑者については、長期間拘禁されていることから、多数回入所はしていないものと思われる。

年齢別に刑期の構成比を示したのが、図表8-6である。
このグラフによれば、20歳から24歳までは若干5年以下の構成比が大きいも

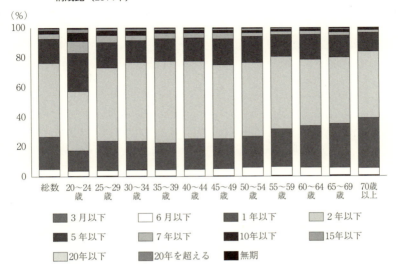

図表8-6 懲役刑を宣告された者のうち実刑に付された新受刑人員における刑期の構成比（2014年）[17]

のの，それ以外の年齢層をみると，最も多いのが2年以下，次いで1年以下，5年以下が続く。年齢ごとに罪名に若干の違いはある点を差し引いても，「高齢」であるという事情が特別に刑罰を減軽する方向では作用していないことがわかる。

　日本とフランスにおいて，この点に違いを見出すことができる。
　フランスでは，高齢者に対する軽罪禁錮刑の刑期について，その約90％に対して3年以下の刑罰が宣告されている。最も多いのが3月以上6月未満である。よって，刑期に関する統計値のみを比較すれば，日本における高齢者への量刑は厳しいものとなっている。特に，フランスの高齢有罪宣告者においては，盗罪は少なく，傷害や性犯罪のケースが多い。この点にかんがみれば，フランスの高齢有罪宣告者には日本よりも，重大なケースが多い。それにもかかわらず，日本の方が高齢有罪宣告者に対して自由刑を言い渡す比率が高く，さらにその刑期も長い。
　さらに，日本とフランスの刑罰制度の違いからも，日本において高齢受刑者に対して実際に付される刑罰が実質的に「厳しい」ものであると確認すること

第8章　現在の高齢犯罪者に対する非拘禁的措置の消極的運用

ができる。すなわち，フランスでは軽罪禁錮刑の場合，何らかの義務に従事しなくてはならない義務が被拘禁者に課されるが，これは日本の懲役刑における刑務作業に従事する義務とは異なる。すなわち，軽罪禁錮刑における受刑者の「義務」とは，SPIPから提示された複数の活動——依存症プログラム，労働，文化活動[18]等がある——のうち，被拘禁者が自ら選択し，その活動に従事する義務である。その一方で，日本では懲役刑を宣告された以上，高齢受刑者であっても原則，刑務作業に付されている。その中で，より簡単な作業の割当てや作業時間の短縮といった配慮がなされているにすぎない。さらに，この「配慮」は実質的に高齢受刑者の仮釈放を妨げる要因の一つとなっている。日本の刑務所では，免業日以外は毎日8時間作業に従事していることが実質的に刑法28条の「改悛の情」の現れとして捉えられているのである。

3 深刻な社会的排除状態にある高齢犯罪者への厳しい対応に存する問題点

第Ⅰ部でみたように，日本の高齢犯罪者は孤立，経済的困窮，コミュニケーション能力の低さ等様々な「生きづらさ」を抱えた，vulnerableな存在である。現代の日本の刑事司法に存するひとつの傾向を見出すことができる。すなわち，検察官や裁判官は，高齢犯罪者の「社会的排除状態」を「再犯の危険性を高める要素」として重視し，それらの事情がより深刻な者に対して，より厳しい対応を選択することが多い。ここで，この対応の根底に存する問題点を指摘したい。

まず，高齢犯罪者に対して拘禁的措置を回避する理論的根拠が不明確である，という問題点がある。高齢受刑者における多数回入所者の多さ，そして前述の諸調査の結果にあらわれているように，量刑時における高齢犯罪者への拘禁的措置の積極的適用は，高齢犯罪者の社会的排除状態をより悪化させている。それゆえ，生活困窮を理由として犯罪を行った高齢犯罪者に対しては，その社会参加やその結果としての再犯防止の見地から，非拘禁的措置が積極的に適用されなくてはならない。

フランスにおいては，とりわけ1970年の刑事後見創設時より，高齢犯罪者に対しては非高齢犯罪者よりも社会復帰に向けた社会参加の促進をより重視する，という視点が強調されてきた。軽微な犯罪を繰り返す高齢累犯者に対して

は，刑事施設内での処遇よりも，釈放して社会において適切な生活支援——社会保障・公的扶助制度による所得保障や社会福祉制度における各種サービス——を提供する方が，彼らの「社会復帰」にとってより好ましく，その結果彼らの再犯も防止される，という点について合意が得られてきた。この合意のもと，高齢犯罪者に対する量刑が裁判官の裁量に委ねられた後も高齢犯罪者への非拘禁的措置が積極的に運用されている。現行法のもとでのこのような運用は，刑法典132-24条および刑事訴訟法典707条によって支えられている。すなわち，両条は宣告刑と執行刑の目的のひとつとして，有罪宣告者・受刑者の社会参加の促進を明示し，刑法典132-24条は軽罪において拘禁的措置が最終手段であるとも規定している。もっとも，拘禁の最終手段性は犯罪者に対する応報の視点を排除するものではない点には留意が必要であろう。両条には刑罰の目的として有罪宣告者・受刑者に対する制裁も列挙されている。この「応報」の視点と「支援」の視点が両方考慮されるべき事情とされている点に対して，フランスにおいて保守的な刑事法研究者のBOULOCは以下のように述べている。すなわち，刑罰は行為者が犯したフォートfauteを理由として科されるものであり，そのフォートの重大性を考慮して刑罰が決定されなくてはならない。この意味で，刑罰は応報の機能を果たしてきた。しかしながら，その機能は非拘禁的措置による当該犯罪者の自由の制限によっても達成することができる。このように，BOULOCは，非拘禁的措置を「応報」と「社会復帰」という一見対立する目的を同時に達成することが可能な措置と評価している。

　その一方で，日本で展開されている刑罰論においては，そもそも「社会参加」という概念自体，なじみが薄い。まず前提として，「社会参加」は「改善amendement」とは異なる。フランスでは「改善」は政府から当該犯罪者への「押付け」である，という理由から，法規定においてその文言を使用することについて批判されている。[20]「社会参加」という語は受刑者処遇においてのみ用いられる用語ではなく，求職者や野宿者への支援等においても広く用いられている。また，「社会参加を促進するための支援」は，彼らのニーズに応じた支援を確保し，社会に生活基盤を築くことを容易にする状態を作るための一般的な生活支援を指す。この理念のもと，刑務所内処遇の実施主体は刑務官ではなく，一般のアソシアシオンのスタッフである。すなわち，再犯予防は刑務所内

処遇の直接的な目的として位置付けられていない。この点で「社会参加」は「特別予防」とは大きく意味が異なるものである[21]。それゆえ、フランスから示唆を得て高齢犯罪者に対する刑罰のあり方を考察する前提として、現在の日本の刑罰システムに、犯罪者・受刑者の「社会参加」の促進という視点を導入することの可否について考える必要がある。

　刑罰の謙抑性という視点からは、高齢犯罪者・受刑者に対して、社会復帰の基礎となる社会参加を促進するために不必要な拘禁的措置を積極的に回避するという説明は可能であるように思われる。さらに、日本現行制度において、保護観察付執行猶予や仮釈放によって対象者の自由が一定程度制限されているという点にかんがみれば、前述のBOULOCの主張と同様の構造で、非拘禁的措置による応報と社会復帰の促進という2つの目的を追求することは可能であると考える。

　しかし、実際に特別予防の概念とは異なる、「社会参加」の促進という概念を日本の自由刑のシステムに導入することには困難があるだろう。この点を考えるにあたり、日本とフランスでは「自由刑」の捉え方が大きく異なることを確認しなくてはならない。フランスでは、1974年に当時の大統領であるジスカールデスタン GISCARD d'ESTAING が LYON の刑事施設を訪れた際の記者会見において、「刑務所とは移動の自由を剥奪するのみの場所である la prison, c'est la privation d'aller et venir et rien d'autre」と発言して以来、「自由刑純化」を実現するための努力がなされてきた。この考えのもとでは、受刑者は「移動の自由を剥奪されただけの市民」としてとらえられており[22]、あらゆる市民の福祉的支援を基礎づける「社会参加」という理念が受刑者処遇をも支えている。それゆえ、受刑者に対しても、その社会参加を促進するために一般市民と同様の質および量の支援がなされているのである。したがって、刑罰と社会復帰に向けた支援は分けて位置づけられている。

　その一方で、日本では自由刑の内容について刑法12条および13条によって移動の自由の剥奪と、懲役刑の場合には刑務作業への従事としている。くわえて、処遇法74条2項9号[23]により、実質的には自由刑が科せられた受刑者に対して、改善教育指導受講の義務が課せられている。すなわち、刑罰執行と社会復帰に向けた処遇はフランスのように独立していない。さらに、フランスにおい

て受刑者処遇は専門機関が実施する，という構造であるのに対し，日本では「処遇」は刑務所の中で刑務官が実施するという構造になっている。それゆえ，社会参加という概念を導入するには，処遇プログラムの位置づけを見直す必要があろう。

　以上のように，高齢犯罪者に対する拘禁的措置の積極的な回避を基礎づける根拠が不明確なまま，多くの高齢犯罪者に対して実刑判決が言い渡され，その後，高齢犯罪者は劣悪な環境の刑務所に拘禁されているのである。すなわち，高齢受刑者においては，現在対応する必要がある医療的・福祉的ニーズが非高齢者よりも多く，さらに認知症予防・体力の低下予防といった予防介護のニーズもあることから，高齢受刑者においては他の受刑者よりも，医療的・福祉的サービスへのアクセスの制限による適切かつ十分な対応の欠如は当該高齢受刑者の健康および生命を侵害する可能性が高い。このアプローチはまさにヨーロッパ人権裁判所が2001年6月7日決定において言及したものである。さらに，フランスにおける70歳以上の高齢受刑者に対する仮釈放の特例を創設する際の議論では，不適切な医療的・福祉的対応により，病状や要介護状態が悪化すれば，高齢出所者の環境調整も困難なものとなる，との指摘もなされた。

　このような困難は，フランスのみならず日本の高齢出所者の環境調整の局面においても生じている。すなわち，非高齢出所者よりも医療的・福祉的ニーズが大きい高齢出所者においては出所後の医療的・福祉的対応を確保[24]しなければならない点で，帰住先の確保もより困難である。

　その背景のひとつとして，就労の準備のための施設として，就労の可能性が高い健康な非高齢者を中心に受け入れている更生保護施設では就労の可能性が低いとして，高齢出所者の入所が断られることもしばしばある[25]点がある。とりわけ，医療的・福祉的ニーズを有している場合には，より就労の機会が制限されるため，このような更生保護施設への入所は難しい。また，高齢出所者を受け入れている，更生保護施設や福祉施設であっても，自分で身の回りのことができることを入所の要件としている場合がある。その場合には，病院への入院あるいは特別養護老人ホーム等より専門的なケアを受けることができる福祉施設への入所の可能性が探られる。さらに，より軽度ではあるが，日常的なケアを必要とする高齢出所者の環境調整の困難さである。すなわち，入所サービス

は必要ではないが，在宅サービスを必要とする場合である。この場合，宿泊を提供するサービスと専門的な医療的・福祉的サービスとの隙間に落ちる危険が多いにある。

　以上のように，医療的・福祉的ニーズを有していること，それ自体が高齢出所者の環境調整を困難なものとしている。それゆえ，高齢犯罪者の社会参加の促進においては非高齢受刑者と異なり，彼らの健康状態がとりわけ重要な意味を有する。さらに生きていなければ，彼らの社会参加は実現されえない。したがって，社会参加において，医療的・福祉的対応が基礎におかれなくてはならない点で，高齢受刑者処遇は他の受刑者処遇と大きく異なるのである。それゆえ，高齢受刑者に対しては，第一にその医療的・福祉的ニーズへの対応が確保される必要がある。

〔註〕
1）　浜井浩一『実証的刑事政策論——真に有効な犯罪対策へ』（岩波書店，2011）201頁。
2）　近時では，高齢犯罪者や障がいを有する犯罪者の拘禁を回避するために，ダイバージョンに向けた支援，いわゆる「入口支援」が行われつつある。この支援は，検察段階や公判段階において，福祉支援者が当該被疑者被告人のニーズをアセスメントし，それに応じた「居場所」やその他のサービスをコーディネートすることにより，起訴猶予や執行猶予を得ようとするものである〔安田恵美「福祉的ニーズを持つ被疑者への起訴猶予」（2014）大阪市立大学法学雑誌60巻3＝4号〕。
3）　浜井・前掲註1）132頁。
4）　検察統計年報2006-2014年版をもとに作成した。
5）　2年以下（法律上の累犯の場合1年以下）の軽罪禁錮刑に付される刑の執行前の刑罰修正に関する年齢別統計は公表されていない。さらに，年齢別新入人員に関する統計も公表されていない。以上から，ここでは全部執行猶予の数値から，高齢有罪宣告人員に占める拘禁的措置に付される者の割合を推定するにとどめる。
6）　矯正統計年報2006-2014年をもとに作成した。
7）　たとえば，平成20年版犯罪白書247頁。
8）　矯正統計年報2006-2014年をもとに作成した。
9）　さらに，注目すべき福祉的支援として，長崎県の南高愛隣会や埼玉県のほっとポットを中心として，地域生活定着支援センターや福祉機関等による障がい被疑者・被告人や高齢被疑者・被告人に対するダイバージョンのための支援——いわゆる入口支援——がある。すなわち，「厳罰化」の一つの要因となっている「帰住先のなさ」という問題点を福祉施設等の受け皿を確保してあらかじめ解決することにより，非拘禁的措置の決定を得ることを目的としている。このような「入口支援」の取組みの広がりを受けて，検察官や裁判官においても，生活困窮から犯罪を行った高齢犯罪者あるいは障がい者に対しては，彼らの立ち直りのためにより適切な「非難」ではなく「福祉的支援」を提供する視点からの非拘禁的措置の選択とい

う運用が広がりつつある。このような試みが日本全国に根付くことによって，高齢受刑人員が少なくなる可能性がある。この点については，継続して検討を続けたい。
10) 平成20年版犯罪白書227頁。
11) 盗品等ノ防止及処分ニ関スル法律において常習累犯窃盗について定めた2条および3条は以下のとおりである。
「2条　常習トシテ左ノ各号ノ方法ニ依リ刑法第235条，第236条，第238条若ハ第239条ノ罪又ハ其ノ未遂罪ヲ犯シタル者ニ対シ窃盗ヲ以テ論ズベキトキハ3年以上，強盗ヲ以テ論ズベキトキハ7年以上ノ有期懲役ニ処ス
　　1．兇器ヲ携帯シテ犯シタルトキ
　　2．2人以上現場ニ於テ共同シテ犯シタルトキ
　　3．門戸牆壁等ヲ踰越損壊シ若ハ鎖鑰ヲ開キ人ノ住居又ハ人ノ看守スル邸宅，建造物若ハ艦船ニ侵入シテ犯シタルトキ
　　4．夜間人ノ住居又ハ人ノ看守スル邸宅，建造物若ハ艦船ニ侵入シテ犯シタルトキ
　3条　常習トシテ前条ニ掲ゲタル刑法 各条ノ罪又ハ其ノ未遂罪ヲ犯シタル者ニシテ其ノ行為前十年内ニ此等ノ罪又ハ此等ノ罪ト他ノ罪トノ併合罪ニ付三回以上六月ノ懲役以上ノ刑ノ執行ヲ受ケ又ハ其ノ執行ノ免除ヲ得タルモノニ対シ刑ヲ科スベキトキハ前条ノ例ニ依ル」。
12) 来栖宗孝「高齢者犯罪と高齢受刑者の処遇」立山龍彦『高齢化社会の諸問題』（東京大学出版会，1991）63頁はこの点について「［本条本文には］無銭飲食・無賃乗車をくり返す連中［ママ］に対する常習累犯詐欺罪は規定していない」と指摘している。
13) 平成27年版犯罪白書，4-5-2-3図参照。
14) 平成20年版犯罪白書310頁。
15) 平成20年版犯罪白書298頁。
16) 矯正統計年報2014年をもとに作成した。
17) 矯正統計年報2014年をもとに作成した。なお，禁錮刑についてはその数が非常に小さいため図表8-6では対象から除外した。ちなみに，2014年に禁錮刑に付された60歳以上の高齢受刑者は20人であった。
18) 2012年2月にTOULOUSEのMURET拘禁センターを参観した際に，そこでの高齢受刑者は文化活動を選択し，テレビゲームを行っているとの話をきいた。
19) BOULOC, *Droit de l'éxécution des peines*（2011），p6.
20) BOULOC, loc. cit.
21) 「社会参加」は「特別予防」が抱えるジレンマ，すなわち「矯正の強制」という問題点を考えるうえでも有益な視点を提供すると思われる。
22) 赤池一将「フランス刑事施設における医療のあり方とわが国での議論」高岡法学15巻1・2号（2004）136頁。
23) 第74条 刑事施設の長は，被収容者が遵守すべき事項（以下この章において「遵守事項」という。）を定める。
　2　遵守事項は，被収容者としての地位に応じ，次に掲げる事項を具体的に定めるものとする。
　　九　正当な理由なく，第九十二条若しくは第九十三条に規定する作業を怠り，又は第八十五条第一項各号，第百三条若しくは第百四条に規定する指導を拒んではならないこと。
24) 高村賀永子「高齢受刑者保護における福祉等関係機関の援助をめぐって」犯罪と非行150号（2006）47頁は出所後の介護サービスの確保について事例を挙げて紹介している。要介護状態にある高齢者が介護保険法上のサービスを受けるためには，まず要介護認定を受ける必要が

ある。たとえば，同論文執筆当時，京都刑務所分類審議室上席統括矯正処遇官を務めていた同筆者は，老衰傾向ならびに難聴等のある80歳代男性受刑者に，出所後の生活支援体制を確保するため介護保険法に基づく，介護サービスを受けさせる必要があった。保護観察所と連携を取りながら，本人から介護認定手続きの委任を受け，刑務所職員が本人帰住予定地を管轄する区役所に，介護保険，要介護認定・要支援認定申請書を提出した。その後，刑務所内において介護保険指定事業所職員に要介護認定訪問調査が実施され，要介護4が認定され，介護保険被保険者証が交付された。さらに，本人，担当保護士，ケアマネージャーが面接し，出所前にケアプランが作成された。出所当日は，担当保護司及びケアマネージャーが福祉専用車両で出迎え，その日から訪問看護，デイサービス，介護用ベッド・車いすの貸与を受けることができたとのことである。なお，担当保護司がいることから対象者は仮釈放者と推測されるが，この点について詳細は記載されていない。

25) 高齢出所者のほかに，放火，性犯罪のかどで有罪宣告を受けた者においても受け入れを断られるケースが多いといわれている。もちろん，対象者が有する諸困難や行った犯罪類型にかかわらず，すべての出所者を受け入れている施設もある。大阪市の更生保護施設和衷会もそのような施設の一つであろう。さらに，法務省は，2009年度（平成21年度）より，高齢・障がいにより自立が困難な刑務所出所者等に対する特別処遇を実施する更生保護施設の指定を制度化し，福祉職員の配置等を行っている。

第 9 章

刑事施設における高齢受刑者が抱える医療的・福祉的ニーズの軽視

　フランスとは問題の現れ方には若干の違いがあるが，日本においても高齢受刑者が増加し，彼らに対する医療的・福祉的対応のあり方が問題となっている。実際に，医療的・福祉的ニーズを有する高齢受刑者は多く存在し，中でも生死に関わるほど深刻な状態の者もいる。しかしながら，重篤な状況にある高齢受刑者に対してさえも適切かつ十分な対応がなされているとは言いがたい。その根底には，深刻な資源不足に加えて，「安全」の視点からの抑制がある。

1　高齢受刑者の医療的・福祉的ニーズの多様性と大量性
　近時の高齢受刑者の増加に伴い，刑務所内に医療的・福祉的対応を必要とする高齢受刑者の絶対数が増加している。その増加により，対応すべきニーズの内容も多様化している。
■ 高齢受刑者におけるP級の多さ
　特別な医療的・福祉的対応が必要であると判断された受刑者はP級に分類される。P級はさらに細分化され，身体疾患のため相当期間の医療または養護の必要があるPX級，身体障がいのための特別な処遇を必要と認められるPY級，年齢がおおむね60歳以上で老衰現象が相当程度認められる者及び身体虚弱のための特別な処遇を必要と認められる者PZ級の3つの分類がある。「高齢受刑者に関する研究」は調査対象者男子760名，女子61名のうち，「非該当」であったのは，男子26.6%，女子19.7%のみであった。それ以外は，いずれかの級に分類されている。「PX級のみ」に分類されているのが，男子の52.5%，女子の67.2%と，最も多い。次いで，「PZ級のみ」がそれぞれ28.9%，9.8%，「PY級のみ」14.5%，4.9%であった。中には，「PX，PY，PZ級」の3つに該

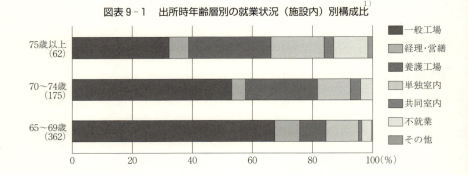

図表9-1　出所時年齢層別の就業状況（施設内）別構成比[1]

当している者もいた（男子4.9％，女子該当なし）。すなわち，高齢受刑者の75％が特別な医療的・福祉的措置の対象となっている。

　また，高齢受刑者のADL［日常生活動作］の程度に関するデータは公表されていないが，それを知る手がかりとして，法総研調査における出所時年齢層別・就業状況（施設内）別構成比を参照する。図表9-1はその調査結果をグラフ化したものである。

　このグラフによれば，年齢がより上がるにつれて一般工場で作業についている者の割合は低下し，養護工場，単独室内，不就業の割合が上昇している。一般工場においても高齢者においては，比較的軽作業が割り当てられている点にかんがみれば，養護工場，単独室内，不就業とされている高齢受刑者はより細やかな介護および介助を必要としている人々であると思われる。言い換えれば，日常生活にかかわる事柄を自力で行うことがより困難な人々である。70歳以上の高齢受刑者のおよそ半数がそのような状態にある。

　そこまで重大な福祉的ニーズはないとしても，一般受刑者と同じリズムの生活に「しんどさ」を感じている高齢受刑者が少なからずいるようである。すなわち，前出の「高齢受刑者に関する研究（その1）」によれば，男女ともにおよそ60％が，法総研調査によればおよそ25％が「若い受刑者についていけなかった」と回答した。すなわち高齢受刑者においては，刑務所内での日常生活を送る上での配慮が不可欠である。

　さらに，高齢受刑者が有する福祉ニーズに関しては，これらの諸調査のほかに新聞でも報道されることがある。2010年1月17日付の沖縄タイムスには，尾

道刑務所の高齢受刑者の実情について以下のように紹介している。この記事が掲載された当時，尾道刑務所の高齢受刑者専用収容棟に収容されていた約70人の平均年齢は68歳（最高年齢は84歳）であった。彼らは手すりをつかみ，足を引きずるように歩行していたり，車いすや歩行器を利用している。そのため，その収容棟において，高齢受刑者の居室，工場，食堂，入浴場，運動場はすべて2階に設置され，階段を上り下りする必要がないように設計されている。高齢受刑者には短時間の軽作業が課されており，作業に従事するにあたり，転落防止のために背もたれとひじ掛け付きの特注品のいすが用意されていた。さらに歯のない人も約半数いるが，彼らには入れ歯を買えず，仕方なく歯茎だけで咀嚼し食事を取る人もいる。6割は耳が遠く，意思疎通に支障があるという。

　この記事から，尾道刑務所に拘禁されている高齢受刑者は以下のような福祉的ニーズを有することがわかる。すなわち，バリアフリーや転倒防止のための椅子といった物的整備，歩行や食事等日常生活を行うにあたり必要な動作に関する介助，そして彼らのペースに合わせた意思疎通である。さらにこの他にも，トイレの問題，老眼への対応，こまめな休息時間の確保といった点が指摘されることがある[2]。これらの福祉的ニーズについては，より適切かつ適度な対応が必要である。たとえば，介助があれば歩行することができる者に対して，転倒予防や効率的な移動のために車いすを多用することは，彼の歩行能力を減退させる可能性がある[3]。それゆえ，この高齢受刑者が有する福祉的ニーズには，目に見えているニーズへの具体的対応に加えて，ニーズを適切に把握し，そのニーズに応じたサービスの質および量のアセスメントを受ける，というニーズも含まれていると解するべきである。さらに，これらのニーズに加えて，高齢者の場合には介護予防あるいは介護の二次予防のニーズがあることも忘れてはならない。これは，現在は生活上の諸困難を有していない高齢者も対象となる。よって，介護予防のニーズはすべての高齢者が有するものである。

■ 高齢受刑者における自身の医療的ニーズに対する認識の高さ

　これらの統計に基づくデータを基礎として，次に高齢受刑者における自身の医療的ニーズに関する意識について示したい。

　法総研調査において満期釈放直前の高齢受刑者240名に対して，自身の健康状態への認識に関する調査を実施した。その結果，「健康である」と回答した

のは74名（30.8％），次いで「あまり健康とは言えないが，病気ではない」が118名（49.2％），「病気がちで寝込むことがある」が44名（18.3％），「病気で，一日中寝込んでいる」が4名（1.7％）であった。さらに，法総研調査において，「どんな治療をしても，自分にはあまり効果がないと考えているか？」という問いに対し，満期釈放直前の高齢受刑者240名のうち18名（7.5％）が「そう思う」と回答していることから，治療の機会が提示された場合にそれを「無駄だ」として拒む高齢受刑者はそれほど多くないように思われる。さらに，この点に関連して，「高齢受刑者に関する研究（その1）」は高齢受刑者に今一番大切なものを聞いている。男子で最も多かったのは「健康（566名のうち43.7％）」であり，ついで「家族・こども（566名のうち32.9％）」であった。その一方で女子においては，「家族（58名のうち48.3％）」が最も多く，ついで「健康（34.5％）」であった。全9の項目の中で「健康」と「家族・こども」が突出して多く，その他はいずれも10％に満たなかった。平成3年特別調査においても同様の結果が示されている。

　この健康状態に対する意識が出所間際の受刑者に大きな不安を生ぜしめしている。すなわち，「高齢受刑者に関する研究（その1）」において，出所後の悩み・心配ごとについて，男子760名中41.7％および女子61名中42.6％が「健康が優れないこと」を挙げていた。これは「お金がないこと」（男子56.1％，女子34.4％），「仕事が少ないこと」（男子55.7％，女子42.6％）についで全8の選択肢のうち3番目に多い。さらに，同様の設問について法総研調査および平成20年特別調査においても，ほぼ同様の結果が示されている。

　この調査結果は，高齢受刑者の健康の維持こそが，出所後の社会参加において非常に重要な意味を持つことを示している。法総研調査における高齢仮釈放者110名に対する調査は，現在の悩み・不安に対する問いに対して51名（46.4％）の高齢仮釈放者が「健康がすぐれないこと」と回答している。さらに，この中には「病気なので仕事ができない」（24名，21.8％）者もいる。また，110名中19名（17.3％）の高齢仮釈放者が「治療費や薬代などにかけるお金がない」と，16名（14.5％）が「病気になった時に面倒を見てくれる人がいない」と回答している。これは，仮釈放者に対する医療に関する支援が不足あるいは欠如していることを意味する。すなわち高齢受刑者においては，帰住先や就労支援

と健康状況は密接に関わっているのである。

　以上から，程度の差はあれ，高齢受刑者の多くが何らかの医療ニーズを有しており，健康維持のための対応，病気に対する不安への対応を必要としていることが示された。これらのニーズはまさにフランスにおいても議論の対象とされた点である。これらのニーズへの対応は憲法25条が保障する「健康的な生活」を確保する上で必要であるのはもちろん，医療法１条の２[4]が高齢受刑者の尊厳を尊重するためにも不可欠なものである。また，出所後に健康に対する不安を抱えている高齢出所者が多いことにかんがみれば，出所後の社会参加の観点からもこれらのニーズへの対応は必要である。

2　高齢受刑者が有する医療的・福祉的ニーズへの不十分な対応

　ここまで，高齢受刑者が有する医療的・福祉的ニーズの大量性および多様性を確認した。これらのニーズに対しては，彼らの生命や健康の維持の視点から，そして彼らの社会参加の促進の視点から適切かつ十分な対応がなされなくてはならない。しかしながら，実際には深刻な資源不足と，「安全」の観点からの「支援」の抑制により適切かつ十分な医療的・福祉的対応は確保されていない状況にある。

■現行法における高齢受刑者への医療制度

　処遇法62条は刑事施設被収容者に対する適切かつ十分な医療的措置の実施を刑事施設長に義務付けるものである。この条文を根拠として，すべての受刑者が適切かつ十分な医療的対応を受ける権利を有する。

　刑務所内における高齢受刑者への医療的対応に関しては，平成３年版以降[5]の犯罪白書に言及されている[6]。すなわち，それらの犯罪白書の「受刑者の医療・衛生」の箇所において，たびたび「年齢」や「高齢」に考慮した健康管理に取り組んでいるとの記述をみることができる。ここでは，現代の高齢受刑者に対する刑務所内での医療的対応に存する問題点を明らかにするために，2005年（平成17年）に制定された処遇法のもとでの，高齢受刑者への医療的対応の現状をみる。

　処遇法56条は，刑事施設に対して被収容者の心身の状況を把握することに努め，さらに，被収容の健康を保持するために社会一般の医療の水準に照らし，[7]

医療上の措置を講じることを義務付けている。すなわち、刑務所は受刑者が有する医療的ニーズを把握し、適切かつ十分な医療サービスを提供しなくてはならない。この点について、さらに同61条は、刑事施設長に受刑者の定期的な健康診断の実施を義務付けている。高齢者においては、特に肺炎は生死にかかわり、感染症であるので細やかな健康チェックが必要であろう。さらに、前に示した通り、病気に罹患している高齢受刑者は少なくないため、彼らの病状についても定期的な診断がなされなくてはならない。この点について、各刑務所において、高齢受刑者については「健康管理面からの定期検診・検査の増」を実施しているとされている[8]。

一方で、実際に何らかの病気に罹患した受刑者においては、まず刑務所内で診察および治療を受けることができる。前述のとおり、処遇法62条は刑事施設内での医療制度について規定している。すなわち、生命の危険および感染病のおそれがある場合には必ず、それらの危険がなくとも本人が同意する場合には適切な医療ケアを受けることができるとされている。さらに、同条2条において非常勤の医師をおき、医療行為を行うことを認めている。対象者の状況にかんがみてこれらの措置では不十分な場合は、刑事施設外の病院または診療所への通院および入院が可能である（同3条）。しかしながら、実際には十分な医療体制は整備されていない。

医療的対応の不十分性の背景は、深刻な常勤医不足の状況がある。この状況は内科あるいは外科の領域以外においては、より深刻な問題となっている。すなわち精神科[9]、歯科、眼科、耳鼻科、皮膚科等については、非常勤医であることがほとんどである。これらの領域については常勤医を配置している一般刑務所はごく少ないと思われる[10]。そのため、これらの医師による診察診断が必要な場合には、医療刑務所に移送されることがある。とりわけ、高齢受刑者の場合には、特に認知症へのケアが問題となっている。この点について、2008年1月5日付の毎日新聞には福岡刑務所が、所内で刑務作業に従事することができない認知症の高齢受刑者について、精神疾患がある受刑者をも収容している北九州医療刑務所に受入れを打診したところ、拒否された記事が掲載された。北九州医療刑務所は「（治療可能な）精神疾患を併発していないと受け入れられない。認知症は治癒の見込みがない」として受入れを拒んだという。このケース

は高齢受刑者が増加し，医療的ニーズも多様化している現状に刑務所医療が対応しきれていない状況を浮き彫りにしている。このような問題状況を受けて，法務省矯正医療の在り方に関する有識者検討会が2014年に公表した矯正施設の医療の在り方に関する報告では，医官の待遇の改善が強調された。

　しかしながら，高齢受刑者に対する医療的対応の不十分性の背景には医師不足のみならず，「規律秩序」や「劣等原則」の視点からあえて制約されている側面もあろう。処遇法73条によれば，規律秩序は，「収容の確保」「処遇のための適切な環境の維持」「安全かつ平穏な共同生活を維持」するために適正に維持されなくてはならないものである。「収容の確保」には本人の自殺あるいは自傷の防止も含むとされている。急の治療が必要な場合にまで「収容の確保」が優先されえないことは，同62条が「速やか」な対応を刑事施設長に義務付けていることからも明らかである。

　この「規律秩序」の視点が高齢受刑者に対する医療的対応を制約している点に関する具体例として，2012年2月に富山刑務所で高齢受刑者が死亡したケースがある。すなわち，生活習慣病を有する高齢受刑者において容態が急変していることを発見した監督当直者は専門的な知識がないにもかかわらず，自身の独断で当該受刑者を2時間放置した。この対応により，当該受刑者は搬送先の病院で死亡した。この対応に対して，同刑務所の視察委員会は救急時の医療体制に「不適切な点がある」と指摘した。この不適切な点として，同刑務所では，2011年11月から常勤医がいない。そのため，非常勤医師4人が当番制で週3回診察を行っている状態であった[11]。

　医療的ニーズを有する高齢受刑者の中には重篤な病気にかかっている高齢受刑者は少なくない。治療見込みがない場合には，医療刑務所への移送が困難とされている状況にかんがみれば，彼らに残された道は，一般刑務所への収容が継続されるか，外部の病院への入院かのいずれかになる[12]。さらに一般刑務所においては，医療刑務所よりもさらにその医療ニーズに対応することが困難な実情にかんがみれば，刑務所内で実質的な道としては外部の病院への入院しか残されていない。この点につき，前述の富山刑務所事件は，医療体制の不備の問題を顕在化させたとともに，外部の病院への搬送の認められにくさを示したものでもあると思われる。すなわち刑務所における「規律維持」の名の下に，刑

務官の数が少ない夜間の病院搬送が躊躇われたのである。

　その一方で，医師不足といった資源の問題とは関係なく，「規律秩序」および社会の「安全」の視点から不適切な医療的対応がなされることもある。その具体例としては，名張毒ぶどう酒事件につき死刑を宣告されたOに対する対応であろう。Oは1972年に死刑が確定したため，「受刑者」ではない。しかしながら，死刑確定者と受刑者に対する医療および養護に関しては同じ法制度の中で対応されている［処遇法61条から同67条］。よって，現在の高齢受刑者に対する刑事施設内医療も問題点を顕著に示した例としてここで参照する。

　Oは約50年拘置所に拘禁され続け，2012年5月時点では86歳に到達していた。上記再審請求に関する決定の直後，肺炎にかかり発熱で名古屋市内の病院に移された。[13]同28日に病院でOと面会した弁護人によれば，病院でのOは酸素を吸入するためのチューブを鼻に装着され，腕には点滴が付けられた状態であった。Oが横たわるベッドは刑務官4人に囲まれ，うち1人の刑務官がOの右手の手錠につなげられた縄を持っていた。このようなOの状態をみた担当弁護士は，その翌日にこの措置が「非人道的な措置である」として名古屋拘置所に対し，入院先での手錠の使用をやめるよう申入れた。この際，名古屋拘置所職員は弁護人に対して，法律にのっとった対応をしている，と答えたとされている。[14]ここでの「法律」とは，処遇法78条を指している。同条は「刑務官は，被収容者を護送する場合又は被収容者が次の各号のいずれかの行為をするおそれがある場合には，法務省令で定めるところにより，捕縄又は手錠を使用することができる。一　逃走すること。二　自身を傷つけ，又は他人に危害を加えること。三　刑事施設の設備，器具その他の物を損壊すること」としている。拘置所側は「拘置所を出てから戻るまでが『護送』に当たる」ために，この78条を適用してOに手錠を付けたと説明したと，弁護人は述べている。[15]この申入れを受けて，Oは同病院から八王子医療刑務所に移送され治療を受けた。

　当時高熱に苦しんでいたOの状態にかんがみれば，78条が挙げる「逃亡防止」の要件に該当しないことは明らかである。さらに，文理解釈をすれば「護送」とは施設間の「移動」を指すのであり，入院してベッドに横になっている状態を「護送中」と解釈することは妥当ではない。[16]そもそも，護送中に逃亡防

止のための身体拘束が認められるのは，刑事施設内と比較して「戒護力」が弱まるという事情があるからである[17]。病院の個室に横たえられた肺炎に苦しむ86歳のOを4人の刑務官が取り囲んでいる状況は「戒護力」が弱まっている状況とはいえない。ゆえに拘置所がとったこの措置は78条によっても正当化することができないだろう。

　Oの違法な身体拘束は上記弁護人が指摘するとおり，まさにOの「尊厳」を著しく傷つけるものである。憲法13条はすべての国民において「個人が尊重される」と規定している。これが「個人の尊厳」を根拠付ける。さらに医療法1条の2によれば，「医療は，生命の尊重と個人の尊厳の保持を旨とし，医師，歯科医師，薬剤師，看護師その他の医療の担い手と医療を受ける者との信頼関係に基づき，及び医療を受ける者の心身の状況に応じて行われるとともに，その内容は，単に治療のみならず，疾病の予防のための措置及びリハビリテーションを含む良質かつ適切なものでなければならない」。すなわち，ここでの医療的対応は病気を「治療」するものであるだけでなく，患者の尊厳を尊重するものでなくてはならない。刑事施設に拘禁されているものであっても個人の尊厳は保障される。それゆえ，彼らに医療法1条の2も当然のことながら適用される。このことからすれば，医療サービスを受ける局面においては，被収容者であってもその尊厳を尊重した対応がなされなくてはならないのである。

■ 高齢受刑者における刑務所内医療に対する不満

　これらの事例では，重篤な医療的ニーズを有する高齢受刑者への不適切な対応について示した。しかしながら，そのような重篤なニーズでなくとも，医療的ニーズを有する高齢受刑者は多くいる。

　その中には，刑務所は自身の医療的ニーズに対応してくれない，と考えている高齢受刑者は少なからずいるようである。「高齢受刑者に関する研究」[18]において，「十分な医療をうけられない」と回答している者は男子760名中40.5%，女子61名中34.5%であった。この点について，法総研調査も所内生活における不満に関する調査を行っている。すなわち，結果は以下の通りである。「十分な医療が受けれなかったこと」と回答しているものが251名中52名（20.7%）いた。これは全9の選択肢のうち，「他の受刑者との人間関係がきつかった」（155名，61.8%），「食事があわなかった」（69名，27.5%），「若い受刑者の行動に

ついていけなかった」(64名,25.5％)についで4番目に多い。なお,「若い受刑者の行動についていけなかった」という選択肢については,高齢受刑者の福祉ニーズに大いに関わると考えられる。平成20年特別調査においても,法総研調査とほぼ同様の結果が示されている。

　すなわち,高齢受刑者に対しては生死に関わるケースやより専門的な対応が必要となるケース以外においても適切かつ十分な医療的対応がなされていないようである。少なくとも,高齢受刑者にいおいて自身が望む治療を受けることができないと感じている者が少なからずいるということは明らかである。

■ **受刑者に対する適切かつ十分な医療的対応を確保するための解決策**

　高齢受刑者に対する適切かつ十分な医療的対応の確保にむけた対応としては,以下の2つが考えられる。1つは,医療部門を刑事施設から独立させることである。[19] 具体的には,医療部門を法務省管轄ではなく,厚労省管轄にするという案である。この方式はフランスにおいても採用されている。この解決策についてはすでに行刑改革会議でも議論されている。行刑改革会議提言ではこの解決策に対して「法的に困難」,「国立病院については……特定の政策医療に特化した医療を行うものとされ,その数も少なく……必ずしも各行刑施設に対応できない状況である[20]」として排斥している。提言としては「諸外国の動向を見ながら,今後,検討すべき課題」としているものの,これに対して「改革会議における議論の趨勢をみるかぎり,これが将来的に真剣に扱われるテーマであるとの印象は持ちにくい」との批判がなされている。[21] そもそも,この提言は医療と安全を切り離すことに対しても否定的である。また,法務省矯正医療の在り方に関する有識者検討会が作成した「矯正施設の医療の在り方に関する報告書」では,刑務所医療は被拘禁者を対象としている点で一般医療とは異なり,その特殊性を考慮した制度設計が必要であると述べられている。[22] 規律維持による医療へのアクセスの妨害は「医師や刑務官に対して安全的要請から適切な医療的判断を曲げぬよう研修を実施することによって対応可能」としている。このような考えが処遇法62条にも示され,医師は刑事施設職員とされている。[23]

　2つ目は,医療保険の導入である。刑務所医療は税金によって賄われていた。これに対して,提言は「健康保健の給付水準は,主に過剰医療を抑制するために設けられたものであって,医療内容の制限を示すことはあっても,最低

基準を定めるものではなく,健康保健を基準とすることによって医療水準の底上げを行うことは期待できない」として,この案も退けた[25]。しかしながら,受刑者の尊厳を尊重する医療サービスのあり方については行刑改革会議提言では触れられていない[26]。その結果,富山刑務所事件のように高齢受刑者の尊厳,そして生命すら侵害しうる扱いが,今なお続けられている[27]。

さらに,刑務所内での医療サービスに対して不満を持っている人が少なくない。この結果は,高齢受刑者本人が必要とする対応や,本人への十分な説明といった,一人ひとりによりそった医療サービスが実施されていないことを示唆するものであるように思われる。もちろん,後述のように刑務所医療制度やそのサービスの水準にも大きな問題がある。さらに,これらの調査結果は刑務所内医療にとどまらず,出所後に自分の健康状態に対して相談し,それに対して助言する機関の必要性も指摘している。具体的には,前の医療に関する情報の提供や,対象者の出所後の生活を支援する諸機関へそれまでの病歴や投薬の状況等についての情報の共有といった点が必要とされているといえよう。

■ 福祉的ニーズへの対応

高齢受刑者においては,体力の低下や病気の影響により,日常生活における食事,排泄,入浴等について介護や介助を必要とする者が少なからずいる。そのような高齢受刑者に対しては,福祉専門職ではない刑務官あるいは他の受刑者が対応を行っている。しかしながら,最近では社会復帰促進センターを中心として福祉の専門家が高齢受刑者への支援に関わっているケースも増えてきている。

刑務所における高齢受刑者に対する福祉サービスについて,犯罪白書において取り上げられるようになったのも,医療と同様平成3年版犯罪白書以降のことである[28]。処遇法は65条に規定を設けている。すなわち,「刑事施設の長は,老人,妊産婦,身体虚弱者その他の養護を必要とする被収容者について,その養護を必要とする事情に応じ,傷病者のための措置に準じた措置を執るものとする」。この「傷病者のための措置」は62条を指す[29]。62条は以下のことを刑事施設長に義務付けている。すなわち,刑事施設職員である医師や看護師がそれぞれの専門知識および技術に基づいて,「診療(栄養補給の処置を含む)」およびその他「必要な医療上の措置」を速やかにとること,とされている。

身体機能の衰退が著しいあるいは疾病がある場合等には収容分類級Ｐ級と判定され，医療刑務所または医療重点施設に収容されることがある。しかしながら，Ｐ級以外の判定を受けて一般の行刑施設に収容された場合でも，その心身の状況に応じ，処遇分類級Ｔ級［専門的治療処遇を必要とする者］またはＳ級［特別な養護的処遇を必要とする者］と判定され，相応の処遇を受ける。すなわち，一般的な刑事施設に収容されている高齢受刑者は基本的に，移動，食事，入浴等は自分で行うことができ，刑務作業に就くことができる者である。それゆえ，バリアフリーの設備は整っていない[30]。ただし，様々な配慮がなされているようである。たとえば，保温のために衣類・寝具を贈貸与し，湯たんぽやメガネ・補聴器などの補正器具を貸与する[31]，体調に応じた食事を用意する[32]，刑務作業を行う工場と居室とが近い，階段をなるべく使わなくとも移動できる居室に配置する[33]，といった日常生活に関わる対応がなされている。さらに，刑務作業についても，作業時間を８時間から６時間に短縮する，簡単な刑務作業を割当てる，といった配慮はされているようである[34]。

　その一方で，65条にはその実際の担い手については規定がなされていない。福祉的ニーズを有する高齢受刑者への対応に関しては，刑務所において介護福祉士等介護の専門家は刑事施設職員として配置されていないため，福祉の専門家ではない刑務官あるいは受刑者が対応している[35]。刑務官の深刻な人員不足にかんがみれば，福祉的サポートを必要とする受刑者すべてに行うことは非常に困難であろう。さらに，これらのサポートは，刑務官の職務の一貫として行われているが，刑務官にとって福祉サポートは本来期待されていない業務である。それゆえ，専門性に欠ける[36]。適切な介助および介護の欠如は，高齢受刑者のＡＤＬ［日常生活動作］を低下させるおそれすらある[37]。したがって，刑務官および一部の受刑者による介助および介護サービスの実施については見直す必要があろう。

　2012年（平成24年）５月18日には，公明党に所属する秋野公造参議院議員が参議院議長に対して介護が必要となった高齢受刑者への支援および受刑者の社会復帰に対する支援に関する質問主意書を提出した。それによれば，介護を必要とする高齢受刑者に対して介護を行っていた受刑者が訪問介護に関する資格を取れるようにする，あるいはより高度な介護福祉士の養成学校を刑務所内に

設置することを提唱している。実際，播磨社会復帰促進センターでは受刑者に対する職業訓練のメニューの一つとしてホームヘルパー2級の取得を目指すプログラムを実施している。[38] 受刑者が介護に関する資格を取得することにより，当該受刑者の社会参加の促進と彼らによる高齢受刑者に対する専門的な福祉的対応の提供が可能となる。そこから，現在の対応のあり方を前提とすれば，高齢受刑者に対する福祉的対応における専門性を確保するための施策のひとつとして有用であると考えられる。ただし，福祉に関する資格取得を希望する受刑者が常に一定ではないこと，またそのような制度を創設したとしても，このプログラムの受講者はまだ福祉の専門家ではないことにかんがみれば，この制度の導入によっても高齢受刑者に対する専門的な福祉的対応は十分には確保されないだろう。

　日常生活を送るにあたり手助けを必要とする高齢受刑者が増加している中で，播磨，喜連川，島根あさひの各社会復帰促進センターには高齢受刑者専用ユニットが設けられた。これらの施設には高齢受刑者あるいは，障がいを有する受刑者を収容するための特化ユニットが設けられている。このユニットはバリアフリーとなっており，かつ福祉的なケアも行われている。この特化ユニットには，全国の刑事施設から高齢受刑者が移送される。たとえば，喜連川社会復帰促進センターの特化ユニットには，庭園型運動場が設置され，高齢受刑者や身体能力の低下により一般の運動ができない受刑者でも軽い運動やリハビリのための散歩ができるスペースが設けられている。[39] ただし，島根あさひ社会復帰促進センターでは基本的に自分の世話をすることができる人を高齢ユニットに収容している。そこでは，高齢受刑者も職業訓練に参加しているが，しかしながら，バラ園での農作業といった就労の観点よりも療法に近い作業を行っている。[40] さらに一般の刑務所においては，特に尾道刑務所では，熱心に高齢受刑者対策が行われている。たとえば，バリアフリーの高齢受刑者専用工場が設けられ，そこで作業時に使用する椅子には落下防止の工夫がなされている。ここでは，刑務官が食事，入浴，排泄，歩行等への福祉的サポートを行っている。[41] さらに，認知症の高齢受刑者が少なからずいることから，職員向けの認知症対策講座も開かれている。[42] 刑務官による福祉的サポートに加えて，他の受刑者がサポートにあたることがある。たとえば，工場用務者においては，障がいおよ

び高齢受刑者が働く養護工場において，オムツの交換までも行っている[43][44]。

　自由刑に付されることにより，自身が必要とするサービスを自身で選ぶことが困難な状況にある受刑者において，各受刑者のニーズに応じたサービスを提供することは刑事政策が有する刑罰の弊害除去義務の一内容である。それゆえ，刑務所としては受刑者と関わる中で見出された福祉的ニーズはもちろん，受刑者が望む福祉サービスについてもその提供を確保しなくてはならない。そのためには，福祉的ニーズを有する高齢受刑者に対して専門的かつ十分な対応がなされる資源および制度が整備される必要がある。この点について，社会復帰促進センターや一部の刑務所に福祉に関する資格を有する職員を配置することにより，高齢受刑者の福祉的ニーズへの対応を確保する試みには注目すべきである。

　ただし，2013年（平成25年）以降，それまで非常勤職員であった社会福祉士を「福祉専門官」として常勤とする動きについては，より慎重な検討がなされなくてはならない[45]。フランスでは福祉的ニーズを有する高齢受刑者は一般の介護サービスを行うアソシアシオンによる対応を受けることができる。この仕組みは出所後も継続して同じアソシアシオンによる対応を受けることを可能とする。具体的なメリットとしては専門的な介護サービスの確保，アソシアシオンのスタッフと対象受刑者との相互理解，出所後も継続して福祉サービスを受けることができるといった点が挙げられる。現在，日本では福祉職員を刑務所の指揮系統に位置づける方向で常勤化が進んでいる。そのような位置づけにより，受刑者と福祉職員の間には対等な関係ではなく，「受刑者と刑務所職員」といった一種の権力関係が生じるおそれがある[46]。

3　現在の高齢受刑者への対応の不十分性から生じている悲惨な現実

　刑務所内における高齢受刑者への適切かつ十分な医療的・福祉的対応の欠如は彼らの社会復帰を阻害するのみならず，高齢受刑者を死に至らしめることすらある。

　まず，刑務所内での死亡する高齢受刑者の動向をみてみよう。図表9-2は疾病により刑務所で死亡した被拘禁者の数を年齢別に示したものである[47]。60歳未満においては2002年以降，145件前後で推移し，2010年から2011年にかけて

図表9-2 年齢別非拘禁者の死亡件数の推移（2002年～2014年）[48]

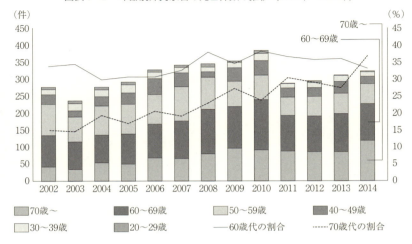

図表9-3 60歳以上の高齢受刑者の死亡の要因となった疾患（2014年）[49]

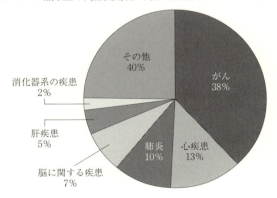

大きく減少した後，ほぼ横ばいで推移している。その一方で60歳以上についてみると，2002年以降一貫して60歳代の死亡件数が最も多い。また，70歳代の死亡件数については一貫して増加傾向にある。

ついで，高齢受刑者の死因についてみる。図表9-3は2014年の高齢受刑者の死亡の要因となった疾患の構成を示している。死亡の原因となった疾患のうち，最も多いのががんである。2014年に死亡した60歳以上の高齢受刑者220人

のうち，何らかのがんで死亡した者は84人である。なかでも，肝臓がんと胃がんがそれぞれ15名でもっとも多く，肺がん（11名），結腸がん（7名）と続く。この傾向は例年，一貫して見出すことができる。がん以外は，心臓病（28人），肺炎（23人）が多い。

　統計上，高齢受刑者においては，非高齢受刑者よりもがんや循環器系の疾患に罹患している者が多く，さらに，がんによって死亡しているケースが多い。この点にかんがみれば，刑務所内には末期がんの受刑者も少なからず存在しているものと思われる。もっとも，この統計値のみからでは，死亡した高齢受刑者が刑務所内における医療的対応の不十分さから死亡したのか，社会において適切な治療を受けていたとしても死亡を避けることができなかったのかは明らかでない。[50]

〔註〕
1） 法務総合研究所研究部報告37「高齢犯罪者の実態と意識に関する研究」(2007)，65頁をもとに作成した。なお，年齢層の後ろに示したカッコ内の数値は実数をあらわす。
2） 廣橋秀山，濱井郁子，田島秀紀，松村猛，中勢直人「高齢受刑者に関する研究（その1）」中央研究所紀要10号（2000）25頁。
3） この点については，福祉施設においても車いすは本人のニーズではなく，転倒防止への過度の危惧や施設職員にとって効率のよい業務の遂行のために用いられることが多いとの指摘がある〔三浦研，川越雅弘，孔相権「要介護度および施設種別からみた歩行・移動に関する実態とその環境整備に関する基礎的研究——同一地域におけるアンケート調査から」生活科学研究誌6号（2007）110頁〕。
4） 「医療は，生命の尊重と個人の尊厳の保持を旨とし，医師，歯科医師，薬剤師，看護師その他の医療の担い手と医療を受ける者との信頼関係に基づき，及び医療を受ける者の心身の状況に応じて行われるとともに，その内容は，単に治療のみならず，疾病の予防のための措置及びリハビリテーションを含む良質かつ適切なものでなければならない。」
5） 平成3年版犯罪白書147頁は「近年，中・高年齢受刑者の増加に伴い，高血圧症，動脈硬化症，糖尿病等のいわゆる成人病を有する者が増えていることにかんがみ，成人病の早期発見およびその対策について種々の施策を講じている」としている。さらに，同398頁は各刑事施設に「年齢上及び収容期間上一定の要件を満たす者について胃検診を行っている」おり，かつ成人病の「発見後の医療措置の万全を期している」としている。
6） なお，平成3年版犯罪白書の特集は「高齢化社会と犯罪」である。そこで刑事司法におかれる高齢犯罪者の増加傾向が指摘され，高齢受刑者処遇のあり方についても関心が向けられるようになったものと思われる。
7） この点について林眞琴，北村篤，名取俊也『逐条解説　刑事収容施設法』（有斐閣，2010）219頁も，「刑事施設における保健衛生及び医療も，医療法をはじめとする医療法規の適用を受け，一般の病院・診療所に求められている水準の措置を講じなければならないことは当然

8） 廣橋ほか・前掲註2) 11頁。
9） たとえば，島根あさひ社会復帰促進センターは高齢受刑者および障がいを有する受刑者用のユニットがあるため，より充実した医療制度が必要とされている。そこで，同センターでは施設内の診療所の管理を島根県に委託することにより，複数の診療科目に対応している。しかしながら，精神科医については月に1度の診断のみしか確保できない状況であるとのことであった。
10） アムネスティ・インターナショナル日本編『市民が視た刑務所——日本の刑事施設調査報告』（現代人文社，2011）56頁以下には，全国の刑事施設の医師・看護婦の排除状況，土日祝日および夜間の当直体制，死亡，自殺企図，拒食，医療のための移送，指名医による診察に関するデータが記載されている。なおこのデータの多くは2007年（平成19年）段階のものである。
11） 北陸中日新聞2012年5月1日付。
12） 受刑者を外部の医療機関に搬送することに対する刑務所職員の消極的な態度は「規律維持」の視点のみならず，刑務所処遇の「劣等原則」にも基礎を置くものであると思われる。三島聡「大阪医療刑務所視察委員会の2010年度活動状況——2010年度年次報告書兼意見書」法学雑誌58巻3・4号（2012）664頁には，大阪医療刑務所職員からの，国庫負担による高額治療を受刑者に提供することについての不満の声が多かったと紹介されている。
13） 読売新聞2012年5月30日付。
14） 中日新聞2012年5月30日付。
15） 前掲註14）。
16） ただし，この点について林，北村，名取・前掲註7）347頁は「診療を受けるために外部病院にいる場合」も「護送する場合」に含まれると述べている。
17） 林，北村，名取・前掲註7）347頁。
18） この調査は13の項目について，それぞれ「あてはまる」，「ややあてはまる」，「どちらともいえない」，「ややちがう」，「ちがう」の5段階評価をするよう受刑者に要求している。ここで掲載されている結果は，「あてはまる」と「ややあてはまる」の総計である。
19） 赤池一将，福島至「矯正医療のあり方」刑事立法研究会編『刑務所改革のゆくえ——監獄法改正をめぐって』（現代人文社，2005）60頁。
20） 行刑改革会議提言 http://www.moj.go.jp/content/000001612.pdf, 44-45頁。
21） 赤池，福島・前掲註19）60頁。
22） 法務省矯正医療の在り方に関する有識者検討会「矯正施設の医療の在り方に関する報告書」(2014) 23頁。
23） 同63条は刑事施設外部の医師による診察も可能としているが，この場合自弁となる。
24） 前掲註20）40頁。
25） 現行制度を維持したままで，受刑者を医療保険に加入させたとしても，受刑者には収入源がない点にかんがみれば，社会保険料を拠出することは実際には不可能である［法務省の平成23年度予算における受刑者一人あたりの作業報奨金は1ヶ月約4700円とされている http://www.moj.go.jp/kyousei1/kyousei_kyouse10.html.］。拠出するためには，刑務作業ではなく，「労働」であると処遇法を改訂する必要があろう。そのような制度を導入しているフランスの状況にかんがみれば，刑務作業を刑務所内労働とすると労働法の適用対象となり法律上は最低賃金が保障される。そこから天引きという形での社会保険料拠出することになる。なお，日本の受刑者のほとんどは懲役刑に服している者である。すなわち，刑務作業は刑罰

の内容である。それゆえ，刑務作業を労働とする場合にはこの刑罰システムから見直す必要がある。
26) この点について，赤池，福島・前掲註19）63頁は「重要なのは，被収容者を社会復帰させるために，施設と社会を通じた一貫した継続的治療をいかに構築するかであろう」と行刑改革会議提言を批判している。
27) なお，本間龍『「懲役」を知っていますか？──有罪判決がもたらすもの』（学習研究社，2009）147頁は以下のように指摘している。「［黒羽刑務所］16工場にはあきらかに進行性認知症の老人，鬱病，昼間も幻覚を見る重度の精神病患者が何人もおりましたが，彼らには何の治療も行われていませんでした。一応医務官が状況をチェックしてはいますが，専門知識があるわけではないので隔離して治療するわけでもなく，口頭で注意を与えるくらいのことしかしていませんでした」。さらに，精神病に罹患している受刑者に対しては「大量の眠剤（睡眠薬，睡眠導入剤）を与えられるだけで根本的な治療は受けられず，強い薬の力でただぼんやりと刑期を過ごし，満了すればそのまま社会に戻っていき，その多くはやがてまた犯罪を犯してムショに戻ってきてしまうのです」と述べている。これは一刑務所の一工場に配属された一受刑者の感想ではあるが，しかしながら，このような実態が指摘されている点については重く受け止めなくてはならない。
28) 平成3年版犯罪白書147頁。
29) 林，北村，名取・前掲註7）267頁。
30) ただし，広島刑務所，高松刑務所，大分刑務所において，歩行など日常生活に支障がある高齢受刑者の処遇を改善するため，手すり，エレベーター等を備えたバリアフリーの専用棟の建設に着手しているとのことである［平成20年版犯罪白書312頁］。
31) この点について，メガネや補聴器は個々人によって必要とする度数や性能は異なる。さらに特に補聴器については耳の内部に挿入するものであることから他の受刑者との共有は衛生上問題があるように思われる。この点についてメガネや補聴器が生活保護法15条3項にいう「医学的処置，手術およびその他の治療並びに施術」の範囲内で医療扶助が適用されうる点にかんがみれば，医師がその必要を認めた場合には貸与ではなく支給との形にすべきであると考える。
32) 平成3年版犯罪白書398頁。
33) 大阪刑務所においても高齢受刑者について居室と工場を近くに配置するといった対策を講じているとのことであった。
34) 平成3年版犯罪白書398頁。
35) 日本弁護士連合会刑事拘禁制度改革実現本部『刑務所のいま──受刑者の処遇と更生』（ぎょうせい，2011）118頁。
36) 日本弁護士連合会刑事拘禁制度改革実現本部・前掲註35）118頁。
37) 特に重度の福祉的ニーズを有する高齢受刑者においては独居処遇におかれることがある［浜井浩一『実証的刑事政策論──真に有効な犯罪対策へ』（岩波書店，2011）241頁以下］。このような処遇は，いわば「究極のバリアフリー」であり，当該受刑者の社会的排除をより助長するものである。それゆえ，同書ではより早期に一般処遇に移すことの重要性を指摘している。しかしながら，実際には当該受刑者が集団生活を嫌い，「独居処遇」を懇願する者すらいるとされている［同249頁］。そこから，同書では「独居処遇」については，刑務所内の福祉的対応の専門性の欠如にくわえて，当該受刑者本人の「［独居処遇への］依存」があるとの分析がなされている［同］。
38) http://www.harima-rpc.go.jp/torikumi/index.html

39) 平成20年版犯罪白書312頁。
40) 島根あさひ社会復帰促進センターでは,職業訓練や一般・特別改善指導におけるプログラムをSSJという民間企業の職員が考案・実施を行っている。この場合,プログラムを実施する部屋への受刑者や職員の出入り時を除いては,刑務官や警備を担当する民間企業ALSOCの職員は立会しない場合もあるとのことである。なおSSJとは,島根あさひ社会復帰促進センターにおいて,入所者の分類および受刑者への教育の実施を行うことを目的として設立された,大林組グループの企業である。
41) 沖縄タイムス2010年1月17日付。さらに富山刑務所においては近時の高齢受刑者の増加を受けて,福祉的サポートを行っているとのことである [北日本新聞2012年4月15日付]。
42) 沖縄タイムス2010年1月17日付。なお近時,単独室に収容されるケースとして認知症の高齢受刑者が増加しているとの指摘がある [浜井・前掲註37) 241頁]。さらにその中には,注意した職員につばを吐きかけるため,保護室の常連になる者もいるとのことである。これは本人保護に加えて周囲の受刑者から苦情がでるため,とされる。
43) 浜井・前掲註37) 261頁。
44) 「工場用務者」としての作業については,山本譲司『獄窓記』(新潮社,2008) や本間龍『名もなき受刑者たちへ——「黒羽刑務所第16工場」体験記』(宝島社,2010),本間・前掲註27) に詳細に紹介されている。
45) フランスでは,福祉サービスについては受刑者が刑務所内労働の一貫として対応する場合もあるが,刑務所内で社会扶助を受給して外部の福祉機関による介護サービスを受けることも可能である。
46) この点は刑務所医療に関する議論でもしばしば指摘される。法務省矯正医療の在り方に関する有識者検討会による「矯正施設の医療の在り方に関する報告書」(2014) 11頁にも「信頼関係を構築しにくい」として言及されている。
47) 未決拘禁者の数も含む。未決拘禁者の死亡件数は各年齢層に年間5人に満たない数で推移している。
48) 矯正統計年報2006-2014年をもとに作成した。
49) 矯正統計年報2014年をもとに作成した。
50) 浜井浩一『刑務所の風景——社会を見つめる刑務所モノグラフ』(日本評論社,2006) 17頁。さらに同書は,この点について以下のように述べている。「刑務所は,決して受刑者を拒否できない。……どのような受刑者であっても,正式に釈放の日を迎えるか,または死亡するまで面倒を見続けるほかない」[同18頁]。

第 10 章

医療的・福祉的ニーズを有する高齢受刑者への早期釈放の必要性と現行制度の消極的運用

　ここまで示した，医療的・福祉的ニーズを有する高齢受刑者への対応の不十分さから生じている悲惨な結果を防ぐための制度として，仮釈放や自由刑の裁量的執行停止制度がある。これらの早期釈放制度により，医療的・福祉的ニーズを有する高齢受刑者を釈放し，彼らに対して社会内でのより適切かつ十分な医療的・福祉的対応を確保しなければならない。しかしながら，実際には刑の執行停止はほとんど用いられていない。

1　高齢受刑者に対する早期釈放制度の積極的適用の必要性

　高齢受刑者に対しては社会復帰の大前提となる生命と健康の維持に向けて，医療的・福祉的ニーズを有する者が多い点から，まずは刑務所内における医療的・福祉的対応が確保される必要がある。しかしながら，現在の日本の刑務所には，高齢受刑者の医療的・福祉的ニーズの大量性と多様性に対応するほど資源はない。そこで，そのような高齢受刑者に対しては，適切かつ十分な対応を確保するために，早期釈放制度を積極的に適用しなくてはならない。この点については2つの方向からの検討が必要であろう。

　まず，その前提として刑務所および処遇の社会化について確認する必要がある。社会化の段階には「施設の生活条件を一般社会のそれに接近させる」という視点からの社会化と受刑者が一市民であるとの見方に基づいて，「施設内での生活と活動を施設外のもろもろの社会施設のより一般的，効率的な関与に委ねる」という視点からの社会化の2段階がある[1]。一段階目は，刑務所が社会から隔離された空間であることを前提として，その中で刑事施設の中と外の格差を是正するための試みがなされる。中と外の格差を是正することが，財源等の

政治的諸問題から困難である場合に，適切かつ十分な対応を確保するために早期釈放する必要がある。日本の行刑制度はこの段階にすら到達していない。それは，「懲らしめ」の視点から派生する「劣等処遇原則」が実際の運用レベルあるいは受刑者処遇に対する理念のレベルにおいて多かれ少なかれ今もなお根強いと思われるからである。本書は日本がこの段階にすら到達していないとの認識から，現行制度のもとで緊急あるいはより専門的な医療的・福祉的対応を必要とする高齢受刑者に対しては，それらの対応を外部機関において確保するために早期釈放する必要があることを示そうとするものである。その一方で，すでに見てきたとおり，フランスの刑事施設内での医療制度と福祉制度は司法省の管轄ではない。医療については一般の医療制度の枠内で，福祉についても一般の福祉制度の枠内で実施されている。この意味で，フランスの行刑制度は第2段階にあるといえる[2]。

そこでは，資源の確保といった政治的な問題は別として，法制度のレベルでは受刑者に対しても一般市民と同じ医療的・福祉的対応を受けることができる。それゆえ，フランスでは高齢受刑者の早期釈放制度の創設に際して，資源の不足から実質的に医療や福祉サービスを受ける権利が保障されていない点にくわえて，「『塀の外』で一市民として死を迎える権利」や，より円滑な環境調整の実施という観点が強く主張された。すなわち，高齢受刑者に対する早期釈放制度の創設の議論においてまず医療的・福祉的ニーズを有する高齢受刑者への生命・健康を守るために必要な資源の実質的な確保という視点が示された。さらに，2001年6月7日のヨーロッパ人権裁判所決定——Papon c. France——が，フランス国内で示されたそのような視点をより発展させた。すなわち，高齢受刑者の出所後居住先の確保にあたり医療的・福祉的ニーズが悪化することを防ぐ必要がある。これらの視点を基礎づけるのは，高齢受刑者が一市民として有する尊厳の尊重および基本的人権の尊重，そしてヨーロッパ人権条約3条により政府に課せられている受刑者に対して社会参加のための支援を行う積極的義務である。それゆえ，当該高齢受刑者の尊厳を尊重し，かつ医療的・福祉的サービスへアクセスする権利を尊重するためには，国内法制度における早期釈放制度を用いることが望ましいとした。このことは，2002年3月4日法に色濃く反映されている。すなわち，一市民としての医療的措置へのアク

セスを保障するために医療的ニーズを有する受刑者を対象とした治療を理由とする刑の執行停止制度を創設したのである。その後，高齢受刑者においては重篤ではないが何らかの医療的・福祉的ニーズを有する者が多い点から，彼らにおいても，適切かつ十分な対応を求める権利を保障し，かつ帰住先の確保の点から病状・要介護状態が悪化する前に釈放することが社会参加を促進するという観点のもと，70歳以上の高齢受刑者に対する仮釈放の特例が設けられたのである。

　日本においても，高齢受刑者の社会参加を促進するために彼らの生命を保護する前の段階，すなわち，より軽い病状やADL［日常生活動作］が自立しているうちに釈放することが目指されるべきである。それにより，居所の確保や，居宅状態での医療的・福祉的サービスのコーディネートがより容易になると考えられるからである。その第一歩として，まずは刑務所・処遇の社会化の第一段階に到達する必要があろう。それゆえ，刑務所内で適切かつ十分な医療的・福祉的対応を受けることができない劣悪な拘禁状況におかれている日本の高齢受刑者を早期に釈放し，社会の資源を用いてより適切かつ十分な医療的・福祉的支援が確保されなくてはならない。

2　仮釈放制度および刑の執行停止制度の消極的運用

　日本の現行刑事法には高齢受刑者に適用されうる早期釈放制度として，仮釈放（刑法28条）と自由刑の裁量的執行停止（刑事訴訟法482条）がある。しかしながら，高齢受刑者に対するこれらの制度の適用は消極的なものとなっている。その消極的な運用の背景には，早期釈放に対する「安全」の視点からの強い抵抗がある。

■高齢受刑者に対する仮釈放制度の消極的適用

　日本では高齢受刑者において，帰住先を調整することが難しいことから仮釈放が認められにくい点が問題視されてきた。

　仮釈放の要件について，刑法28条は有期刑の場合には刑期の3分の1の期間，無期刑の場合には10年間，刑の執行が終了している者に「改悛の情」が認められる，という点を挙げている。実際にはこれらの要件に加えて，「仮釈放，仮出場及び仮退院並びに保護観察等に関する規則」に規定されている許可基準

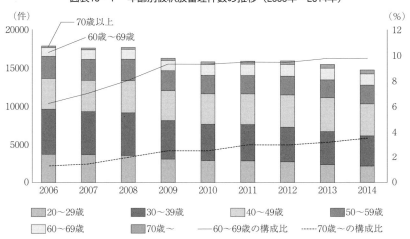

図表10‑1　年齢別仮釈放審理件数の推移（2006年～2014年[3]）

をも満たしていることが要求されている。すなわち，同規則32条は，仮釈放の許可基準として，悔悟の情が認められることのほかに，更生の意欲が認められること，再犯のおそれがないと認められること，社会の感情が仮釈放を是認すると認められることの3点を定めている。この中で，特に高齢受刑者の仮釈放を阻んでいるのは「再犯のおそれがないと認められること」である。この項目については，具体的に帰住先があるか，身元引受人がいるか，といった点が考慮される。高齢受刑者においては，帰住先，身元引受人そして就労先が見つかりづらいため，満期釈放となるケースが多い[4]。さらに，医療刑務所に収容されている場合には，仮釈放が認められることはほとんどないとされている[5]。

そこで，実際の仮釈放制度の運用状況についてみる。更生保護法は，仮釈放審査の開始について，当該刑事施設の長が上記仮釈放の要件を満たしていると思われる場合には地方更生保護委員会に対し仮釈放審査を申出る場合（34条）と，地方更生保護委員会が職権で仮釈放審査を開始する場合（35条）を定めている。なお，後者においては，地方更生保護委員会は仮釈放審査を開始する前に対象者が収容されている刑事施設の長に意見をきかなくてはならない，と規定されている（35条2項）。すなわち，仮釈放審査の対象となる受刑者はその選定時に既に上記基準を満たしていることが要求されている。

図表10－1は年齢別の仮釈放審理件数およびその年齢別構成比の推移を示したものである。
　このグラフによれば，2006年度から2014年度までの間，60歳から69歳の高齢受刑者における仮釈放審理件数は1132件から1474件にまで増加している。さらに70歳以上については，2006年度には223件だったのが，2014年には528件にまで増加している。なお，2014年度の在所人員に占める60歳から69歳の高齢受刑者の割合が約12.9％，70歳以上高齢受刑者の割合が約5.8％であることにかんがみれば，仮釈放審理総数においてそれぞれ約9.8％と約3.5％という数値は若干低いように思われる。このことは高齢受刑者においては，非高齢受刑者よりも仮釈放審理に付されにくい可能性を示している。
　次に仮釈放申請が実際に許可された件数の推移についてみる。図表10－2は年齢別の仮釈放申請許可数の推移について示したものである[6]。このグラフによれば，60歳以上の高齢受刑者においては，2006年度以降，構成比が増加している。さらに，60歳代の受刑者と70歳代の受刑者を比較すると，70歳代の方が仮釈放が認められにくい傾向を見出すことができる[7]。
　また，全体としては，仮釈放審査がなされた総数のうち，2006年度には約91％に対して許可決定がなされているのに対して，2014年度には約94％に増加している。高齢受刑者においては，60歳から69歳においては，それぞれ約90％から約94％へと増加している一方で，70歳以上においては，約92％から約89％へと減少傾向を見出すことができる。70歳以上のこの減少傾向については，以下のように説明することができる。すなわち，この減少傾向は，70歳以上の高齢受刑者において仮釈放審査件数の増加幅（223件から528件）よりも許可される件数の増加の幅の方が小さい（206件から475件へ）ことにより生じた現象である[8]。
　統計上も，高齢受刑者における仮釈放率が低いことは明らかである。前に見たとおり，高齢受刑者の多くは軽微な財産犯を繰り返している者である。それゆえ，仮釈放が認められない原因としてはやはり帰住先がないという点にある。仮釈放は，受刑者の社会参加を促進するうえで非常に重要な意義を有する。特に高齢受刑者においては，刑務所内部での適切な処遇がより困難であるため，より早期に釈放し，適切な専門機関につなぐ必要があろう。
　フランスでは，高齢受刑者に対してより早期の医療的・福祉的対応が必要で

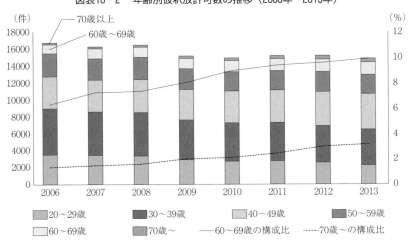

図表10-2 年齢別仮釈放許可数の推移(2006年〜2013年)[9]

あるとの視点から2009年11月24日行刑法により70歳以上の高齢受刑者に対する仮釈放の特例を創設した。ただし、フランスにおいて、そもそも仮釈放審査は当該受刑者の申請を受けて開始され、刑罰適用裁判官によって決定される、という点で大きく異なる。さらに、フランスにおける70歳以上の高齢受刑者への仮釈放制度の特徴は残刑に関する「社会復帰に対する意欲」——就労や職業訓練への参加等の努力から判断される——という条件を高齢受刑者においては撤廃した点であることに留意する必要がある。それゆえ、フランスの70歳以上の高齢受刑者に対する仮釈放の特例は日本における70歳以上の高齢受刑者に対する刑の執行停止（刑事訴訟法482条2号）に近い制度であると考えられる。

■ 高齢受刑者に対する刑の執行停止の極めて消極的な適用

次に自由刑の裁量的執行停止の状況について見る。刑事訴訟法482条は検察官の裁量により、「刑の執行によつて、著しく健康を害するとき、又は生命を保つことのできない虞があるとき（1号）」と「年齢七十年以上であるとき（2号）」には刑の執行を停止することができるとする。

これらの規定のうち、1号はフランスにおける治療を理由とする刑の執行停止に、2号はフランスにおける70歳以上の高齢受刑者に対する仮釈放の特例の制度に近い。しかしながら、最も大きな違いはフランスでは刑罰修正手続き

――すなわち，刑事手続き――により決定がなされ，一方日本では検察官や地方更生保護委員会といった行政手続きにより決定がなされる。フランスにおいて，治療のための恩赦制度とは別に，刑罰修正手続きの一種である治療を理由とした刑の執行停止が創設された背景には，まさに受刑者における医療的・福祉的サービスを受ける権利を保障するために厳格かつ迅速的な刑事手続きを要求する声の高まりがある。この点にかんがみれば，日本において検察官の裁量により刑の執行停止を決定するという点で，受刑者の医療的・福祉的対応を求める権利の保障が不十分である。

■ 刑の執行停止の適用を阻む諸問題

では，どのような場合にこの刑の執行停止が認められうるのか。具体的な事例を参照しながら，刑の執行停止を阻んでいる要因を指摘する。

胃がんを患う60歳代の男性において，残刑期が数ヶ月であるため医療刑務所への移送ではなく刑の執行停止に向けて保護観察官が調整したケースがある[10]。当該受刑者の身元引受人の実姉は入院中であるため，出所後の身元引受けは困難であった。そのため，地元の更生保護施設に刑の執行停止期間中の身元引受を依頼したところ，緊急事態への特別な対応として，医療費の確保を条件として引受けの内諾を得たとのことである。そこで，福祉事務所において医療扶助および病死後の葬祭扶助（余命6ヶ月と診断されていたため）を申請し，病院に入院の承諾を得た上で検察庁へ刑の執行停止の措置を依頼し，決定を受けたとされている。

この事例から，刑の執行停止適用の際の実質的な要件を指摘することができる。ひとつは，単に医療的・福祉的対応を必要としているのではなく，「生死に関わる重篤な病気」に罹患している，という要件である。この点はフランスにおいても治療を理由とした刑の執行停止の実際の適用において，重視されている。さらに，出所後の受け皿が確保されているという点も重要な要件とされている。「［刑の執行停止にあたっては］保護者の確保が必要になるが，高齢受刑者に関しては，親族がいないか，親族がいても引受けを拒否されたり，連絡ができない場合がほとんどである。また親族が引受けの意思を示していても，受入れ先の病院の確保及び医療費支払いという負担を前にして，消極的になる場合も多い」と指摘されている。さらに，「引受ける親族等がいない場合には，

刑事施設の方で受け入れてくれる病院を探すことになるが、医療費や死亡した場合の対応（葬祭扶助等）の問題もあり、病院側も慎重な判断を行うため、受入れ先の病院の確保は困難を伴う」[11]とされる。

ここに生活困窮状態から軽微な犯罪を繰り返している高齢犯罪者に対する拘禁的措置の積極的適用の状況と類似した状況が見出される。すなわち、財力や人脈がない[12]といった点が刑の執行停止をも妨げている。

3 「懲らしめ」、「規律秩序」、そして「安全」の重視による高齢受刑者の拘禁の継続

ここまで見てきたとおり、医療的・福祉的ニーズを有する高齢受刑者においては、拘禁により健康や生命が侵害されている者が少なくない。それは刑務所内における医療的・福祉的対応の不十分さと早期釈放制度の消極的適用によってもたらされている。このような対応は人権に関する諸条文が禁止しているところのものである。しかしながら、それでもなお、適切かつ十分な支援を受けることができず、刑務所内で死亡する高齢受刑者が増加しているのはなぜだろうか。

そこには、処遇の個別化を嫌う日本の行刑の伝統がある。すなわち、「日本型行刑」[13]と呼ばれるものである。この「日本型行刑」制度においては受刑者を効率的に管理し、事故を防止するためにすべての受刑者、そしてすべての刑務所において画一的な処遇[14]が実施されてきた[15]。それゆえ、施設内あるいは社会内処遇において高齢受刑者の特性に十分に配慮した処遇制度は構築されてこなかった。そこでの処遇は「懲らしめ」、社会の「安全」の維持、そして「規律秩序」による制約を大いに受けている。これらの視点は受刑者の生命の維持にすら優先されうる。

さらに、これらの視点から早期釈放制度の適用も消極的なものとなっている。すなわち、高齢犯罪者において生活困窮を原因として犯罪を行った者が多い点から、高齢受刑者においても出所後生活困窮状態におかれることが明らかな者——財力や人脈がない高齢犯罪者——に対しては早期釈放が適用されにくい。その結果、死亡する高齢受刑者や、医療的・福祉的ニーズがより重大なものとなり、社会参加が困難になっている高齢出所者がいる。したがって、現在

高齢犯罪者・受刑者に対してなされている対応は，平成20年版犯罪白書において示されている「何よりもまず彼ら［高齢犯罪者］の生活の安全を確立した上で，社会の中で孤立させることなく安らぎと生きがいのある生活を提供することが極めて重要である」という見解と大きく矛盾している。くわえて，高齢犯罪者に対する社会参加のための生活支援においてさえも監視・監督の強化を通じた「再犯予防」の視点が強調されている。[16]すなわち，ここでの生活支援は社会の「安全」を確保するために政府が提供するものであり，当該高齢犯罪者が自らの一市民としての権利に基づいて要求し，受けることができるものではない。このことは，早期釈放制度実務の構造からも明らかである。すなわち，現在の早期釈放制度実務は「［刑務所が］帰住先を調整することが困難なので，釈放しない」という構造となっている。その一方で，フランスでは「［受刑者が］釈放を目指して，帰住先を確保する」という構造となっている。日本の構造には，「受刑者の主体性」が欠如しているのである。

　また，刑務所内でフランスにおいては性犯罪等の重大な犯罪について有罪宣告を受けた高齢受刑者への早期釈放制度の消極的適用に対して，もっぱら社会の「安全」の維持の視点から強く抵抗がなされているのであり，彼らに対して刑事施設内で適切かつ十分な医療的対応がなされることに対してはそのような抵抗はない。それは，高齢受刑者に対する適切かつ十分な医療的・福祉的対応は恩恵ではなく，彼らが有する一市民としての尊厳や基本的人権に基づいて，彼らが請求することができるものとして位置づけられているからである。さらに，軽微な犯罪を繰り返す高齢犯罪者に対しては，その社会参加の促進から非拘禁的措置を適用して，社会内における適切な医療的・福祉的対応を確保することに社会的合意がある。この点からも，日本においては刑務所内医療や福祉，そして早期釈放制度に関する制度が――十分とはいえないまでも――用意されているにもかかわらず，現場での運用の場面において，「懲らしめ」，「規律秩序」そして社会の「安全」という３つの視点を強調するあまり，これらの制度の利用が制限されていることを指摘することができる。

〔註〕
　1）　赤池一将「刑務所完結主義と民営化」刑事立法研究会編『刑務所民営化のゆくえ――日本

版PFI刑務所をめぐって」(現代人文社, 2008) 83頁。
2) 赤池・前掲註1)。
3) 保護統計2006-2014年をもとに作成した。
4) 平成20年版犯罪白書257頁。前述のとおり,これらの点は高齢犯罪者に対するダイバージョンおよび量刑に関しても指摘されている。すなわち,高齢犯罪者に対しては実刑判決が選択されやすく,仮釈放もされにくい,という拘禁的措置の適用状況がある。
5) たとえば,緒方あゆみ「薬物犯罪者の処遇に関する一考察」明治学院大学法学研究86号(2009) 214頁,黒田治「医療刑務所における精神科医療の現状と問題点」精神医療第4次26号(2002) 15頁。さらに緒方・同235頁および町野朔,水留正流「医療刑務所の現状――北九州医療刑務所・岡崎医療刑務所」日本精神科病院協会雑誌22巻3号(2003) 69頁は刑務作業の成績が悪い場合にも仮釈放が認められにくいと指摘している。
6) 保護統計2006-2014年をもとに作成した。
7) 高齢になるにつれて対象者が審理中に死亡したケースも増加する点には留意が必要である。
8) 前述の通り,規則の規定上仮釈放審理の対象となる時点で仮釈放基準は満たしていることが前提となっている。それにもかかわらず,不許可決定がなされる場合としては以下のもの考えられる。すなわち,刑事施設長の判断と地方更生保護委員会との判断が食い違った場合,被害者および検察官が仮釈放審理における意見聴取の場で反対の意を示した場合,申請時と決定時とで受刑者の事情に変化が生じたといった場合である。この点については,決定時に明らかにされないため,その詳細は不明である。なお,この点に関連して,日弁連は2010年12月に出した「無期刑受刑者に対する仮釈放制度の改善を求める意見書」において以下の点について言及している。すなわち,仮釈放の不許可決定は決定で行われるべきであり,さらにその決定は当該受刑者に理由とともに書面により通知され,それに対して受刑者が不服申立てを行うよう手続きを改めるべきである [同意見書2(5)]。
9) 保護統計2006-2014年をもとに作成した。
10) 高村賀永子「高齢受刑者保護における福祉等関係機関の援助をめぐって」犯罪と非行150号(2006) 43頁。なお,このケースの男性受刑者の罪名については記載されていない。
11) 高村・前掲註10)。
12) ただし,高齢犯罪者に対する拘禁的措置の適用の局面とは異なり,刑の執行停止は必ずしも本人による申請でなくともよい点から,当該受刑者の知的能力の低さはあまり問題にならないように思われる。
13) いわゆる日本型行刑を象徴的に示す制度が「担当制」であるとされる [大芝靖郎「塀の中の日本――行刑の体制と風土」犯罪と非行18号(1973) 122頁]。すなわち,「担当は文字通り『おやじ』,家長として,すなわち,当該工場に所属する全員の愛護者として,成員の保護扶育にあたる,収容者の言葉でいう,『面倒をみる』ことによって,全員の敬愛を集めるべき存在たることが期待されているわけである。だから,そこでは,擬制的な協同体の意識に基づき,もっぱら心情的な勾留,共感を主軸として,いわば日本的な了解が成立する」[同]。刑務所内の規律維持は担当制を支えるためのものであり [本庄武「日本における受刑者処遇理念の変遷と今後の展望」龍谷大学矯正・保護研究センター研究年報6号(2009) 34頁],担当制は日本の貧弱な物的警備のもと事故防止するために必要であったとされている [大芝・同116-117頁]。このような制度のもとでは「積極的に収容者のあらゆる可能性,本人自身にも判然としないニード,能力を引き出す,そして彼らの主体的目標行動を促進することにより,人格,態度の変容を所期するという本来の矯正処遇」ではなく,「後見的な保護の枠内に,施設内集団への帰属意識を高め,施設秩序の遵守者を育成するだけに終わる」[大芝・同124

頁]。それゆえ，このような制度のもとでは受刑者本人の主体的な社会復帰や彼らが本来有する尊厳の尊重はなされえない［たとえば，土井政和「『国際化』の中の『日本型行刑』」刑法雑誌37巻1号（1997）39頁］。
14) 坂井一郎「日本型行刑の特質と今後の方向性について」刑政117巻12号（2006）25頁は，個別処遇に対して「[個別処遇という]理念は理念として，その運用如何によっては，『日本型行刑』の最大の特質である『平等原則』を破る危険性があることを常に意識しなければならない」と述べている。坂井氏における「平等原則」の理解については明記されていないが，文脈から「画一的な処遇」を指していると思われる［同24頁］。「平等原則」が処遇上，一部の受刑者のみが著しい不利益を被ることを防止することを目的としているのであれば，そのような理解には問題があるように思われる。
15) このような処遇を支えてきた前提条件として，土井・前掲註13) 26頁は以下の5点を指摘する。すなわち，①被収容者の広範な権利制限と担当の広い裁量権の存在，②他者の容喙を入れない排他的集団性，密行主義，③担当職員の経験と職務意識，④被収容者との長時間の接触，⑤義理人情という情緒的関係の成立である。同27頁は，これらの前提条件が動揺するとき，日本型行刑は危機と感じられると指摘する。さらに，同27頁ではこれらの前提条件のもと成立している日本型行刑における脆弱な点として，以下の3点を挙げている。すなわち，①情緒的な疑似的信頼関係の上に広範な裁量がおこなわれるために生ずるコントロールの困難さ，②警戒と指導という相矛盾する役割が他に統合されているため状況によりその比重が変わる，③そのため，保安的要請が基調をなす限り，被収容者に対する教化指導は消極的防御的なものとなる。
16) 法務省「再犯防止のための総合対策」［http://www.cas.go.jp/jp/seisaku/saihanbousi/kettei/240720gaiyou.pdf]。

第 11 章
高齢受刑者の早期釈放の積極的運用を支える諸制度および理念

　近時，日本では高齢犯罪者の増加を受けて，高齢犯罪者の刑務所拘禁を回避するための「入口支援」，刑務所内における処遇上の配慮，そして地域生活定着促進事業による特別調整を中心とした「出口支援」が試みられている。それらの試みは，高齢犯罪者の社会復帰を支える社会参加を促進することに寄与していると思われる。その一方で，刑務所内で十分な医療・福祉的対応を受けることができない，またその結果，死亡するに至る高齢受刑者が存在するという現状にかんがみれば，刑務所内処遇において高齢受刑者が固有に有する一市民としての「尊厳」や「基本的人権」の尊重という視点が不十分なものとなっていることは否めない。そのような現状の根底には，フランスにおいて展開された高齢受刑者の早期釈放に関する議論に見出すことができる，「高齢受刑者の尊厳をいかにして尊重するか」という視点の欠如があるように思われる。

1　人権規定から要請される高齢受刑者に対する早期釈放の積極的適用

　日本とフランスの両国において，高齢受刑者を早期釈放する法規定が設けられている。それらの規定，すなわち，自由刑の執行停止に関する日本の刑事訴訟法482条1号と，フランスの刑事訴訟法典720-1-1条に治療を理由とする自由刑の執行停止は受刑者の生命と健康の確保を目的とした点で類似している。また，日本の刑事訴訟法482条2号と，フランス刑事訴訟法典729条は，ともに高齢受刑者を早期に釈放することを目的とした点で類似している。そのように，両国の高齢受刑者の早期釈放に関する法規定には類似点を見出すことができる。しかしながら，その制度の位置づけに関する理解については大きな違いがある。両国における理解の違いは高齢受刑者が「一市民」であるという点を重

要視しているか否か,という違いから生じているといえよう。

　すなわち,フランスでは早期釈放制度について「安全」の視点にもとづく制約はあるものの,高齢受刑者に対する医療や福祉については,高齢受刑者の尊厳の尊重という視点がより重視され,議論が展開され,その一方で,日本では,処遇法1条に「尊厳」という文言が用いられているものの,高齢犯罪者の「犯罪者」という側面がより重視されてきたように思われる。

　彼らの「犯罪者」としてのアイデンティティをより重視する傾向は再犯防止を強く意識した環境調整と,規律秩序を強く意識した刑務所内処遇に現れている。近時,日本において法務省は2009年度(平成21年度)より厚生労働省において開始された地域生活定着促進事業を中心とした福祉支援ネットワークを「再犯防止」を達成するための重要な手段のひとつとして位置付けており[1],その一方,地域生活定着促進事業としても,その支援の結果として高齢犯罪者の再犯防止を強く意識していると思われる[2]。このような流れは,2003年1月の下関駅放火事件をひとつの契機として「生活困窮」を動機・原因とする高齢犯罪者の再犯リスクを下げるには環境調整制度を整備する必要があると,強く認識されるようになったことによって方向づけられてきた。また,前述の富山刑務所事件およびO氏の手錠事件において特に顕著に現れていたように,日本の刑務所においてはしばしば受刑者の管理・監視の視点は彼らの健康ないし生命の維持に優先される。それは,フランスの議論にかんがみれば,高齢受刑者の一市民としての尊厳を尊重していない,劣悪なものである。このような対応の根本には,「懲らしめ」,「規律秩序」そして「安全」の視点を基礎に置く「日本型行刑」という理念が根強くあると思われる。

　したがって,高齢受刑者に対する適切かつ十分な医療や福祉の提供を実現するためには,制度設計のあり方に関する議論では不十分である。すなわち,制度設計に関する議論を支える前提として,彼らを「犯罪者」ではなく「一市民」として捉えなおすところから始めなくてはならない。

■ 多層的な人権保障規定により保障される受刑者の尊厳と基本的人権

　フランスにおける医療的・福祉的ニーズを有する高齢受刑者への適切かつ十分な対応の確保は多層的な人権保障規定により保障されている。具体的にはヨーロッパ人権条約3条による客観的かつ不可侵の人権規定の要請を,市民の

医療的サービスへのアクセスを保障する権利（2002年3月4日法）に基づく，治療を理由とする刑の執行停止や，刑事訴訟法729条に規定される70歳以上の高齢受刑者に対する仮釈放の特例によって具体化しようと試みられている。

　一方で，日本における人権保障の大きな枠組みとしてまず，「非人道的かつ劣悪な処遇」を禁止する自由権規約7条と拷問禁止条約16条がある。そこで保障される尊厳を日本国内において実現するための規定として，日本国憲法13条や25条がある。さらに，そこで抽象的に保障される権利を基礎として，すべての市民に医療的サービスや福祉的サービスが確保される。その上で，刑事施設への拘禁といった受刑者における特殊な事情を考慮して，これらの医療および福祉サービスを受ける権利をより補強するために処遇法62条と65条，そして刑事訴訟法482条1号，2号が設けられている。

　そこでこれらの多層的な人権保障規定を基礎として，医療的・福祉的ニーズを有する高齢受刑者への対応の確保を説明するためのアプローチの提案を試みたい。フランスではヨーロッパ人権条約3条の要請を根底におき，そこから国内法の整備を進めてきた。2001年6月7日のヨーロッパ人権裁判所によるPAPON決定において，ヨーロッパ人権条約3条の解釈から国家に課してきた義務──消極的義務と積極的義務──から，高齢受刑者においては，「その刑の執行から生じうる不可避の弊害」の限界値が他の受刑者とは異なることを示した。それゆえ，高齢受刑者に対しては弊害を除去するための施策がより積極的に講じられなくてはならない。ただし，必要とされるケアの提供にあたり刑事施設内では限界がある場合には，上記消極的義務に基づいて，もはや拘禁は継続されえない。その勧告の影響を少なからず受け，議会は2002年3月4日の法律により治療を必要とする受刑者に対する刑の執行停止制度を創設した。自由刑に付された受刑者は移動の自由を奪われるのであって，医療のアクセスは奪われない。高齢受刑者において必要としているケアを受けることができない，といった弊害は，自由刑の執行に伴う不可避の弊害ではない。刑事施設で対応しきれないのであれば，それは釈放して一般の医療・福祉機関に任せるほかない。これは，まさしく高齢受刑者における不可侵の尊厳および人権であり，そのことを認めた点にまさにフランスの議論の意義があると考えられる。

　次に，フランスの議論において示されている多層的な人権規定による高齢受

刑者の尊厳および人権保障の構造をふまえて，日本に適用される人権規定およびそれに対する裁判所の判断をみることとする。

まず，普遍的かつ不可侵の人権規定として自由権規約7条と拷問禁止条約16条がある。これらの規定はヨーロッパ人権条約3条と同様，「非人道的もしくは品位を傷つける取り扱い」を禁止している。拷問禁止条約16条は「締約国は，自国の管轄の下にある領域内において，第一条に定める拷問には至らない他の行為であって，残虐な，非人道的な又は品位を傷つける取扱い又は刑罰に当たり，かつ，公務員その他の公的資格で行動する者により又はその扇動により若しくはその同意若しくは黙認の下に行われるものを防止することを約束する」としている。さらに，自由権規約7条は「何人も，拷問又は残虐な，非人道的な若しくは品位を傷つける取扱い若しくは刑罰を受けない。特に，何人も，その自由な同意なしに医学的又は科学的実験を受けない」としている。これらの条文は加盟国に対して被収容者の尊厳を尊重した処遇を提供するよう義務付けている[3]。

この点について，日本の裁判所は，受刑者が刑務所職員による処分の違法・不当を争う訴訟において原告の国際人権法の適用に極めて慎重な姿勢を示してきたと指摘されている[4]。そこでは，国際人権法の代わりに日本の国内法の規定が持ち込まれ，「予定調和的に」国際人権法の規定に関する解釈と同様の解釈を示してきた[5]。

これらの条約に加入する以前には，裁判所は受刑者への「非人道的もしくは品位を傷つける取り扱い」について日本国憲法36条のみに照らして判断を行っていた。窃盗のかどで起訴された高齢被告人に対して原審が言い渡した懲役10月執行猶予なしの判決が，憲法36条が禁止する「残虐な刑罰」にあたるかどうかが争われた東京高裁昭和26年10月9日判決[6]において東京高裁は，その健康状態に応じた作業を割り当て，「老齢者」については病人に準じた医療上・保健衛生上の措置をとることができることから，原審の判断が憲法36条に違反しているとはいえないとして，被告人の控訴を棄却した。さらに，高齢受刑者の処遇に関する判例ではないが，実際の受刑者処遇に関する憲法36条の適用について，詳細に述べたものとして津地裁昭和36年10月21日判決[7]がある。「憲法第三六条は残虐な刑罰を絶対に禁止しているが，そこにいう『残虐な刑罰』とは

『不必要な精神的肉体的苦痛を内容とする人道上残酷とみとめられる刑罰』（最高裁昭和二三年六月三〇日判決最高裁判所刑事判例集二巻七号七七七頁），つまり反人道的な刑罰をいい，しかも刑罰そのものとしては残虐なものでなくても執行方法が残虐であれば，それによつて『残虐な刑罰』となりうるものと解される。とすれば，右にみたように被告の前記処分に反人道的性格がみとめられ，しかも，その処分が懲役刑の執行としてなされているのであるから，懲役刑そのものに残虐性はなくともその執行としての右処分は，憲法第三六条にいう『残虐な刑罰』に該当するものというべく，したがつて，被告が原告に対してした軽屏禁執行期間中戸外運動及び入浴を禁止する旨の各処分は，憲法第三六条に違反する処分といわねばならない」。この判例は受刑者の健康を侵害するような軽屏禁（懲罰）に対して憲法36条を適用する論理を明示し，同条の要請から反人道的な「懲罰」を禁じた点で注目すべきものである。しかしながら，受刑者の健康を侵害する「処遇」ではなく，「懲罰」を問題としている点には留意が必要であろう。

　日本が自由権規約および拷問禁止条約に加入した後も，憲法36条は不当な受刑者処遇をめぐる訴訟の根拠条文の一つとされてきたが，あわせて自由権規約の条文も根拠条文として引用されるようになってきた。たとえば，札幌地裁平成12年8月25日判決は，取調べ，懲罰，安全上及び休養のため長期に及んだ昼夜間独居拘禁が，監獄法施行規則26条，憲法13条，14条，18条，31条，36条，自由権規約7条および10条に違反することを理由とする，当該受刑者による旭川刑務所への損害賠償請求に対して，以下の理由により，当該損害賠償請求を棄却した。同地裁は「刑務所長において，原告の独居拘禁を必要とする状態を解消するための職責を尽くしたといえるかどうかについて，疑問を差し挟む余地がないとは言い難いが，原告を独居拘禁に付すべき安全上の理由が現に認められる以上は，これを理由に原告を独居拘禁に付した刑務所長に裁量権の逸脱又は濫用があったと断ずるには足りない」とした。

　この判決に存する問題点として，2つの点を指摘したい。ひとつめの問題点は，同地裁は『拘禁目的』や『規律の維持』の観点から必要性及び合理性があった場合にのみ正当化されるとの留保を付けつつ，刑務所長の裁量権により受刑者の権利を制限することを認めている点である。この見解はまさに日本

において,「懲らしめ」,「規律秩序」,そして「安全」の維持と受刑者への「支援」が対立する概念として扱われてきたことを示すものである。さらに,同判決において「受刑者の人権に対する制限」は監獄法の趣旨からなされてきたとされており[10],ここに,憲法上保障されるべき権利に監獄法における要請が優先されているとの視点を見出すことができる。このような見解には,フランスの議論において強調されていた「受刑者の一市民として固有の尊厳の尊重」といった視点が欠如あるいは不足しているように思われる。

次いで2つめの問題点は,十分な検討をしないままに当該処遇が憲法36条違反に当たらないことをもって自由権規約7条にも違反しないとした点である。日本国憲法36条は「公務員による拷問及び残虐な刑罰は,絶対にこれを禁ずる」と規定している。一方,拷問禁止条約および自由権規約は「非人道的かつ品位を傷つける刑罰もしくは取扱い」を禁じている。上記札幌地裁のケースにおいては,原告側があえて憲法36条と自由権規約7条を根拠条文として挙げたにもかかわらず,同地裁はこれらの条文の文言の違いには言及していない。これら2つの条文の「混同」は以下の理由から許されるものではない。すなわち,「刑罰」と「取扱い」は別の意味を持つ語である。ヨーロッパ人権裁判所は,刑罰の内容はここでいう「刑罰」であり,被収容者の処遇は「取扱い」に含まれるとして,これらの語を区別している。この点,日本国憲法36条は「公務員による残虐な刑罰」を禁じているのであり,「取扱い」は含まれていない。ヨーロッパ人権裁判所による定義を用いると,その執行方法自体が受刑者の命を脅かす自由刑でない限り,受刑者処遇に日本国憲法36条は適用できない,ということになる。このアプローチは,「刑罰」と「受刑者処遇」を切り離して捉える見解[11]を徹底するのであれば妥当であると思われる。したがって,憲法36条と自由権規約7条については分けて論じるべきである。また,ヨーロッパ人権裁判所の定義にならって日本の懲役刑のシステムのもとで受刑者の処遇それ自体に存する問題点について検討する場合には,日本国憲法36条ではなく[12],「非人道的な取扱い」をも禁止する自由権規約7条や拷問禁止条約16条を核とすべきであろう[13]。

その場合,右諸規定と国内法との関係は次の通りである。自由権規約や,拷問禁止条約は普遍的かつ不可侵の人権保障規定であり[14],そこから国内法とは異

なる視点から人権を保障することを可能とするものである。[15) これらの国際人権法に加盟することにより、[16) 日本にも「重層的な国際的人権保障制度の枠組み」が適用される。[17) この「人権保障」を国内で実現するための人権保障規定として各国の憲法が設けられている。[18)

　日本は国際人権法に加入している以上、受刑者に対する「非人道的もしくは品位を傷つける」処遇をしてはならない義務を負う。これは、ヨーロッパ人権裁判所がヨーロッパ人権条約3条から導いている、各政府に対して、「非人道的かつ品位を傷つける取扱い」を禁じる「消極的義務」と同内容のものである。日本国内の諸判決においても「残虐な処遇」そのものを禁じることそれ自体には合意が得られているといえる。その一方で、ヨーロッパ人権裁判所は、ヨーロッパ人権条約3条から消極的義務とともに、拘禁により生じた弊害を各種支援の提供により除去することを命じる「積極的義務」を引き出している。この点について、日本が加入している自由権規約7条および拷問禁止条約16条の文言をヨーロッパ人権条約3条と同様に解釈するという手段がある。前に確認した通り、これらにおいては、「非人道的もしくは品位を傷つける取り扱い」という同じ文言が用いられている。そこで、これらの文言に、ヨーロッパ人権裁判所における同3条に対する解釈を適用して、積極的義務を引き出すことは可能であると考える。すなわち、政府は受刑者を「穏当かつ適切な状況のもと拘禁」しなくてはならず、そのために受刑者が有するニーズに応じた対応をしなくてはならない。

　国際人権法から要請される受刑者への非人道的かつ劣悪な処遇の排除を確保するための国内法の規定として、日本国憲法13条の幸福追求権保障および同25条の生存権保障がある。これらの重畳的な人権規定を根拠として、日本政府は受刑者において拘禁により生じる弊害を除去する義務が課されている。すなわち、憲法25条はすべての市民に対して「健康で文化的な生活」を保障している。これらの規定は受刑者に対しても当然に適用される。高齢受刑者に対して刑務所内で適切かつ十分な医療的・福祉的対応を受けることができずに、健康状態やADLを悪化させる、あるいは死亡させるといった事態はこれらの規定の要請に反するものである。受刑者に対しても健康で文化的な生活を保障されなくてはならないのである。さらに13条は「国の［拘禁から生じる］弊害除去義

務および自己発達権利の機会を保障すべくプログラムを準備する義務を根拠とする被収容者の援助を受ける権利」を保障しており，これらの権利に基づいて受刑者および出所者は社会的援助を受けることができる。[19]

　以上の受刑者における一市民としての尊厳と基本的人権の尊重および，それを確保する政府の消極的義務と積極的義務に基づいて，医療的・福祉的ニーズを有する高齢受刑者に対しては適切かつ十分な対応が保障される。このことは諸法律がより具体的に規定している。

　一市民に対する医療的・福祉的対応の確保については，医療法1条および社会福祉法3条が規定している。これらの条文は，すべての市民に対して，その尊厳を尊重した医療的・福祉的対応が提供されることを保障している。さらに，刑務所に拘禁されているという特殊な事情を考慮して，処遇法62条と65条が刑事施設内での受刑者に対する医療的・福祉的対応を確保している。[20] その一方で，刑事施設内で適切かつ十分な対応を行うことが難しい場合については早期釈放され，社会における医療機関および福祉機関において適切かつ十分な対応が確保されなくてはならない。このことは「刑の執行によって，著しく健康を害するとき，又は生命を保つことのできない虞があるとき」に自由刑の執行を停止できるとしている刑事訴訟法482条1号の規定からも明らかである。

　したがって，フランスの治療を理由とする刑の執行停止を創設した2002年3月4日の法律までの議論において採られたアプローチは，日本の法制度を前提としても展開することが可能である。すなわち，医療および福祉に関する法律の枠組みの中で，受刑者も一般市民でありそれらの法律の適用対象となることから，受刑者に対する一般市民と同等の量および質の医療的・福祉的サービスの提供が根拠づけられる。

■「支援」を強調する高齢受刑者処遇への展開を試みる理論的アプローチ

　以上から，受刑者への医療的・福祉的対応を確保する手段として刑の執行停止が用いられることは人権諸規定からの要請であるといえよう。次いで，この枠組みが，「高齢」受刑者処遇の局面においてどのように適用されるのか検討したい。

　高齢受刑者の特性に着目した，高齢受刑者処遇のあり方に関するアプローチとして，日本では以下のアプローチが提示されている。

ひとつは少年法における「要保護概念」を高齢受刑者処遇に応用するアプローチである[21]。この考え方は，司法前処理段階における高齢被疑者への対応を念頭において展開されているものではあるが，高齢犯罪者処遇理念にも通ずる重要な視点を見出すことができる。この見解は，高齢犯罪者が有する福祉的ニーズを「要保護性」と捉え，「高齢者の最善の利益」を目指した司法的処遇が目指されるべき，とする。それゆえ，まず，刑事司法段階においてダイバージョンの可能性が探られ[22]，ダイバージョンがなされえないとしても，刑務所内および社会内処遇は「保護処分」として実施されるべき，とされる[23]。たしかに，高齢受刑者は一般的に非高齢受刑者よりも医療的・福祉的ニーズが大量かつ多様である。しかしながら，高齢犯罪者は成人であることには変わりない。社会的参加を促進するための支援の必要性が非高齢受刑者よりも高いとしても，応報の目的を排除してもっぱら保護の対象とする理論的根拠は乏しいように思われる。

　また，高齢犯罪者処遇を非行少年に対する処遇に近づけて論じようとするアプローチに対しては以下のような批判がなされている。すなわち，高齢犯罪者に対しては刑罰による処罰よりも保護的処分になじむとされるが，全ての者が画一的に保護処分を原則とする手続きによって処理されることが必ずしも適切であるとはいえない[24]。その理由について，「未成年者の場合は生活歴が相対的に短期であり，個人間の偏差はそれほど広まっておらず，暦年齢による分類・平均的処遇が容易であるために，高齢者は長期の生活歴を有し，個人差が蓄積され偏差が拡大しており，暦年齢による集団把握の有効性には疑問が生じる」と説明されている。すなわち，高齢受刑者においては一人ひとりその特性が異なるため，統一的な処遇モデルの構築は困難であるとの指摘である。

　この批判的な見解を基礎として，次のような見解が提示されている。刑事司法において高齢者を他の一般の犯罪者と同様に扱うことは，高齢犯罪者の権利保障と主体性が確保されることを意味する[25]。それゆえ，一人の成人である高齢受刑者に対しても，「保護」を口実とした無制限の介入［傍点は筆者による］が行われてはならない。ここでは，すべての受刑者が自身の「能動的で積極的な権利」に基づいて，福祉サービスを求めることができ，それに対して適切な対応が確保される必要がある，とされる[26]。すなわち，高齢受刑者が自身の権利に

基づいて，自分のニーズに応じた対応を要求することができるとされる。言い換えれば，提供される支援の量や質はそれぞれの受刑者のニーズに対応するものであり，「高齢」であるか否かで変わるものではない。これは，フランスにおいて，「高齢」であることを理由に刑罰を減軽する旨を規定した条文を廃止した1960年オルドナンスが制定された際に示された，「高齢受刑者への対応は処遇の個別化によって対応すべき」との見解と同様の趣旨である。この議論にかんがみれば，高齢であるか否かにかかわらず，すべての受刑者はその権利に基づいて，医療的・福祉的ニーズに対する手当を受けることができる。ただし，高齢受刑者においては医療的・福祉的サービスが大きい分，確保されなくてはならない手当が他の受刑者とは異なる。それゆえ，高齢受刑者においては実質的に必要とされる処遇が他の受刑者とは量的・質的に異なるということになる。

　高齢受刑者が抱えるニーズに刑務所内では対応しきれない場合の対応について，前述の高知地裁平成5年10月13日判決は，自由刑の執行停止を挙げた[27]。この見解は，当該高齢被告人の尊厳や基本的人権の尊重を基礎としているか否かは明らかではないが，少なくとも高齢受刑者においては非高齢受刑者とは，その医療的・福祉的ニーズが量的・質的に異なることから，それらのニーズへの配慮がより重視されなくてはならず，そのための手段として刑の執行停止を用いることを示唆している[28]。

　以上から，医療的・福祉的ニーズを有する高齢受刑者に対して刑の執行停止を適用せず，それらのニーズへの対応が不十分な拘禁状態に拘禁し続けている現状は，法規定のあり方ではなく，運用に問題があるといえよう。

2　高齢受刑者の早期釈放の積極的活用を支える諸資源

　医療的・福祉的ニーズを有する高齢受刑者に対する自由刑の執行停止を積極的に運用していくためには，高齢受刑者を出所後，社会で受け入れる機関等の環境調整が円滑に行われる必要がある。

　近時，高齢受刑者が出所する際の環境調整は刑務所職員，刑務所に配置されている社会福祉士，保護観察所，地域生活定着支援センターが行っている。とりわけ，2009年度（平成21年度）に開始された地域生活定着促進事業以降，当

該高齢受刑者の特性に応じた帰住先や医療・福祉サービスの調整が行われるようになってきている。[29] その背景には，前述の通り，高齢受刑者においては仮釈放も認められにくく，満期釈放になることが多い点がある。

　2012年（平成24年）7月に犯罪対策閣僚会議から示された，「再犯に向けた総合対策」では，出所者の「居場所（＝帰住先）」と「出番（＝就労）」の確保がその社会復帰にとって重要である旨述べられた。出所者の環境調整においても，「居場所」と「出番」の確保に向けた支援が行われている。とりわけ，近時高齢出所者の環境調整において，重要な役割を果たしているのは，地域生活定着支援センターによる特別調整であろう。この支援は，帰住先が確保できず，満期釈放が決定した場合であっても，65歳以上の高齢受刑者あるいは，障がいを有する受刑者に対して，本人が支援を受けること，および支援機関に本人の情報が開示されることに同意している場合に[30]，行われるものである。[31] 出所したのちも，フォローアップ業務として受入れ先施設が実施するケース会議への出席，福祉サービス申請に関する助言，そして受診同行等の支援を引き続き行っている。[32]

　この特別調整のように，高齢出所者に対しては非高齢出所者よりも手厚い環境調整の体制が用意されているが，それでもなお高齢者においては，「高齢」であることに由来する医療・福祉的ニーズの大量性・多様性からそれらを確保することは困難である。

　まず，「居場所」の確保について，当該高齢受刑者の健康状態やADLの程度によって帰住先も大きく異なる。それゆえ，医療やADLに関する専門的なアセスメントが必要となる点で非高齢受刑者との違いがある。また帰住先の確保に関連して，高齢受刑者の環境調整で困難な点として，特に入院が検討される場合には必要な身元保証人がなかなかみつからない，という点もある。

　次に，「出番」の確保に存する問題として，定年年齢を超える高齢受刑者においては，就労先の確保は非常に困難であるといった点がある。[33] 20代および30代の対象者においては，ハローワークを通じた就労先の確保や平成18年より開始された刑務所出所者等総合的就労支援対策における支援を受けて就労先が見つかることがある。[34] また，障がい者手帳を持っている場合には，障害者総合支援法に基づく就労移行支援を受けることができる。[35] しかし，高齢者の就労支援

体制は不十分といわざるを得ない。働く意欲があり，かつ体力もある高齢出所者に対しては就労を促進するための支援体制が必要であろう。一方，医療的ニーズを有し，ADLも低下している高齢出所者の就労はそもそも困難である。そのような高齢出所者に対しては，生活保護の受給手続きの援助等生計を確保するための支援とともに，「生きがい」や「心の居場所」となる日中の居場所を確保するための支援を提供する必要があろう。日中の居場所を提供する支援は，当該高齢出所者の社会的孤立を予防する意味でも重要であると考える[36]。

■ 地域生活定着支援センターを中心とする高齢受刑者の環境調整の課題と展望

地域生活定着促進事業においては，福祉的ニーズを抱える高齢受刑者および障がいを有する受刑者の総合的な社会参加を促進するための支援が行われている。しかしながら，扱うケースが増えるにつれて諸問題が顕在化してきている。その一つがセンターごとの支援対象や支援内容が異なる，という問題点である。そこで，近時では全国地域生活定着支援協議会が作られ，支援の質の格差是正の努力がなされてきている。このように，地域生活定着促進事業に内在する問題がある一方で，刑務所および保護観察所と地域生活定着支援センターとの協働の不十分さといった問題も生じている。具体的には収集すべき対象者の情報[37]に関して問題が生じている。この点については，少しずつ見直しがされてきたものの，地域生活定着支援センター職員から刑務所や保護観察所による対象者の福祉的な視点でのアセスメントは不十分であるとの批判がなされている[38]。この批判の根底には，刑務所職員および保護観察官における福祉の見識が不十分である，という問題点があるように思われる。

フランスでの治療を理由とした刑の執行停止創設の際の議論にかんがみれば，高齢受刑者における環境調整については，彼らの医療的・福祉的ニーズに対応する専門機関を調整する，という視点から論じられている。そのように，実際には環境調整の問題は医療的・福祉的ニーズへの対応に関する問題と深く連関しているにもかかわらず，日本ではそれらを別々のものとして捉えてきた。それは，前者は再犯防止に大いに関係する問題であるが，後者はそうではないと考えられてきたからである。その結果，受刑者に対する医療的・福祉的ニーズへの関心が薄れ，環境調整がより困難なものとなっている。

この問題点を克服するために，各定着支援センター，保護観察所，刑務所，

行政，福祉機関等の出所者の環境調整に関わる諸機関が集まって「連絡協議会」を定期的に実施しているところもある。たとえば，栃木県地域生活定着支援センターでは月1回，福祉的ニーズを有する高齢受刑者あるいは障がいを有する受刑者に対して，保護司，刑務所に勤務する社会福祉士，地域生活定着支援センター職員等が集まり，社会福祉士が対応するか，特別調整で対応するか，について話合う[39]。このような場を設けることで，刑事司法機関と福祉機関の相互の視点を知り，情報を共有することができる[40]。その意味で，このような勉強会は重要な役割を果たしている。

　いわゆる「司法と福祉の連携強化」を図るために，定着支援センター職員が保護司を兼任する，といった対応も考えられる[41]。しかしながら，この対応は本末転倒である。地域生活定着促進事業のコンセプトは「司法と福祉の協働」である。すなわち，司法と福祉とが対等の立場に立って，それぞれの専門スキルを駆使して，対象者の社会参加を支えるというものである。センター職員が保護司になるということは，この事業が保護観察制度の枠内に含まれることになる。したがって，福祉機関は保護観察所の「下請け」として位置付けられ，対等性が失われてしまうおそれがある。また，そもそも刑事司法に関わる諸機関と福祉機関は，期待されている役割が大きく異なる。すなわち，刑務所や保護観察所においては矯正や安全を目的とし，その目的を達成するために強制的な権力の介入がなされることもある[42]。その一方で，福祉においては対象者と支援者との信頼関係に基づく援助関係を築き個人の主体性の尊重等の人間観を基礎とする[43]。福祉を保護観察の枠内に入れ込むことにより，本来強制力を持たないはずの福祉サービスに強制力が付与されることになってしまう[44]。このような「強制力」をもつ支援は，支援対象者の「ゆれ」——すなわち，トライアンドエラー——を許さない支援となる。対象者の自発的な「社会復帰」を実現するなかで，この「ゆれ」は不可欠なプロセスである[45]。したがって，「失敗」を許さない福祉支援は対象者の「社会復帰」を妨害する危険すら孕んでいるといえよう。

　これらのいわば「制度化された」環境調整の仕組みがある一方で，一般の福祉機関による「やわらかいネットワーク」があることも忘れてはならない[46]。「司法と福祉」の連携が特に強調され始めたのは，2003年に『獄窓記』が出版

された後のことであるが，それ以前からも出所者の社会参加を手助けしてきた団体は数多くある。[47]それらの支援においては「出所者」ではなく，「福祉支援を必要とする人」として扱われてきた。そのような経験の積み重ねがある諸機関は，地域生活定着促進事業が開始された後も，受入れ先として重要な役割を果たしている。さらに，特別調整にあたり，対象者の同意が得られない場合には定着支援センターは特別調整として支援をすることができない。[48]この場合，「制度化されていないネットワーク」が活用されている。[49]そのネットワークは福祉施設，福祉事務所，相談所，病院，各種支援団体，各支援対象者等によって構築されている。[50]それらの機関により，「1　野宿予防に関する支援，2　野宿中の支援，3　脱野宿時の支援としての中間施設入所，就労自立，生活保護自立，住宅確保に関する支援，4　居宅生活でのアフターケア支援」の4段階での支援がなされている。これらの段階を進退しながら，対象者の社会参加が果たされていく。多種多様な機関のネットワークと，段階的な自立支援制度を用意することにより，「失敗」を繰り返した人をもどこかの機関で受け入れる体制が構築されている。[51]そこには，多種多様な地域の社会資源のネットワークがあり，かつ失敗をも自立への一つのプロセスと捉えて，支援をする側と受ける側とが一定の距離を保ちながら，よりそい合う体制——いわゆる「伴走型支援」[52]——が構築されつつあると考えられる。[53]

　これらの多層的なネットワークによって，高齢出所者一人ひとりの特性に応じた「居場所」を作っていく仕組みこそが，高齢出所者の社会参加の促進，そしてそれによる社会復帰にとって必要不可欠である。

■ 現在の支援体制における医療的・福祉的ニーズを有する高齢受刑者への刑の執行停止の積極的適用の可能性

　ここまで見てきたとおり，高齢受刑者の社会参加を確保するための福祉支援ネットワークは徐々に拡大しており，個々の高齢受刑者の医療的・福祉的ニーズに応じた医療的・福祉的対応の調整が試みられている。さらに，地域生活定着支援センターを中心とする環境調整の取組みにより，出所者の受入れを行う受け皿も少しずつ増えてきているようである。このことは，この支援する側が支援を受ける高齢出所者を，「犯罪者」ではなく，「医療的・福祉的ニーズを有する高齢者」という視点からとらえるようになった支援者が増えてきたことを

意味する。そこから、刑の執行停止の消極的適用の要因として挙げられていた「受け皿の乏しさ」についても、状況は改善してきていると思われる。

さらに、地域生活定着促進事業が開始された2009年度（平成21年度）段階では、環境調整は主に満期釈放者を対象としていたが、2012年度（平成24年度）からはその対象を拡大し、入所時から出所後まで幅広く支援を行われるようになった。[54] この事業の目的が、「高齢であることにより刑務所出所後、自立した生活を営むことが困難と認められる者に対して、退所後ただちに福祉サービス等を利用することができるようにするための支援を行うことにより、その有する能力等に応じて、地域の中で自立した日常生活または社会生活を営むことを助け、これらの者の福祉の増進を図ること」[55]であることにかんがみて、社会参加を促進するためにより早期に釈放し、適切な医療・福祉サービスを確保するための支援として、早期釈放に向けた環境調整も同事業に含むべきであると考える。とりわけ、刑事訴訟法482条1号については、医療および福祉的ニーズの専門家によるアセスメントが必要になり、それに応じた帰住先を確保できるか否かが重要となっている。そこで、医療・福祉サービスを調整するにあたり、ノウハウや諸機関とのつながりがすでに構築されつつある、定着支援センターが自由刑の執行停止に係る環境調整にも関わることにより、自由刑の執行停止の運用を消極的にしている「帰住先調整の困難さ」という問題状況が改善されるのではなかろうか。

したがって、現在の制度および、社会資源を前提としても医療的・福祉的ニーズを有する高齢受刑者を自由刑の執行停止を用いて早期に釈放し、社会内の専門機関においてより適切なケアを確保することが可能であると考える。

3　今後の課題

以上、刑務所内で適切かつ十分な医療・福祉的ケアを受けることができない高齢受刑者においては、刑事訴訟法482条1号により自由刑の執行を停止し、外部の専門機関でより適切なケアを確保しなくてはならないことが人権保障に関する諸規定から要請されており、現行制度の枠内でも、そのような自由刑の執行停止の運用が可能であることを示してきた。しかし、この提案は、現に刑務所内で苦しんでいる高齢受刑者にいち早く対応するための「応急措置」的な

ものであり，理論的にはいくつかの検討課題が残されている。

1点目は刑の執行手続きのあり方である。フランスでは治療のための恩赦制度に代わる早期釈放制度が模索された背景として，手続きの保障が要請された点がある。とりわけ重篤な病気にかかっている受刑者においては，迅速な手続きが要請される。さらに，当該受刑者の医療的・福祉的対応を求める権利の保障という観点からも刑罰修正手続きを用いることが熱望された。その手続きにおいては，受刑者による請求を受けてその手続きが開始され，その後司法機関である刑罰適用裁判所で対審を経て決定がなされる。決定に対しては当該受刑者あるいは検察官は不服申立てをすることができる。この点で，受刑者は手続き上も自身の尊厳および権利を尊重される。

この点，日本においては医療的・福祉的ニーズを有する高齢受刑者は，刑事訴訟法482条に定める刑の執行停止を求めることができる。このことは，刑の執行停止の上申を刑事施設長，刑の言渡しを受けた者又はその関係人に認めている法務省における執行事務規定29条に規定されている。[56] ただし，フランスとの大きな違いは，日本の自由刑の執行停止の決定は検察官による行政決定であるという点である。それゆえ，その決定に対して不服がある場合には，行政不服審査法4条6項に従い，行政不服審査法上の異議申立て制度を用いることとなる。[57] さらに，同執行事務規定31条6項は刑の執行停止措置の継続について，「刑の執行を停止したときは，その事由について引き続き調査をする」としている。すなわち，検察官に対する調査義務について規定するのみで，対象者の意見を聞く機会は設けられていない。刑務所内では対応しきれない医療的・福祉的ニーズを有する高齢受刑者にとって，刑の執行停止はその生命あるいは健康を守るための重要な措置である。この観点からすれば，憲法31条を適用してより厳格な手続き，かつ手続きにおける受刑者の権利保障がなされるべきであると考える。刑の執行停止が受刑者の生命および健康を守る趣旨を有する以上，適正な手続きが確保されなくてはならない。

2点目は，高齢受刑者が有する多様なニーズへ適切かつ十分な支援を実施するには，そのための支援体制を整備する必要がある，という点である。この点については，前述の通り，地域生活定着支援センターを核として実現されつつある。より適切かつ十分な支援を実現するためには，諸機関の役割と協働のあ

り方について理論的に整理する必要があろう。なぜならば,福祉が刑事司法機関による監督・監視のツールになるおそれが払拭できないからである。それゆえ,適切な福祉的支援を実現するためには,諸機関の独立が担保されなくてはならない。この点についても,フランスの現代の取り組みから経験的な示唆を得ることができると考える。すなわち,フランスでも日本の保護観察官の役割も果たしている SPIP が対象者のニーズを把握し,それに応じた支援をコーディネートしている。しかし,そこで実際に行われる支援は一般的な社会的支援であり,必ずしも受刑者に特化したものではない。この点で日本とは異なる。とりわけ,より適切かつ十分な福祉的支援を確保するためには,この点の検討が必要である。

〔註〕
1) 法務省,「再犯防止のための総合対策」[http://www.cas.go.jp/jp/seisaku/saihanbousi/kettei/240720gaiyou.pdf]。
2) たとえば,一般社団法人全国地域生活定着支援センター協議会「都道府県地域生活定着支援センターの支援に関わる矯正施設再入所追跡調査」(2015) 11頁では再犯に係る予防と支援体制の強化に関しての提言として,福祉支援と再犯の関係性について言及している。対象者が地域に定着し,自立している一つのメルクマールとして「再犯をしていない状況」を考慮することは妥当であるが,しかしながら,福祉支援の直接的な目的の一つとして「再犯防止」を掲げることには批判的に検討する必要があるように思われる。
3) 日本の裁判所における国際人権法への捉え方について,赤池一将「国際人権法と新監獄法下の受刑者の権利」法律時報83巻3号 (2011) 17頁は「結局は,当時の監獄法の解釈・適用の範囲で検討が行われ」てきたと批判する。具体的な判例として,徳島地裁平成10年7月21日判決は,胸 (腰) 椎の黄色靭帯骨化症の受刑者「再審請求中」に対して手術並びに治療のため,人身保護法2条に基づき,徳島刑務所から医療刑務所あるいは大学病院へ移送することを請求した事案である。さらに,国際人権法の要請から,刑事施設には受刑者の病状の把握および適切な治療措置をとる義務があると主張した。これらの主張を受けて,徳島地裁は,まず「拘束者が,検査結果によっては適当な医療施設への収容,医療刑務所への移送することの可能性を残しつつ,本件拘束を継続することが,著しく違法で,かつ,それが顕著であると認めることはできないというべきである」として原告の請求を棄却した。さらに,国際人権法に基礎を置く刑事施設における受刑者の健康管理義務については,「被拘禁者処遇最低基準規則22(2)及び被拘禁者保護原則二四の内容を参照してB規約七条,一〇条一項の解釈をすれば,受刑者を収容する監獄の長は,受刑者の健康状態に十分に注意し,診察,検査の結果如何によって,適切な治療などの措置を取らなければならない責務を負っていると解することができる」と述べた [LEX/DB 文献番号 28041243]。また,日本の刑務所医療の現状に照らして,2007年の拷問禁止委員会からの日本に対する勧告では,「受刑者への医療措置の提供が不当に遅延しているという申立て,及び行刑制度内に独立した医療職員がいないことを懸念する」とし,「締結国は,適切かつ独立した医療措置が常にすべての受刑者に迅速に提供

されるよう確保すべきである」との勧告がなされた［パラグラフ17］。さらに，2013年に日本の第2回報告書の深刻な不足を懸念するとし，「自由を奪われたすべての人のために心身の健康に対する十分なケアを提供する」措置を講じて，国連被拘禁者処遇最低基準規則に適合した形で刑事施設における拘禁条件を改善するための努力を強化するべきであるとの勧告がなされた。これらの勧告に対して，2007年の政府答弁書は「法的拘束力を有するものではないが，その内容等を十分に検討した上，政府として適切に対処していく必要がある」としている。この答弁のとおり，加盟国の一つである日本もこれらの条文に準じた処遇を実施しなくてはならない。

4） 赤池・前掲註3）17頁。
5） 赤池・前掲註3）17頁。
6） LEX/DB 文献番号 27760307。
7） 本事案は，他の受刑者との間の密書の授受及び刑務官に対する暴言につき15日間の軽屏禁を決定し，同時にその執行期間中戸外運動および入浴を禁止する旨の処分がなされた受刑者が，これらの処分の取消しを求めたものである。この訴えに対して，津地裁は，「監獄法第60条により右禁止処分は，当該受罰者が人間としての健康を保持するに必要な最低限度の戸外運動および入浴を侵害する刑罰の執行方法として，憲法第36条にいう『残虐な刑罰』に該当するというべき」として，当該処分の取消しを認めた［LEX/DB 文献番号 27602494］。
8） 徳永光「社会復帰からみた懲罰制度のあり方」刑事立法研究会編『21世紀の刑事施設──グローバルスタンダードと市民参加』（日本評論社，2003）269頁は，「刑罰目的を達成するために必要な最小限度を超える人権の制約は憲法36条の『残虐な刑罰』に該当するものと解する」としている。さらに，桑山亜也「受刑者の人権保障論とその具体化」（2009）［http://repo.lib.ryukoku.ac.jp/jspui/bitstream/10519/1567/1/dk_104_001.pdf］68頁も同様の見解を述べている。
9） 桑山亜也「イギリスの国内裁判所における裁判例の変化とヨーロッパ人権裁判所の影響」龍谷法学42巻3号（2010）705頁。なお，この点につき，桑山は以下のように分析している。「当該制限が『一般的，抽象的』になされている場合には，裁量権の違法性を認める傾向にあり，より具体的な制限の必要性及び合理性の立証責任を，制限を行使する施設側に負わせようとする傾向が，最近の裁判例には見られるようになった」。さらに，この傾向には自由権規約の影響があるとしている。
10） 赤池・前掲註3）17頁。
11） 土井政和「社会的援助としての行刑（序説）」法政研究51巻1号（1984）37頁など。
12） この点について佐藤元治「刑事拘禁における拷問および残虐・非人道的処遇等の禁止・防止」法律時報84巻5号（2012）44-45頁は，被収容者が刑事施設内において適切な医療サービスを受けることができない状況は，「憲法36条や国際人権法が禁ずる残虐・非人道的処遇との関係でも問題となろう。また，医療措置の充実は，拷問や虐待防止・発見の観点からも極めて重要な問題であるといえる」と指摘している。
13） 刑事施設内で受刑者の尊厳を傷つける処遇がなされた場合には，受刑者には訴訟で争う機会が保障され，その上で裁判所は国際人権法を規範として，当該処遇について判断する必要がある。なお，日本における刑事施設内での処遇に関する受刑者による訴訟への国際人権法の具体的な援用に関する検討は今後の課題としたい。なおこの点については，憲法98条の要請から，日本が批准した条約においては国内的効力が認められる。それゆえ，「条約の規定は，国内裁判所において訴訟当事者が援用しうると同時に，裁判所がその司法判断において，場合に応じ，直接また間接に依拠することのできる法源となる［甲恵丰「社会権訴訟におけ

る国際人権法の援用可能性」法律時報80巻5号（2007）38頁］。実際には，国際人権法の要請を満たしているかについての判断は国内法における人権保障の要請の枠内で論じられている。しかしながら，国際人権法には「人権の行使は，条約に対する国の態度によって条件づけられるものではなく，条約実施義務の相互性という留保は認められないと言う客観的な性格」がある［建石真公子「フランスにおける人権概念の変容と国際人権法――法律に優位する『基本権』としての憲法と人権条約の並存？」法律時報80巻5号（2008）67頁］。それは，国際人権法の根本には，「個人の尊厳」は尊重されなくてはならず，かつ権利は全ての「個人に平等」に保障されなくてはならないという考えがあるからである［同］。日本における受刑者の人権に関する諸判例を見る限り，日本では国際人権法の性格におけるこの大前提が認識されていないように思われる。

14) 赤池・前掲註3）17頁。
15) 桑山亜也「現行憲法のもとでの刑事施設における人権状況の発展と課題」龍谷法学40巻3号（2007）481頁は，「国内社会においては，自由を奪う行為は，行政行為である。よって，その行政目的に従うことを前提として遂行される。しかし，国際人権基準は，そこに異なる視点を投げかける。およそ自由を奪う場合には，その目的がどうであれ，特に保障しなければならない人権が存在しているということである。……NGOを中心とした国際人権運動は，以上のような受刑者の人権保障を制約するファクターに抵抗する試みであり，それは漸進的ではあれ，受刑者の人権保障を政策課題に載せることに寄与してきたと言える」と指摘している。
16) 拷問禁止条約の規定を日本の受刑者処遇に適用することに関して，今井直「拷問等禁止条約に関する報告審査・最終見解の意義」日本弁護士連合会編『改革を迫られる被拘禁者の人権――2007年拷問等禁止条約第一回政府報告書審査』（現代人文社，2007）135頁は以下のように指摘する。個人が権利の名宛人になっている人権条約については，直接適用可能性ないし自動執行性を肯定するものの，国に積極的義務を課している人権条約を認めることに消極的な「日本の裁判所では，本条約の直接適用可能性という形で裁判規範性を明確に肯定した裁判例はな」く，拷問禁止条約の裁判規範性について「前途多難」である。しかし，赤池・前掲註3）17頁が指摘するように，「普遍的な人権基準を定めた国際人権条約の締約国は，基本的には，国際人権条約の人権基準を普遍的で客観的な基準として承認し，それを実施するために自ら条約を批准し加入しているはずである」。さらに，今井直が指摘するように，「個人の権利という形式で規定されていなくとも，締約国の義務の内容が明確であり，かつ司法判断になじむような規定（1条，2条，3条，12-16条）は日本でも直接適用できる」と理解すべきである［葛野尋之「代用刑事施設と国連拷問禁止条約」立命館法学316号（2007）91頁も今井のこの見解に賛同している］。
17) 北村泰三「重層的人権保障システムにおける受刑者の選挙権――欧州人権裁判所の判例を中心に」法律時報83巻3号（2011）45頁。
18) 北村・前掲註17) 42頁，45頁。
19) 土井政和「刑事施設における社会的援助と市民参加」刑事立法研究会『21世紀の刑事施設』（2003）68頁，正木祐史「社会的援助の理論と課題」刑事立法研究会『21世紀の刑事施設』（2003）116頁，土井政和「受刑者の社会復帰の権利」横山晃一朗，土井政和共編著『現代における刑事法学の課題（井上祐司先生退官記念論集）』（欟歌書房，1989）293頁。なお，これらの議論は自由刑純化論を前提として展開されている点に留意しなくてはならない。
20) ただし，医療的・福祉的対応を受ける受刑者の権利が不可侵のものであることを前提とすると，これらの条文における，施設運営の視点からの制限を可能とする文言――たとえば，

62条2項における「やむを得ないときは被収容者を刑事施設の外の病院又は診療所に入院させることができる」——を見直す必要がある。さらに、同63条は、指名医の医療行為に対して刑事施設長が制限することを認めている。しかしながら、同条における刑事施設長による制限は、受刑者の適切かつ十分な医療を受ける権利をも大きく制限するものであり、かつ指名医による適切かつ十分な医療行為を妨げうるものである。

21) 太田達也「高齢者犯罪の動向と刑事政策的対応——研究序章」罪と罰43巻4号(2006)14頁以下、吉中信人「高齢社会に求められる刑事政策」ジュリスト1389号(2009)58頁。もっとも、少年に対してもこの「懲らしめ」と「支援」の葛藤が根強くあることにも留意しなくてはならない〔大貝葵「非行少年への多様かつ重畳的な保護の構築の必要性(1)——少年保護の法制度における日仏の二元構造比較による考察」大阪市立大学法学雑誌58巻1号36頁〕。

22) この点につき、太田・前掲註21)はダイバージョンとなった高齢被害者であってもその「要保護性」が高い者においては、更生保護措置付起訴猶予をモデルとしたより積極的な介入を行うべきであるとする。その提案に対して、吉中・前掲註21)は介入度が高まる場合、捜査・訴追機関においては「要罰性」の見地から微罪処分・起訴猶予がなされている点や、「要保護性」判断を捜査・訴追機関が行うことの是非について検討する必要があるとする。

23) 吉中信人「高齢者犯罪の対策」小谷朋弘、江頭大蔵編著『高齢社会を生きる』(2008) 193頁。

24) 竹村典良「刑事政策と福祉政策の『相対的自立性』」立山龍彦編著『高齢化社会の法的側面』(東海大学出版会、1995) 190頁。

25) 竹村典良「シルバー／グレー社会における刑事政策の戦略」立山龍彦編著『高齢化社会の諸問題』(東海大学出版会、1991) 103頁。

26) 竹村・前掲註25) 103頁。

27) 後藤昭、白取祐司編『刑事訴訟法 新コンメンタール』(日本評論社、2010) 303頁参照。

28) 東京高裁昭和30年4月19日判決〔LEX/DB 文献番号 27660419。なお原審〔東京地裁昭和27年12月22日判決、LEX/DB 文献番号 27420108〕も同様の理由から、当該勾留および刑務所の対応を違法とした〕は、肺結核で治療を受けていた63歳の男性を6ヶ月間勾留し、釈放から1ヶ月後対象者が死亡したケースについて、保釈を却下した裁判官が対象者の病状および年齢を考慮せず不当に長い6ヶ月もの期間勾留したこと、刑務所の健康管理が不適切であったために対象者の死期を早めたこと、を理由として違法であるとした。この裁判所の判断と刑の執行停止の規定から、刑事施設内で適切な医療的サービスを行うことができない場合には、釈放することが要請されているといえる。

29) 地域生活定着支援センターによる特別調整において、高齢対象者が有するニーズについて、刑務所における面接のみでは把握しきれないとの指摘がある〔石川正興、田中大輔、酒井龍彦、鶴田安弘、村崎孝三、立岡学、関口清美、宍倉悠太「日本犯罪社会学会第37回大会 高齢・障害のある刑務所出所者等に対する社会復帰支援の課題と展望」早稲田大学社会安全政策研究所紀要3号(2010) 283頁〕。そこで、長崎県地域生活定着支援センターでは、更生保護施設を活用しているとのことである。具体的には、対象者の更生保護施設での生活の様子から彼の福祉ニーズをアセスメントする、引受予定先である福祉機関が更生保護施設で実際に対象者と面談するといったことを行っている。ここでは、福祉施設側が対象者の「素顔の生活」をみて判断することができる点をメリットとして紹介しているが、対象者における福祉サービスに対する不安をも軽減する効果があると思われる。なお、この点につき処遇法106条によれば、「環境調整に係る用務のため保護観察官、保護司、更生保護施設、引受人、協力雇用主等を訪問する場合」に外出・外泊が認められうる〔受刑者の外出及び外泊に関する訓

令（法務省矯正訓第3357号）3条1項］。この外出・外泊制度を利用して，福祉施設の見学・体験入所を促進することが制度上可能である。ただし，この外出・外泊は仮釈放が認められうる有期刑の場合宣告刑期の3分の1，無期刑の場合10年間以上収容されているものを対象としている［刑事施設被収容者処遇規則65条］。仮釈放のための環境調整を進める上で，活用することを考えると，この条件よりも早期に外出・外泊が認められなくてはならないように思われる。

30) 特別調整に同意しない高齢出所者の特徴に関する調査結果を示した文献として，神垣一規，舩山健二「福祉支援を希望しない高齢受刑者の特徴」司法福祉学研究14号（2014）95-113頁がある。特別調整を拒む高齢受刑者の特徴として，就労する自信がある，自分は一人でできる，自分は高齢者であるといった感情が乏しい，等「福祉の必要性を感じていない」といった点を指摘している。

31) 以下，厚生労働省「地域生活定着支援センターの事業の概要」http://www.mhlw.go.jp/bunya/seikatsuhogo/dl/kyouseishisetsu01.pdf を参照した。

32) 一般社団法人よりそいネットおおさか「平成25年度厚生労働省社会福祉推進事業　更生保護施設および更生保護施設入所者・退所者の実態に関する調査報告書」（2014）45頁，80頁，134頁。

33) しかしながら，やはり高齢対象者においては更生保護施設を出た後の居所および就労先を確保するのが困難なようである。平成23年12月に大阪保護観察所保護観察官に確認したところ，それまで把握されているケースにおいては高齢対象者において就労できたとしても，協力雇用主のもとへの就労のみであるとのことである。

34) この支援を受ける際に，対象者の情報を受入れ機関等に提示しなくてはならない。それゆえ，前科前歴も企業側に公開される。それゆえ，対象者は前科前歴が企業側に発覚することを恐れながら就労する必要はなく，企業としても安心して採用することができる。しかしながら，その一方で前科前歴とともに，これまでの生活歴等々も公表しなくてはならないことから，この支援を拒否する受刑者・出所者も少なからずいるとのことを，受刑者処遇に関わる人々から聞くことがある。

35) たとえば，愛知県地域生活定着支援センターを受託しているNPO法人くらし応援ネットワークでは，就労移行支援事業所と就労継続支援B型事業所も運営しており，それらの事業所で障がいを持つ出所者が支援を受けているケースも少なくない［一般社団法人よりそいネットおおさか・前掲註32）118頁］。

36) 平成20年版犯罪白書337頁は，高齢者犯罪の背景には高齢者の孤立があると指摘している。この点にかんがみても，高齢出所者の支援として日中の居場所の確保は重要な意味を持つと思われる。

37) 刑務所職員や保護観察官は国家公務員法100条1項により守秘義務が課せられている。しかしながら，処遇法90条は，刑事施設長は受刑者の処遇を行うに当たり必要があると認めるときには関係行政機関その他の者に対し，協力を求めるものとすると規定する。この「処遇」には，出所後の関係調整も含まれる［林眞琴，北村篤，名取俊也『逐条解説　刑事収容施設法』（有斐閣，2010）47頁］のであるから，環境調整に必要な情報については地域生活定着支援センターに提供されなくてはならない。さらに更生保護法30条は，保護観察所の長は，その所掌事務を遂行するため，官公署，学校，病院，公共の衛生福祉に関する機関その他の者に対し，必要な援助及び協力を求めることができると規定している。この規定も処遇法90条と同様に解し，保護観察所長は地域生活定着支援センターには必要な情報を提供しなくてはならない。

38) 石川ほか・前掲註29) 287頁。なお，保護観察所からの協力依頼書に添付される当該受刑者に関するフェイスシートの内容についても不十分であるとの意見がある［同281頁］。また，各地域生活定着支援センターに聞取りに行った際に欲しい情報が一部しか開示されないことがあるとの事情を伺うことがある。すなわち，刑務官や保護観察官にとって「必要」と思われる情報と，支援をする福祉専門家が「必要」と思われる情報には食い違いがある。そのような福祉の専門性から派生する問題がある一方で，そもそも刑務所内ではアセスメントが困難な場合もある。たとえば，高齢受刑者のADLのアセスメントがある。刑務所は「究極のバリアフリー」が可能な構造となっており，高齢受刑者は自身の居室の中だけで一日を過ごすことが可能である。それゆえ，刑務所に置かれた状況ではADLは「自立」であったとしても，出所後社会において階段が登れない，衣服を着ることができない等「できない日常生活動作」に気づくことが多い。
39) 石川ほか・前掲註29) 296頁。
40) さらに，2012年度から，地域生活定着促進事業の枠内で受刑者の入所時からの支援をすることが可能となった。そこで新入受刑者についてもこの連絡協議会のような場で検討することにより，処遇法56条がいう，医療的・福祉的ニーズの把握およびそれへの対応も促進されるように思われる。
41) 土井政和「日本における被拘禁的措置と社会内処遇の課題」刑事立法研究会編『非拘禁的措置と社会内処遇の課題と展望』(現代人文社，2012) 30頁は，福祉的援助を行う機関と保護観察所の密な連携により，福祉機関が刑事司法の枠組みに取り込まれる危険性について指摘している。
42) 丸山泰弘「非拘禁的措置の担い手と関連機関ネットワーク」刑事立法研究会編『非拘禁的措置と社会内処遇の課題と展望』(現代人文社，2012)，276頁。なお，日本における「一部執行猶予」は宣告刑の刑期を超えて，刑事司法の枠内で「生活支援」を行うことを目的としたものである。刑事司法の枠内で「生活支援」を行う限り，強制力が伴う点に留意しなくてはならない。
43) 丸山・前掲註42) 276頁。さらに，古川隆司「高齢犯罪者の増加と社会福祉の関係，課題」龍谷大学矯正・保護研究センター研究年報5号 (2008) 185頁。
44) 丸山・前掲註42) 276頁はこのような福祉を「逃げられない福祉」と評している。
45) 沖縄タイムス2011年11月21日付。
46) 湯浅誠『反貧困──「すべり台社会」からの脱出』(岩波書店，2008) 39頁，笹沼弘志「犯罪と『社会の保護』──社会的排除と立憲主義の危機を超えて」日本犯罪社会学会編『犯罪からの社会復帰とソーシャル・インクルージョン』(現代人文社，2009) 136頁。
47) 大阪，仙台，福岡等，ホームレス支援団体が地域生活定着促進事業を受託している背景の一つとして，これまで刑事施設出所者支援に多く関わってきたという点がある。
48) 特別調整を拒否する人々の多くが，「福祉」に対して良い印象を持っていない。たとえば，「福祉施設」に入所することにより外出，喫煙等の自由が制限され，「刑務所と同じようなところにまた入れられる」と感じている人々もいることをヒアリングを通して確認した。
49) たとえば，稲田七海，水内俊雄「ホームレス問題と公的セクターおよび民間・NPOセクターの課題──『もう一つの全国ホームレス調査』を手がかりに」季刊社会保障研究45巻2号 (2009) 155頁および157頁は，ホームレス支援のための仕組みを刑務所出所者が利用するようになってきたことに言及している。さらに，高齢低所得者の居住支援と生活サポートを実施している東京のNPO法人が運営する「自立援助ホーム」についても紹介している。すなわち，無料宿泊所の新規の利用者が路上生活者から，身寄りのない病院退院者・施設退

者として刑務所出所者への変化してきているとしている。
50）釜ヶ崎には，住民のサロンのような場所がいくつか設けられている。そこで，お互いに社会保障・福祉制度や各種支援に関する情報交換を行っている。その意味で，支援を受ける対象者自身もこのネットワークにおける重要なアクターであると言えよう。
51）生活支援を必要としている出所者においては「もともと社会や他人との折り合いを付けることが苦手［山本譲司，益子千枝，宮澤進，立岡学，水内俊雄「山本譲司さんに聞く——刑事施設出所者等への生活支援はどうなっているか」ホームレスと社会6号（2012）9頁，山本発言］，さらに「孤独と人間不信に陥っている［南高愛隣会「地域生活定着支援センター運営の手引き　平成22年改訂版」http://www.airinkai.or.jp/hasshin/kenkyu/shakaifukushi/pdf/guide_h22/all.pdf, 13頁］」といった特徴が挙げられている。彼らの「失敗」や「支援の拒否」はいわば支援者を試しているのであり［酒井龍彦「地域生活定着支援センター設立の背景と実際の支援」ホームレスと社会6号（2012）36頁］，その意味で支援者との信頼関係を構築し，人間不信を克服するための一つの重要な段階と言える。その一方で，「『福祉に沿わない人』へは支援できない，あるいは困難である」との意見を持つ福祉機関もあるようである［丸山・前掲註42）278頁］。このような意見の根底には地域のネットワークや個々の福祉機関の諸資源の問題や「支援」観等があるように思われる。
52）沖縄タイムス2011年11月30日付。沖縄県には，ホームレスなどの自立を支えるNPO法人プロミスキーパーズが担う「絆」再生事業がある。この事業は，稼働年齢で疾患がないなど生活保護受給の適用外の人に対して，3ヶ月間をめどに同法人の施設で暮らしながら，生活改善に住宅の確保，就労や農業訓練などを行うプログラムを提供している。「伴走型支援」の一つとして，国の全額補助となる県緊急雇用創出事業の予算1200万円を活用し，専属スタッフ5人を採用している。自立後も利用者の住宅を巡回するアフターケアに力を入れているとのことである。同法人の山内代表は「失敗を許し，受け入れる」というキャッチフレーズを実践しているという。
53）しかしながら，このようなホームレス支援を基礎とする「やわらかなネットワーク」が構築されている都市はごく少数である。これらのネットワークがない地域では依然として受け皿が欠如・不足している。さらに，このようなネットワークはあくまでもホームレス支援を基礎としたものであり，この活用は最終手段であると言う点には留意しなくてはならない。
54）http://www.mhlw.go.jp/seisakunitsuite/bunya/hukushi_kaigo/seikatsuhogo/kyouseishisetsu/index.html
55）「地域生活定着支援センターの事業及び運営に関する指針」［http://www.mhlw.go.jp/bunya/seikatsuhogo/dl/kyouseishisetsu04.pdf］。
56）さらに，現行制度を前提としてこの権利をより保障するためには，当該受刑者が刑の執行停止の上申する際の支援体制も整備する必要があろう。
57）この点について，そもそも日本においては受刑者の人権侵害が生じた際の受刑者において「救済機関へのアクセスがままならなかった事態があったことは事実である」との指摘がある［桑山・前掲註15）450頁］。

あとがき

　憲法25条は，「すべて国民は，健康で文化的な最低限度の生活を営む権利を有する」，第2項「国は，すべての生活部面について，社会福祉，社会保障及び公衆衛生の向上及び増進に努めなければならない」としている。すなわち，受刑者か否かにかかわらずすべての国民に対して，その生命や健康に対する保護を受ける権利が保障される。生存権保障の観点からは，医療的・福祉的ニーズを有する高齢受刑者については積極的に早期釈放すべし，という主張は的外れなものではないだろう。しかしながら，そのような解釈にもとづいて当然に保障されるべき受刑者の生存権は，実際には十分に保障されていない。彼らに対して刑務所内で十分かつ適切な対応は確保されておらず，その結果，健康を害される，あるいは死亡する者が少なからずいるのである。この法規定の要請と実際に高齢受刑者が置かれている劣悪な拘禁状況とのズレは，現場における「懲らしめ」，「規律秩序」，そして「安全」という色眼鏡を通した解釈のあり方に起因している[1]。これらの壁を前にして，受刑者の「尊厳の尊重」という視点が希薄になっているのである。

　本書では日本とフランスにおける高齢受刑者に対する早期釈放制度に関する議論を政策的な側面からみてきた。フランスにおける議論では，受刑者も一市民であり，高齢受刑者処遇における議論においても「一市民として固有に有する尊厳」という言葉が強調されている。市民の尊厳は不可侵のものであり，自由刑によっても侵害されてはならないとされている。それゆえ，刑事施設に拘禁されていようとも，彼らは――刑罰によって制限されている移動の自由以外の――自身の基本的人権や自由を当然に行使することができるのである。その一方で，日本における議論には高齢受刑者の「尊厳」の尊重という言葉はほと

んど用いられてこなかった。彼らの社会参加を促進するための福祉的支援の必要性の根拠についてすら，日本政府は「再犯予防」の観点を強調し，彼らの尊厳や権利の保障の観点についてはほとんど言及がない。

　それゆえ，改めて高齢受刑者においても，一市民として「尊厳」や「基本的人権」が尊重される必要があることを示すことに大きな意義があると考える。フランスで展開されてきた高齢受刑者に対する早期釈放制度に関する議論によれば，尊厳を尊重するための医療的・福祉的ニーズへの対応は，彼らの健康や生命を保護するのみならず，社会参加をも促進する[2]。すなわち，病状や要介護状態を悪化させないことで，より多くの受け皿の選択肢を確保することが可能となる。とりわけ，生活困窮から軽微な犯罪を繰り返している日本の高齢犯罪者においては，受け皿──適切かつ十分な生活支援──の確保を必要としている者が多い。それゆえ，フランスにおけるこの視点は日本の高齢受刑者への早期釈放の適用を考える上で，非常に重要である。さらに，高齢受刑者を尊厳ある一市民として尊重することは，彼らの内心の社会復帰を支える効果も有していると思われる。この点につき，笹沼弘志は以下のように言及している。すなわち，「理不尽な差別的扱いや，違法不当な権力行使に曝された当事者は，それに法的に対抗するすべがないため，法へのニヒリズム，法への不信を募らせる結果となる。そして，場合によっては，法の隙間をぬったり，力によって対抗する手段を採ることも起こりうる。権利への自覚と法への信頼を失った者には，法を守るべき自発的意思は存在しない[3]」。

　これらの視点から，尊厳の尊重を柱とした高齢受刑者処遇が実現されなくてはならない。フランスにおいて論じられていたように，そのための具体的手段としては，刑務所内での日常的な対応の確保と刑の執行停止の積極的適用がある。中でも，高齢受刑者の社会参加を促進するためにはより非拘禁的措置の適用が有効である点，さらに近時の出所者支援ネットワークの拡大から，刑の執行停止が積極的に適用される必要があろう。

　本書では，特にvulnérableな存在である高齢受刑者を対象として議論を進めてきた。しかしながら，本来，受刑者すべてに対して，その特性に応じた支援が提供されなくてはならない。より「支援」を重視する高齢受刑者処遇の構築を目指す議論は，受刑者一般に対して，その尊厳を尊重し，より適切かつ十

分な支援を提供する処遇を確立するための、一つの突破口となると思われる。それらの生活支援は、「手厚い支援」ではなく、一市民としてその権利に基づいて要求することができる「当然の支援」[4]にほかならないのである。

　高齢受刑者が、各々の権利を行使するためには、彼ら自身「市民として社会で生きる力」を持つことが必要である。

　近時、高齢受刑者の特性を考慮した改善更生プログラム等が行われるようになってきている。ただし、それらへの参加も、またその先の社会復帰も、彼らが生きていなくては、そして心身がより健康でなくては実現できないのである。それゆえ、本書は、「居場所」と「出番」の確保を強調する施策の中で、高齢受刑者が主体的に自身の「生と健康」を求めることの重要性を、研究者のみならず、関係諸機関にも伝えることを意図しているのである。

　学位論文執筆中に、学部時代の恩師である新村繁文先生から「法学研究者には何ができるのか？」と問いかけられた。私には対人援助や治療等のスキルはない。この問いに直面して、自分の無力さを痛感するとともに、「法学研究者」としてできることを模索する闘いが始まったように思う。

　実力が伴わないまま、自分の「使命」を求めてひたすらに日仏の文献を読み漁り、日仏の実態調査に走り回っていた当時の私はさぞ危なっかしかったことだろう。猪突猛進している私をうまくコントロールしてくださり、かつ一緒に闘ってくださった指導教員の恒光徹先生には感謝しきれない。また、三島聡先生、金澤真理先生、そして木下秀雄先生からは、常に切れ味抜群のご助言を賜り、それが私の大きな糧となっている。公聴会の折に先生方から賜った問いには本書をもってしても十分に応えることができなかった。それらは今後の研究の楽しみにとっておきたい。

　また、学位取得後も私の「使命」を探求する闘いは続いた。大阪市立大学都市研究プラザに特別研究員として在籍していた際には、多分野の先生方との議論や、大阪府地域生活定着支援センターでの非常勤の機会に恵まれた。法学領域での「当たり前」が通用しない世界に身を置き、私は改めて「法学研究者」なのだと実感し、多分野の人に自分の研究を伝えるための術について熟考するようになった。同プラザの先生方、そして大阪府定着センターのみなさんをはじめとした実務家の方々からは、多様な領域で「戦う力」をいただいた。

そして，きめ細かくサポートしてくださった法律文化社の掛川直之さんに心の底から御礼を申し上げたい。掛川さんから出版のお話をいただかなければ，拙稿が「本」の形になるのは遠い未来のこと，となっていただろう。

　最後に，私を「良い意味で」放っておいてくれ，泣きついたときには何も言わず受け入れてくれた家族の寛容な優しさなしでは，本書は完成しなかった。常に感謝はしているのだけれども，改めて感謝したい。

　本書をもって，私の研究はようやくスタートラインに立てたように思う。ここから，「法学研究者」というアイデンティティのもと，高齢受刑者・出所者の社会参加を支える一人として携わっていきたい。

　　　2016年9月

安田 恵美

〔註〕
1）　三島聡「大阪医療刑務所視察委員会の2010年度活動状況――2010年度年次報告書兼意見書」法学雑誌58巻3・4号（2012）664頁。さらに，中島隆信『刑務所の経済学』（PHP研究所，2011）227頁には，「『悪いことをした人になぜ手を貸す必要があるのか』などという意見を耳にすることもある」との記述がある。

2）　受刑者の社会参加に向けた支援に対しては，その尊厳や基本的人権を尊重する視点からのみならず，近時では経済学的にも提案されている。中島隆信教授は「刑事犯罪というのは社会にとってきわめて割の合わない非効率な行い」としている。すなわち，軽微な窃盗ですら，累犯者であればひとりあたり130万円のコスト［国選弁護人費用7万円（公判1回分)，国選弁護人接見費用2万6400円，簡易裁判所判事／検事人件費5万円，拘置所収容コスト4万6080円（1ヶ月分)，刑務所収容コスト112万5000円（5ヶ月分)］がかかる。それにもかかわらず，高齢受刑者の中には，生活困窮に耐えかねて出所後数日で再犯を行う者すらいる。その場合，累犯であることからより刑が加重され，より刑務所収容コストがかかる。それゆえ，社会参加を促進し，その結果，対象者が再犯をしないようになれば，この分のコストはかからなくなる。このメカニズムから，累犯者に対しては厳罰よりも，社会参加を促進する方が効率的だとされる［中島・前掲註1）1頁，5頁］。

3）　笹沼弘志「犯罪と『社会の保護』――社会的排除と立憲主義の危機を超えて」日本犯罪社会学会編『犯罪からの社会復帰とソーシャル・インクルージョン』（現代人文社，2009）140頁。

4）　この「当然の支援」の実現には，市民の理解が必要であるとの指摘がある。すなわち，浜井浩一「少子・高齢化時代の持続可能な刑事政策」浜井浩一責任編集『持続可能な刑事政策とは――地域と共生する犯罪者処遇』（現代人文社，2012）143頁は「市民が，犯罪者と言われる人たちが同じ人間であることを理解することも重要である」としている。

■著者紹介

安田 恵美（やすだ・めぐみ）

1983年生．大阪市立大学大学院法学研究科後期博士課程修了．博士（法学）．
現在　國學院大学法学部専任講師
〔主な業績〕
「受刑者における『塀の外で死ぬ』権利」犯罪社会学研究38号（2013年）
「福祉的ニーズを持つ被疑者への起訴猶予」大阪市立大學法學雜誌60巻3・4号
（2014年）など

高齢犯罪者の権利保障と社会復帰

2017年1月15日　初版第1刷発行

著　者　　安田　恵美
発行者　　田靡　純子
発行所　　株式会社　法律文化社

〒603-8053
京都市北区上賀茂岩ヶ垣内町71
電話 075(791)7131　FAX 075(721)8400
http://www.hou-bun.com/

＊乱丁など不良本がありましたら，ご連絡ください．
　お取り替えいたします．

印刷：共同印刷工業㈱／製本：㈱藤沢製本
装幀：谷本天志
ISBN978-4-589-03804-3
© 2017 Megumi Yasuda Printed in Japan

JCOPY　〈(社)出版者著作権管理機構 委託出版物〉

本書の無断複写は著作権法上での例外を除き禁じられています．複写される
場合は，そのつど事前に，(社)出版者著作権管理機構（電話 03-3513-6969，
FAX 03-3513-6979, e-mail: info@jcopy.or.jp）の許諾を得てください．

水野有香編〔URP先端的都市研究シリーズ6〕 **地域で支える出所者の住まいと仕事** A5判・90頁・800円	矯正施設等出所者の社会復帰に不可欠な「住まい」と「仕事」。社会的企業による働きかけに着目し，包摂的な地域づくりを提唱。出所者を生活困窮者としてとらえることで，地域に根ざした支援のあり方を考える。
西日本新聞社会部著 **ル ポ・罪 と 更 生** 四六判・270頁・2300円	捜査・公判・刑罰の執行・更生など，刑事司法の全過程を概観し，基礎知識についてもわかりやすく解説。取材班渾身のルポを中心に，リアルな現場を徹底取材した大好評連載「罪と更生」の書籍化。司法福祉の入門書としても最適。
今福章二・小長井賀與編 **保 護 観 察 と は 何 か** ―実務の視点からとらえる― A5判・276頁・2500円	保護観察制度の体系と実務の実態から，これまでの到達点と限界を示し，課題を確認。現役の保護観察官による実務の現場を紹介し，深く正確な実像の理解ができる。保護観察官や保護司はもちろん，矯正関係者・法曹関係者に必読の書。
朴 元奎・太田達也編 **リーディングス刑事政策** A5判・402頁・5300円	日本の刑事法学が蓄積してきた膨大な知見を俯瞰し，判例・学説のもとになった基本文献を解説するリーディングス刑事法シリーズの刑事政策学篇。現在および今後の刑事法学の基礎として，第一線の研究者が理論的到達点を個別領域ごとに確認し，提示・継承する。
前田忠弘・松原英世・平山真理・前野育三著 **刑 事 政 策 が わ か る** A5判・224頁・2300円	刑事政策学の基本問題にとどまらず，思想的・政策的・実務的な課題について，論点を精選してコンパクトにわかりやすく解説。〈厳罰化・社会防衛・監視〉と，〈適正手続・自由・人権〉，〈共生〉という対抗軸のなかで現状と課題を考える。
加藤幸雄・前田忠弘監修／藤原正範・古川隆司編 **司 法 福 祉** ―罪を犯した人への支援の理論と実践― A5判・240頁・2900円	刑事政策と社会福祉との専門性を活かし，罪を犯した人びとの社会復帰を支援するためのガイドブック。実務的な視点を重視し具体的なケースを用いてわかりやすく解説。社会福祉士国家試験科目「更生保護制度」にも対応。

――― 法律文化社 ―――

表示価格は本体（税別）価格です